SIX SIGMA
The Breakthrough Management Strategy
Revolutionizing the World's Top Corporations

マイケル・ハリー Mikel Harry, Ph.D. ● リチャード・シュローダー Richard Schroeder [著]
ダイヤモンド・シックスシグマ研究会 [監訳] 伊藤 沢 [訳]

シックスシグマ・ブレイクスルー戦略

高収益を生む経営品質を
いかに築くか

ダイヤモンド社

SIX SIGMA
by
Mikel Harry, Ph.D.,
& Richard Schroeder

Copyright © 2000 Mikel Harry, Ph.D., & Richard Schroeder
Original English language edition published by
Doubleday, a division of Random House, Inc., NY, U.S.A.
Japanese translation rights arranged with
Leighco, Inc., U.S.A.

目次

| 序文 | ウォール街の寵児 | 1 |

第1章	なぜ、シックスシグマなのか？	9
第2章	改革へと導く道標	29
第3章	キャッシュフローを生み出す経営品質	41
第4章	ベンチマーキングとシックスシグマ	77
第5章	プロセス・メトリクス（事実としてとらえる尺度）	87
第6章	目に見えない企業損失	99
第7章	ブレイクスルー戦略のステップ	133
第8章	バイタル・フュー（最重要課題）は何か？	165
第9章	ブレイクスルー戦略の実施と展開	191
第10章	シックスシグマの担い手	213
第11章	ブラックベルト	225
第12章	サービスへの適用	257
第13章	利益を生むプロジェクト	267
第14章	いかにしてモチベーションを高めるか？	287
第15章	企業文化の壁を打ち破るシックスシグマ	297

＜ケース・スタディ＞
ウェルチが惚れ込んだ経営手法——GE2000　53

＜ケース・スタディ＞
　ユーザーの声を活かす製品開発 ── ポラロイドの飛躍............ **115**

＜ケース・スタディ＞
　製品設計のパラダイムシフト ── GE CTスキャナ開発物語........ **181**

＜ケース・スタディ＞
　作業者のミスなど存在しない ── アライドシグナルの改革......... **239**

　　用語集.. **317**

　　監訳者　あとがき.. **319**

序章

ウォール街の寵児

シックスシグマは、かつて考案された経営ツールの中でも最強のブレイクスルーといえるだろう。

シックスシグマとは何か？　それは顧客満足を増加させながらも経営資源の消費を最小限にとどめ、日々の業務活動をデザインし、あらゆる企業の利益を劇的に改善させることができるビジネス・プロセスのことである。シックスシグマによって品質的欠陥を可能な限り早い段階で取り除き、企業が行っているあらゆる活動、例えば購入伝票の記入から航空機エンジンの製造に及ぶ活動中に発生する誤りをほとんどなくすことが可能なのである。従来の品質管理プログラムは製造ライン、間接部門、あるいは設計上の欠陥を検出し、修正することにのみ着目していたが、**シックスシグマの守備範囲はもっと広範囲に及ぶ。なぜなら、業務プロセスを再構築してしまうユニークな手法であるため、欠陥やエラーが同じプロセス内で二度と発生することがないのである。**

読者の皆さんは、この本のいたるところで新しいアイディアや原理に遭遇するだろう。それらの中には、かつて学校で習ったものや実践で学んだものとは正反対のものもあるかもしれない。シックスシグマは普通でも常識でもない。非凡を表すものである。常識はめったに非凡な結果を生み出さない。企業は、シックスシグマとは何か、それはどう機能するのか、ということを理解すると、これまで広く知られてきた多くの経営手法や品質管理手法が最善ではなく、間違ったものさえあるということを理解し始めるであろう。

産業界は利益を絞り出そうと新しい経営手法を取り入れることに躍起になっている。だからこそ、アライドシグナル、ゼネラル・エレクトリック（GE）、ソニー、ホンダ、メイタグ、レイセオン、テキサス・インスツルメンツ、ボンバルディア、キヤノン、日立、ロッキード・マーチン、ポラロイドのような多角的企業はシックスシグマを導入したのである。これらの企業の多くは、経営者の一時的な気まぐれを嫌うが、シッ

クスシグマの導入は歓迎した。なぜなら、その独創性がマーケットシェアを増大させ、コストを削減し、利益を増加させるのに役立つと信じたからである。その結果、これらの企業では次第に品質と収益が直結し始めた。

シックスシグマは企業を復活させるだけでなく、マーケットシェアや収益における競争から一歩抜きんでるのに役立つビジネス戦略として、優れた財務結果をもたらす。つまり、一見不可能なことを成し遂げることによって、企業は優位性を手にするのである。

しかしながら、このようなビジネス社会でのシックスシグマに対する信じられないほどの反響の最大の原因は、あるシックスシグマ導入企業の劇的な純益改善という驚くべき成功例にある。その結果、シックスシグマは一躍ウォール街の寵児となった。モルガンスタンレー・ディーン・ウィッター・ディスカバー＆カンパニーのアナリストであるジェニファー・マーフィーは、我々のペイソンにある施設とアリゾナ州スコッツデールのシックスシグマ・アカデミー本社で3日間過ごした。シックスシグマ・アカデミーは、経営幹部向けにシックスシグマの教育と訓練を行うために設立されたもので、経営幹部たちが自分の企業をワールドクラスの組織に転換できるようにすることを目的としている。これまでの品質プログラムの取るに足らない効果をもどかしく思っていたマーフィーは、そこで学んだことに非常に驚いた。「シックスシグマを導入した企業は、より高い資本回転率を達成する。つまり資本の流出を抑えることでその自由度が増し、より生産的な研究開発費をかけることができ、製品開発期間が短縮される。そして最終的に顧客満足が増大するのである」と、マーフィーは報告している。彼女によると、2000年にはシックスシグマによるGEの年間総利益は66億ドル、あるいは売上げの5.5％にも及ぶだろうと推定される。

ウォール街の多数のアナリストたちが熱狂する理由をいくつか挙げてみたい。

■ 品質プログラムに関して自らも認める皮肉屋のジャック・ウェルチは、

シックスシグマを「GEがかつて取り入れた中で、最も重要なイニシアティブである」と表現する。GEのビジネス効率と収益に対する重要な判断基準である営業利益率は、ここ十数年間は約10％レベルで推移している。1995年にウェルチは、クレジットカード・サービスからNBC-TVや航空機エンジン工場にまで及ぶGEの各事業部に対して、シックスシグマ達成に向けて取り組むよう命じた。（そのσレベルは）このプログラムを導入した時点で平均3.5σであった。1998年にはシックスシグマをその組織のプロセスに深く浸透させることによって、1995年のシックスシグマ導入時13.6％であった営業利益率を、「不可能」とされていた16.7％にまで押し上げた。ドル・ベースで1997年に3億ドル以上の営業利益が、シックスシグマによってGEにもたらされたことになる。そして1998年には、シックスシグマによる財務利益は2倍以上、つまり6億ドル以上にも及んだのである。

- アライドシグナルのCEOであるローレンス・ボシディは、シックスシグマ・ブレイクスルー戦略を導入することによって、破産の危機に瀕していた145億ドル産業の巨人を復活させた。この企業は、今ではあらゆるビジネスユニット（事業部）でシックスシグマ・ブレイクスルー戦略のスタッフとして、何千人もの従業員を訓練してきており、各部門において毎年6％もの生産性向上という目標を達成している。広範囲におけるシックスシグマの効用により、1999年の第1四半期の営業利益率は、前年度の12％より高い14.1％を記録した。ボシディがこのプログラムを導入した1994年からのシックスシグマによる累積効果金額は、20億ドルを超えるまでになった。

- 1998年にレイセオンのCEOとなった、ダニエル・P・バーンハムは、シックスシグマをレイセオンの戦略プランの礎石とした。企業の隅々までシックスシグマの品質レベルを遂行することで、2001年には年間10億ドルのコスト改善を期待している。

- ウィリアム・ウッドバーンは、オハイオ州ワージントンにあるGEの工業用ダイヤモンド事業部門を引き継いで以来、シックスシグマ・ブレイクスルー戦略を採用することで投資による回収利益を4倍に増やし、営業経

費を半分にした。彼のチームは、現存施設の効率を高めることで新工場や新装置の必要性を少なくとも今後10年間分も省いたのである。ウッドバーンとGEの工業用ダイヤモンド事業部門の例は、いかにシックスシグマが企業のコストを削減し、生産性を向上させ、新規の工場と施設への投資を減らすことができるか、ということを証明している。

- ポラロイドの製品開発とワールドワイドの製造に関する品質戦略マネジャーであるジョゼフ・J・カサブラは、「企業がシックスシグマを取り入れる最大の要因は、その収益への影響力」だという。他のプログラムでは、たとえ製品品質の改善はできても、企業の利益改善には貢献していないというのである。シックスシグマでは、企業は各プロジェクトベースで品質と収益力に影響を与えるプロセスに着目することになる。そして、ポラロイドが毎年6％の増収を達成するのに役立っている。
- インディアナ州マンシー市の変電設備においてシックスシグマ・ブレイクスルー戦略を適用することに成功したアセア・ブラウン・ボベリ（ABB）は、測定装置のエラーを83％も削減した。部品カウントエラーが8.3％から1.3％に、無負荷損失が2％以内になったというのである。ABBはさらに原材料の取り扱い方法を改善し、ある工場での単一工程で年間推定77万5000ドルもの費用を削減している。

シックスシグマ・ブレイクスルー戦略は、自分の組織をより競争力のある収益性の高いものにしたい、変化を恐れず立ち向かおうとする能力を向上させたい、と考えている進歩的な経営者、管理職、国家行政官らにとっての最大の関心事であるべきだと信じている。シックスシグマの原理は、あらゆる規模のあらゆるビジネスに適用できる。それは製造工程だけでなく、技術開発、製品設計、あらゆるサービス産業、担保申請からクレジットカードの処理、カスタマーサービス・コールセンターにまで及ぶ。製品設計やサービスに存在する「バラツキ」を撃退することで、あらゆる組織にとって前代未聞の収益達成が可能となるのである。

シックスシグマはどう機能するのか？　ブレイクスルー戦略での最初のステップは、新しい質問を投げかけることにある。その質問とは、居

心地のよい場所から自分を連れ出し、当たり前だと思っていたことを強制的に疑問視させるような、そして最終的には新しい方向性を導き出してくれるような質問のことである。シックスシグマは、ビジネスを悪習から解放する。官僚組織も、今や職務階層削減が当たり前となった。実際の業務や顧客に近いところにいる従業員は、顧客要求に沿う、あるいはそれを越えることをモチベーションにするようになった。生産スピードやサービス提供のスピードに疑問を投げかけると、人々は短期間のうちに、より高品質な製品やサービスを生み出すための新しいシステムについて考え始めるのだ。このように実際の業務に近い人間というのは、より効果的で収益性の高い業務方法を発見するにしたがって、どのような変更を行うべきなのか上司に報告できるようになっていく。その結果、組織の上層にいる人間に対して、現在のビジネス手法を再検討するよう急き立てることになるのである。

　シックスシグマは定量的な答えを見つけるまで、困難な質問を繰り返す。こうして企業は、最終的に製品を完成させるまでのあらゆるプロセス、あらゆる数字、あらゆる段階に容赦なく疑問を投げかけることになるのである。もちろん、質問というのは無の中に存在するものではない。シックスシグマの背後にある方法論は、正しい答えを見つけるための道を敷くことを意図している。伝統的な物語、『オズの魔法使い』では、主人公ドロシーが見たものや向かう場所に関する執拗な質問による「黄色いレンガの道」をたどってオズの国へ行くことができる。同様に、組織が何をするのか、なぜそれをするのかを疑問視し始めると、長期的目標に導く「黄色いレンガの道」が敷かれ始めるのである。(訳注：「黄色いレンガの道」の先にあるものは「エメラルドの都」で、「オズの国」は誤用と思われる。)

　実際、組織には評価したいものを測定する方法が必要である。測定あるいは我々が好んで使う"メトリクス"によって、メンバーの組織におけるあらゆる活動の妥当性がわかる。測定できないものは変更できない。シックスシグマでは、組織が行うことすべてに関する実績値を算定するためにメトリクスを使う。熱のこもったスピーチ、色とりどりなポスタ

一、企業理念などで飛躍的変化をもたらすことはできない。見出された企業価値を測定することによってのみ、変化するのである。企業のプロセスを測定することなしには、──そしてプロセスを変更することなしには──どこに自分たちがいて、どこに向かっていこうとしているのかを知るのは不可能なのである。シックスシグマは語る。

- 知らないものを知ることはできない。
- 知らないものは成し得ない。
- 測定して初めてそれがわかる。
- 価値を見出していないものは測定しないものだ。
- 測定しないものには価値を見出さないものだ。

　シックスシグマは、収益性の高い最終結果をもたらし、有形で定量化された解答を導くための質問を投げかけるプロセスのことである。この本では、シックスシグマとは何か、どのように適用するのか、あなたの会社、ビジネス、組織にとって何ができるかを共に考えていきたい。このことがあなたの知識を人生ビジョンへと転換させるガイドとなるだろう。
　今日まで、シックスシグマの方法論に従ってきたあらゆる企業がブレイクスルー戦略による恩恵を享受している。これからのページで我々の意図することは、我々が約20年間かかって学んだ知識をあなたに授けることにある。
　あなたが、ブレイクスルー戦略への旅によってあふれる恵みを手に入れることを祈ってやまない。

第 1 章

なぜ、シックスシグマなのか？

●……なぜ企業はシックスシグマを導入するのか?

　何が企業をシックスシグマの導入に駆り立てるのだろうか？　シックスシグマのゴールとは品質において6σレベルを達成することと信じている人もいるが、実はそうではない。改善された品質や効率はシックスシグマによる副産物であり、本来のシックスシグマとは収益性の改善に関するものなのである。シックスシグマを導入する企業には、収益性を改善するというゴールがある。シックスシグマ以前の品質プログラムによってもたらされた改善は、通常企業の純利益にはなんら貢献しない。しかし、収益性の改善効果の履歴を探ることのできない組織は、収益力を改善するためにどのような変更が必要なのかを知ることもできないのだ。

　これまで、我々のガイダンスのもとにシックスシグマを導入したあらゆる企業は、σレベルが(4.8〜5σまで)向上するにつれて毎年20％も収益を増やしている。アライドシグナルからデュポン・ケミカルに及ぶ企業が我々のところを訪れたのは、品質改善はしたものの、彼らの収益力が縮小こそしていないまでも、停滞していたからである。これらの企業はもはやマーケットシェアを増加させるために価格を引き下げることはできず、そうかといって市場での競争は彼らの収益力を改善させるための価格引き上げを許してはくれなかった。彼らは壁にぶち当たっていた。顧客に対し追加請求することなく、さらに新しい形態の製品やサービスを提供すれば、マーケットシェアは増加するかもしれないが、収益力は縮小することになっただろう。

●……あなたの会社にとってシックスシグマができること

　シックスシグマは長期的かつ将来的な創造力であり、企業のビジネス手法の根本的な改革のためのものであるうえ、収益力の直接的改善を生み出した最初の重要な手法でもある。しかも中期的あるいはより長期的

にではなく、今後12か月での財務目標を達成することに注目している。目標がいったん達成されると、今度は市場の変化やシックスシグマの影響によって社内の状況が大きく変化してしまうので、その企業がさらに前進し続けていくためには新たな財務目標を設定しなければならなくなる。したがって、あらゆる経営資源をシックスシグマに集中しなければならない3σレベルの業務を行っている企業でも、毎年1σずつの改善を期待することができる。このような企業は次のようなことを体験する。

- 20%の収益性改善
- 能力の12〜18%向上
- 従業員数の12%削減
- コストの10〜30%削減

　このような企業は、毎年1σずつの改善を4.7σまでは期待することができる。つまり、全資源をシックスシグマに集中する3σの企業では、導入した最初の年に4σへの改善が見込めるということである。そしてすでに4σを達成している企業は、それを導入し展開させた最初の年に4.7σへの改善が期待できるということである。3から4、そして4.7、さらに6σへと進展していくと財務的利益は急激に改善するので、企業は大きな資金を費やさなくとも4.7σ程度のレベルは達成できることが知られている。2年目には、このような企業でも4.7σから5σへの推移は期待できる。そして3年目では、5σから5.1σへ向上する。企業が6σ達成に近づくにつれて、改善にはより多くのことが要求される。4.8σの企業はプロセスの再設計を必要とする「壁」にぶち当たる。これは「シックスシグマのための設計」と呼ばれている。しかしながら、3σレベルから4.8σレベルへの進歩による収益力の増加はあまりに劇的で、これらの企業の収益性が競合他社と比較しても非常に高いものであるため、5σ以上の達成に必要なのはどの工場、製品、業務、プロセスなのか、注意深く選び出すことが重要である。
　シックスシグマが、中小企業においても大企業と同様に意味深いもの

なのか尋ねられることがよくある。答えは紛れもなく「イエス」である。大企業というのは、小さいビジネスや部門から構成されており、それらの部門の中にはしばしば独立した社長がいて同規模の企業と同じ形態をとっていることもある。30ものビジネスユニット(事業部)があるような大企業では、5億ドル程度の売上げがあるビジネスユニットを15も持っていることがあるかもしれない。大企業の中の小さなビジネスユニットであろうと、中小の独立企業であろうと、利益改善は企業の総所得の規模に対してどれだけ厳密にシックスシグマを適用したかによるということがわかっている。

　σレベルを改善するにつれて、多くの企業は「これに続くプロジェクトがそれ以前のプロジェクト同様に収益性の高いものとなるだろうか」と尋ねるようになる。多くの企業はおよそ3σからスタートするので、シックスシグマ・ブレイクスルー戦略で訓練された各従業員は、企業が4.7σに到達するまでに純益に対しプロジェクトごとに平均23万ドルの利益を生むということになる。4.7σ到達後は、費用削減はそれほどにはならない。しかしながら、改善した収益力によって、追加機能や追加形態を持つ製品やサービスをつくり出すことができ、最終的にマーケットシェアを拡大することになる。だから、シックスシグマは企業の製品やサービスの品質を改善し、場合によっては競争力で一歩抜きんでた存在に押し上げるが、この圧倒的で最も明らかな成果こそが、あらゆる企業の収益力へ直接的に結びつくことを意味する。

●……シックスシグマとは金のなる木

　実業界が懸命になって注目し始めるにつれて、シックスシグマは米国のフォーチュン・ベスト100企業のめざましい財務結果の向上に一役買ってきた。その成果はどのようにして達成されたのだろうか？　何がそれらの成功のカギとなったのだろうか？　その答えは人にある。序文で指摘したように、人というのは自分が価値を見出すものを測定し始めるのである。例えば、実際誰もがお金に価値を見出している。その証拠は、

我々の国の経済システムに始まって自分の家計簿に記録するものまで、あらゆるものの中に存在する。つまり、我々の多くは自分の借方や貸方を細心に記録し履歴をたどることで財務的支払い能力を保っていられるのである。我々がこれらの「測定」の経過をたどるのは、財務的支払い能力に価値を見出しているからである。その数字によって、決定を下したり行動を起こしたりする。

　企業も同様に、価値を見出すものを測定するのである。もし企業の価値を理解したいならば、何を測定、記録、分析、報告し、何に対して行動しているのかを見つけるだけでよい。例えば成長に価値を見出す組織であれば、マーケットシェア・データの履歴をたどったり、それを分析したり、さらには企業の隅々までその情報を共有したりして、価値の重要性を測定するだろう。

　ほとんどすべての組織は顧客重視を強く求める。しかしながら、顧客満足を測る測定システムが存在しない場合、その組織は純粋に顧客が最優先なのだといえるのだろうか？　企業のビジネス・メトリクスを見れば、その企業が顧客満足よりも収益性に価値を見出しているのではないかということがわかる。価値を見出していると公言するものを測定していない組織は、実際に価値を見出しているものについてあまりよく知らないものである。さらに重要なことは、価値を生み出す要因をコントロールできないことである。企業は測定しないものを改善することはできない。

　シックスシグマでは、重要なものを測定するというメトリクスからスタートする。収益性に価値を見出す企業は利益を測定、報告し、その増減に反応を示す。しかし、このような企業でも、製造やサービスのプロセス品質や、またそれらがどのように顧客満足と収益に影響しているのかについても測定、報告、反応しているのだろうか？

　ジャック・ウェルチにとってGEとは数字による評価ではなく、価値による評価の対象である。これらの価値には従業員満足、顧客満足、キャッシュフローが含まれる。GEは従業員満足が生産性につながるということを知っている。つまり、顧客満足とは、強いマーケットシェアで

あり、キャッシュフローとは従業員が顧客重視のビジョン、優秀であろうとする情熱、力と熱意を持って前に進もうとする願望を維持してきたことを意味する。つまり、GEは報酬にリンクした目標を経営陣から与えられることでその価値を保証している。

　GEの価値を見れば、現実を基本とした、顧客重視の企業を維持していくための決定を下していることが明確にわかる。GEキャピタル・サービスの一部門であるコマーシャル・ファイナンス部門では顧客の要望をよりよく理解するためにこれを利用し、それゆえに顧客の要望が詳しくわかるようになった。そして新規取引が160％増加という結果をもたらした。GEキャピタル・サービスの別の部門であるモーゲージ・インシュアランス部門でもフレキシブルな請求システムを新規に開発して顧客維持に貢献し、それが新規の保険で一顧客から6000万ドルも獲得する役に立った。日本においては、GEのグローバル・コンシューマー・ファイナンス部門が、銀行業務時間の制約があるために顧客の支払いが困難になるという状況を克服し、今では顧客の40％が利用している２万5000店舗ものコンビニエンス・ストアとのネットワークを通じての支払方法を立案し、コストを節約した。GEキャピタル・サービスは、明らかに、顧客満足に価値を見出すことが何を意味しているか、その価値を正しく測定することがいかに重要であるかを知っていたのである。

◉……品質の新たな定義

　過去の品質の定義では、基準に一致するということに焦点を絞っていた。企業はある仕様を満たす製品やサービスをつくり出そうと懸命に努力してきた。このような品質の定義というのは、企業が品質の高い製品やサービスをつくり出す場合、どのようにそれらの基準が満たされていたかにかかわらず、その到達基準は必ず正しいという仮定のうえに成り立っていた。言い換えると、到達基準とはある特定の部品やサービスの相当量の修正作業後にやっと達成されているかもしれないのだ。さらに、過去の品質の定義では、製品やサービスが単一要素のみから成り立って

いることがないという事実を見落としていることがよくあった。ある製品やサービスが、5つの別々の要素から成り立っているとした場合、それぞれ個別では基準に合っていたとしても一緒にしたときに適切に機能するとは限らないのである。このような発想を我々は「相互作用標準」と呼んでいる。

　シックスシグマ・ブレイクスルー戦略は、品質の定義を企業と顧客双方の経済的価値や実質的効用を含むほどに拡大させてしまった。**我々は、品質とはビジネスのあらゆる側面での顧客や供給者によって価値がつけられる状態であると主張している**。この品質の新たな定義は「バリュー・エンタイトルメント」と呼ばれる。シックスシグマの世界において「エンタイトルメント」とは、可能な限り最高の利益を生む高品質な製品を製造することを企業は当然期待していることを意味している。つまり、逆に顧客に対しての「エンタイトルメント」とは、可能な限り安い価格で最高の品質の製品を買うという当然の期待を顧客が持っているということを意味している。「価値」とは経済的価値、実質的効用、消費者と製品やサービスを創造する企業双方での有効性を表す。経済的価値は、企業が最低コストで品質の高い製品やサービスを生産したいというのと全く同様に、顧客は製品やサービスを最低価格で購入したいのだという事実に基づいている。さらに、顧客には、購入しようとしている製品やサービスが必要なときに必要なだけ入手可能であると期待する権利が十分ある。供給者も自らのビジネス内において同様に正当な期待を持っている。このような基準に従わない製品やサービスを生産している企業は、経済的な価値設定ができていない。

　実質的効用とは、顧客に適用して考えると、完成品の3領域、つまり形、出来映え、機能である。これらすべてが顧客の要望を満たさなければならない。例えば、新車を購入する人は「形」を追求する。彼らは目を喜ばせるものが欲しいのである。しかし一方「出来映え」も追求している。例えばトランク部が車のボディと一体化している、エア漏れや水漏れがない、ガタガタしたり軋んだりしない、エンジン音が最低限に抑えられている、といったことを期待しているのである。さらに、車の購

入者は「機能」をも追求している。つまり、燃費、オートマティックかマニュアルか、エンジンの馬力なども考慮するという意味である。

　顧客にとっての実質的効用が、製品やサービスがなんらかの価値を持っていなければならないことを意味する一方で、企業への実質的効用は、企業のプロセス自体が価値を創造しなければならないという事実を意味している。言い換えれば、企業はプロセスの品質にフォーカスし、消費者は完成品や最終サービスの品質にフォーカスするということである。

　過去には、実質的にどんなにコストがかかっても、数々の品質プログラムが顧客ニーズを重視していた企業に採用された。多くの企業は、その貧弱な社内プロセスにもかかわらず、高品質な製品やサービスをなんとか生産していた。今日でさえも、4σの企業が莫大な量の修正作業を通して6σの製品を生産することは可能である。しかしながら、製品価格に競争力を持たせるためには、それにかかる費用を取り戻すための価格引き上げという行為はできないのである。その結果、途方もない損失に苦しむことになってしまう。

　コストが最低に抑えられたとき、経営品質は最高になる。シックスシグマは、利益の増加そして最高品質の製品とサービスを最低価格で消費者に提供するという形で、最大限の価値を企業に提供するのである。

　これは、あらゆるプロセスにおける欠陥を削減することで、企業は競争力を保ち優位に立てるという発想のもとに立てられた戦略であり、哲学である。伝統的な言い方をすれば、欠陥というのは顧客の期待や要求に応えられなくさせるものである。繰り返すが、シックスシグマは欠陥をさらに広い視野で見ている。シックスシグマの枠組みの中では、欠陥というのはプロセスやサービスを妨げる以外の何物でもない。例えば、結果として欠陥商品にならなかったとしても、ある修理担当者がメンテナンスの最中にギアを交換し忘れた場合といった例が考えられる。

　我々が過去15年以上にわたって開発してきたシックスシグマ・ブレイクスルー戦略には、(a)どのように製品を機能させ、どのようにサービスを供給し、(b)どのようにプロセスを改善し、達成した利益をどのように維持するのかを説明する一連のステップがある。我々が開発してきた改

善プロセスでは、製品やサービスを生産する際に発生する欠陥を系統立てて減らすために定量的測定を使用している。

　欠陥を測定するというシックスシグマ的発想は、製品の複雑さや、異なる製品間の非類似性にかかわらず、ユニバーサルな品質メトリクスを展開する方法として1980年代前半につくり出された。製品が何であれ、σ値が高い方がより良い製品を示し、σ値が低ければあまり好ましくない製品を表す。つまり、σレベルが高くなればなるほど、製品やサービスの単位ごとの欠陥数は少なくなる。そしてσレベルが低くなればなるほど、単位ごとの欠陥数は増える。6σレベルの品質で製造された製品は実質的には無欠陥となる。定義によれば、100万回に3.4の欠陥の機会(Defects Per Million Opportunities：DPMO)があるということになる。このように、シックスシグマは製品やサービスの優秀さを示す基準として認められるようになったのである。このレベルの品質は、企業が取り組んできた歴史的基準、つまり4σ、あるいは100万分の6210欠陥(Defects Per Million)という基準と全く対照的である。つまりシックスシグマでは、かつての基準の約1800倍を要求していることになる。常識では、1800倍の改善というのはできるはずがない。このように並外れた改善とは、人々が並外れた推論、つまり製品やサービスをどうつくり出すかに関する新しい質問の結果からのみ得られるような推論を取り入れたときに初めて可能になる。新しい質問が明らかになるにつれて、新たな推論が浮かび上がる。不良、つまり欠陥の機会が6σレベルにまで到達すると、製造部、技術部、管理部、営業部、サービス部門のいずれであるかにかかわらず、企業はいったん欠陥の予想、検出、修理に費やした貴重な資源を、顧客と最終的には企業の価値を高めるための活動を行うために利用することができるようになる。プロセスにおける欠陥をつくり出してしまった場合は、常に時間、労働力、資本、間接費、原料をその欠陥の検出、分析、修理のために使用しなければならなくなってしまう。この検出、分析、修理のサイクルは、顧客満足の3要素に直接結びつくものである。つまり最高品質の製品(無欠陥の製品とサービス)の納入を、納期どおり(サイクル時間の削減)に、正当な価格(製造コストにインパクトを

与えるもの)で提供しなくてはならないということである。欠陥の可能性が低く、企業がめったにそれに遭遇することがない場合は、検出、分析、修理の維持サイクルは実質的に必要ない。だから経費は劇的に下がる。これこそがシックスシグマの究極のゴールなのである。

　今日の競争社会では、非常に多くの企業が製造ラインや納入サイクルに注意を払って改善を行っている。しかし、複雑なテクノロジーの変化や顧客の高まる期待から一歩抜きんでた状態を維持できない。せいぜいよくても現状を保っているだけである。このことは、ヨーロッパでも米国でも、30年前に3.5σから4σで運営していた企業が未だに同じレベルで運営しているということからもわかる。これまで行われてきた改善にもかかわらず、テクノロジーの進化や、製品形態の複雑化、そしてより洗練された顧客要求のために、どのようにプロセスをつくり上げるかという点での重要な進歩は妨げられ、組織のそれにかかわる能力も変わらなかった。標準化とはテクノロジーの背後で停滞してしまうことだと歴史は語っている。つまり、我々が過去20年間に見てきたようなテクノロジーにおける数々の重要なブレイクスルーが、顧客の期待に沿うための新しい方法を見つけるよう企業に強いてきたのである。

　「6σ品質」というフレーズが人気を博すにつれて、シックスシグマを取り入れてきた多くの企業が、多大な財務利益を達成するようになってきている。言い換えれば、パレードの先頭にいる楽隊車にしきりに飛び乗ろうとする企業が増えてきたということである。

◉……シックスシグマの起源

　シックスシグマ達成への探求は、1979年にモトローラの役員だったアート・サンドリーがその経営者会議で「モトローラの現実問題は、悪臭を放っているその品質にある!」と発言し、シックスシグマが誕生したことに始まる。サンドリーの発言はモトローラの新しい時代への導火線となり、製品を製造する際の、より高い品質とより低い開発コストとの間に存在する決定的相関関係の発見に導いたのだった。

多くの米国企業が品質とはお金のかかるものと信じていた頃に、モトローラは正しく実行しさえすれば、品質の改善によって実際のコストは削減できると確信していた。つまり、品質の高い製品はより少ないコストで製造できるはずだと確信していたのである。そして最高品質の生産者が最低コストの生産者になると推論していた。この当時のモトローラは総所得の5％から10％を浪費しており、場合によっては低品質を補うための費用が総所得の20％にも及ぶことがあった。途方もないムダ金が年間8億ドルから9億ドルにものぼっていたのである。しかし、より高品質のプロセスであればそのムダは収益に直接還元されただろう（高い品質の製品はより低いコストで製造できるはずだというモトローラの信念は正しかったことを、これ以降繰り返し何度も証明することになったからだ）。

モトローラの役員たちが浪費を削減するための方法を探し始めた頃、そのコミュニケーション部門のエンジニアであったビル・スミスは、静かに舞台裏で製品寿命と製造プロセスで行う修繕頻度との相関関係を研究していた。1985年にスミスは、製造プロセスの最中にある欠陥が発見され修繕された場合、その他の欠陥は見逃されてしまい、顧客がその製品を使い出した頃に初めて発見されるということをまとめた報告書を提出した。しかしながら、製品が欠陥もなく製造された場合には、顧客が使い始めたところで故障することはめったになかった。

スミスの発見は初めのうちは懐疑的に迎えられたが、購入してすぐに故障する製品に対して顧客が不満足であることは全くの事実であった。その結果、スミスの発見はモトローラ社内に激しい議論を引き起こすことになった。品質を達成するための努力は本当に欠陥を検出し、修理することなのだろうか？ そもそも生産管理や製品設計の隅々で欠陥を防止することで品質は達成できるのだろうか？ 後述するデータは、欠陥を検出、修理しても、モトローラは4σにしか到達できなかったということを示している。それは、米国企業の平均よりわずかに上をいく程度のものであった。しかし同時期、海外の競合たちが製造プロセスの間に修繕や修正作業なしに製品を生産していることがわかってきていた。

モトローラの人々は、スミスの報告書に再度目を通し出した。隠れた

欠陥によって顧客が製品を使い始めてすぐに故障するようなことが引き起こされているとしたら、製造プロセスを改善するために何かしなければならなかった。モトローラは品質改善の追求を開始し、同時に、製品をどのように設計・製造するかに注目することで製造時間とコストが減り始めた。
　シックスシグマの開発に導いたもの、それは、高い品質と低いコストの間の関連性であった。そしてこれは問題領域に反応するだけでなく、それを予想するための正確な測定を使用することによって品質改善に着目した最初の独創であった。シックスシグマによって、ビジネスリーダーが品質問題に対して反動的ではなく、先を見越して対処するようになった。
　これまでの全体的な品質へのアプローチとシックスシグマ・コンセプトとでは、着眼点が異なっていた。TQM(全社的品質管理)プログラムは、それぞれ無関係なプロセスにおいて別々の作業改善を行っていた。その当然の結果として多くの品質プログラムはたとえ包括的であったとしても、あるプロセス内(プロセスとは製品やサービスをつくり出す一連の活動やステップのことである)の全作業を改善するまでに何年もかかる。それに対しモトローラのシックスシグマ設計者たちはある１つのプロセス内の全作業に対する改善を行うことに注力し、より早く効果的な結果を出していった。
　ポケットベルBanditの開発においてシックスシグマを適用したところ、製造テクノロジーは飛躍的に発達した。18か月以内に100億ドル以下で、モトローラのあらゆる営業所からコンピュータで受注後フロリダ州ボイントンビーチの自動化工場を設立し、72分以内に生産できるようなポケットベルをモトローラの23人のBandit担当エンジニアは設計したのであった。このポケットベルはさまざまなオプションを注文することができ、個々の顧客のためにカスタム化することができた。さらに、Banditの優れたデザインと製造プロセスは予想平均寿命150年という結果をもたらした。このポケットベルは信頼性が非常に高かったため、製品テストが最終的には省かれるほどだった。これは、万が一故障したとしても、ポ

ケットベルを取り替える方が、実質上無欠陥の製品の試験に時間とお金をかけるよりもコスト的には効率的であるということである。

モトローラは、欠陥や製造時間の削減を実際に体現するようになると、シックスシグマ・コンセプトによる財務的報酬も得るようになっていた。つまり、より高品質の製品とより安いコストでよりハッピーになる顧客が多くいたというわけである。4年のうちに、シックスシグマによる節約額は22億ドルにもなっていた。こうしてモトローラのシックスシグマ設計者たちはほとんどの企業が不可能だと思っていたことをやり遂げてしまったのである。1993年には、モトローラは多くの製造作業をほとんど6σで行っていた。短期間のうちに、シックスシグマは製造部門だけではなく、他の部門に飛び火のように広まり始めていた。

◉……プロセスとは何か？

企業が行うほとんどすべてのことにプロセスが存在する。プロセスとは、インプットがあり、それに付加価値をつけ、顧客に対してアウトプットを提供するあらゆる活動の集合のことをいう。企業はその規模にかかわらず製品やサービスをつくり出すために毎日何千ものプロセスを利用している。製造部門のプロセスとは、機械に依存し、社外の顧客に納める材料と物理的に接触するプロセスのことである。この中には出荷、配送、請求のプロセスは含まれていない。注文書、支払簿、顧客注文処理等の間接部門のプロセスとは、製造部門のプロセスをサポートし、あるいは独立したビジネスとして存在することもある。製品やサービスの価値の80％が機械からもたらされる場合、我々はこれを製造プロセスとしてとらえる。しかしながら、その80％か、あるいはそれ以上のプロセスが人間の活動に依存している場合、我々はこれをサービスのプロセスとしてとらえるのである。航空会社、職業紹介所、会計事務所、ファーストフード・レストラン、またはその種のものは製造業ではなくサービス業である。銀行、保険会社、証券会社、またその種の企業の利益は主に彼らのサービスのプロセスの品質に依存している。つまり、何かを提

供する会社は、そのプロセスの品質が顧客の期待に見合うかそれ以上であるときに初めて、利益が上がるのである。

◉……シックスシグマは企業に適用されるのではなく、彼らのつくり出す製品とサービスに適用される

　最近のビジネスの歴史から、6σレベルの製品を持つ企業でも未だ財務的混乱の中にいる場合があることがわかっている。6σレベルの製品やサービスと、6σレベルの企業との間には重要な相違がある。シックスシグマ・ブレイクスルー戦略は組織の中のあらゆるプロセスに対して明確な改善目標を設定させるので、組織は視野に隠れたテクノロジーの進歩を理解し、組み入れられるようになる。シックスシグマでは現行システムの微調整よりむしろ、仕事の方法を再検討することを提唱する。それによってシステムとプロセスが平易になり、能力が改善し、最終的にはシステムやプロセスを永久にコントロールする方法が発見できるのである。しかし、6σレベルの製品であっても、市場に投入されるのが遅かったり、需要がないのに市場に投入されたりすれば、失敗は免れないだろう。このことから、企業はシックスシグマを彼らが行うすべてのことで達成しなければならなくなるのである。

◉……シックスシグマはパフォーマンス・ターゲット

　シックスシグマは、製品全体ではなく品質に影響を与える致命的な要因(Critical to Quality：CTQ)の一つに適用されるパフォーマンス・ターゲットであるということを理解することが重要である。自動車が「6σ」と表される場合、これは100万台のうちの3.4台のみが欠陥車であるということを意味しているのではない。6σとは、ある1台の車において、CTQの1つに1つの欠陥がある平均機会(可能性)が、100万機会当たり3.4欠陥のみだということを意味している。例えば紙クリップと複雑なサブシステムを持つ医療機器の洗練された一部品とを比較するとしよう。製品が複雑になるにつれて、製品のどこかに欠陥があるという可能性は

大きくなる。医療機器の複雑な部品の方が単位ごとの欠陥は紙クリップより多いかもしれないものの、「機会」のレベルでは、紙クリップと医療機器の部品は容易に同じシグマ能力を持てるかもしれないのだ。だから、製品が6σであると述べるよりも、一製品が不良となる機会の平均が6σであると我々はいっている。

●……カーペットを例に考えてみると

　6σ（100万機会当たりの欠陥3.4）は厳密には何を意味するのか？　実質的な言葉でいうと、3σと6σとは何が違うのだろうか？　例えば1500平方フィートの家の壁から壁までのカーペットを3σレベル（平均的企業は約3.5σから4σレベルで運営）でクリーニングすると、約4平方フィート（平均サイズのリクライニング・チェアの広さ）分はまだ汚れている状態になる。3σレベルでは、かなりの数の不機嫌な顧客を生み出してしまうことになるということである。同じカーペットを6σレベルまでクリーニングすると、汚れた部分はピン先ほど、つまり実際は見えないほどになる。σレベルが高くなればなるほど、プロセスが欠陥をつくり出す可能性は小さくなる。1σごとに欠陥は指数関数的に削減される。したがって、σが増加すると、製品の信頼性がそれ相当の割合で改善されるのである。その結果、試験や検査の必要性は縮小され、コストが下がり、サイクルタイムが減少し、顧客満足はアップする。6σはこの世界で得られるものとしてはほとんどパーフェクトである。

　各σレベルにおいて起こる欠陥数についてシックスシグマ・アカデミーを訪れる経営幹部たちに、我々は次のような説明をすることがよくある。

　今、教室に座っているあなたたちがそこにいられるのは、航空会社が乗客をある都市から別の都市へ安全に運んだ記録が、事故レベルで100万分の0.5以下で、6σを超えているからである。しかしながら、スーツケースが到着しなかった人たちがいるのは、航空会社の手荷物の扱いに100万分の6000から100万分の2万3000の過失がある、つまり3.5σから4

σだからだ。これはサービスの業務(レストランのレシートを計算したり、銀行業務を行ったり、医師の処方箋をファイリングしたりするような活動)では典型的なレベルである。

　顧客というのは期待どおりの価値を受け取ったときに満足するのだ。そして製品やサービスが6σレベルの品質でつくられているのならば、その製品が内包する各々の機会が顧客の期待に沿ってつくられ、お客に届けられていると99.99966%確信してもよい。

◉……品質を身近に考える

　モトローラの元CEO、ボブ・ガルビンはかつて著者に次のように述べたことがある。

　リーダーは永続する本当の改善を生み出さなければならないのだとすると、リーダーは品質を個人的なレベルにまで持ってこなければならない。この目標への道はおそらく次ページの表を見ることからスタートすることになるだろう。この表が、キーとなるプロセス、製品、あるいはサービスの1つかそれ以上の「さまざまなσレベルの混在する」プロセスを理解するためのガイドになるだろう。少なくとも、あなたがこの本を読み進めるにつれて、あなたのキー・プロセス、製品、サービスの、良いベンチマークにはなるだろう。それによって品質がより身近なレベルに位置づけられると思う。

　「プロセス内のあるシグマ能力を測定するにはどうするか」という表現をあなたの標準に基づいて完成させるためには、なんらかの統計、あるいは数学を少々必要とする。実際に要求されているものは、なんらかの基本的事実と算数だけである。では、読み進める前にまずあなたのシグマ能力がどの程度か見てみよう。

図表1◆あなたのプロセスのシグマ能力を測定する

ステップ	行動	方程式	計算
1	どのプロセスについて考えたいのか？		請求、請求書の発行
2	そのプロセスにはいくつのユニットが投入されているか？		1,283
3	そのプロセスに投入されたユニットが出てきた時点でOKだったのはいくつか？		1,138
4	ステップ1で確定したプロセス直行率を計算しなさい。	＝（ステップ3）÷（ステップ2）	.8870
5	ステップ4に基づいて欠陥率を計算しなさい。	＝1－（ステップ4）	.113
6	欠陥を潜在的に引き起こしそうなものの数を決定しなさい。	＝N（CTQs）品質に影響を与える要因数	24
7	CTQの特性ごとの欠陥率を計算しなさい。	＝（ステップ5）÷（ステップ6）	.0047
8	100万機会当たりの欠陥数（DPMO）を計算しなさい。	＝(ステップ7)×1,000,000	4,709
9	DPMO（ステップ8）をシグマ値に変換しなさい。		4.1
10	結論を導き出しなさい。		わずかに平均パフォーマンスを上回る

◉……**新たに収益を設定する**

　繰り返すが、今日の典型的な企業というのは3σから4σのレベルで業務を行っている。そして、3σ未満の企業は通常生き残ることができない。3σでは、品質のコストはおよそ売上げの25〜40％である。6σでは、品質のコストは売上げの1％以下に減少する。売上げの20〜30％で利益を増加させると、大規模な節約になり、収益にとっての重要な増加となる。GEが品質コストを20％から10％以下に減らしたとき、そして全体のσレベルを4σから5σに引き上げた時点で、この会社は2年の間に純

利益の増加を10億ドルにまで到達させたのである。直接収益となるのはキャッシュである。このことが多くの企業とウォール街がシックスシグマを高く評価する理由なのである。

◉……品質のコスト

企業によっては、良質な製品を納入するためのコストが売値の40％をも占めることがある。800ドルであなたが購入したレーザージェット・プリンターであっても、320ドルも修正作業コストに費やしているかもしれない。年間売上げが１億ドルで営業利益が1000万ドルの企業では、品質コストは売上げの約25％、つまり2500万ドルになる。もしこの企業が品質を達成するためのコストを20％削減できれば、営業利益を500万ドル、つまり現行の50％も増やすことができるだろう。

図表2◆品質のコスト

σレベル	DPMO（100万機会当たりの欠陥数）	品質のコスト
2	308,537（競争力のない企業）	適用不可
3	66,807	売上げの25〜40％
4	6,210（製造業平均）	売上げの15〜25％
5	233	売上げの5〜15％
6	3.4（ワールドクラス）	売上げの1％未満

シグマが1プラスにシフトすることによって純利益は10％改善される。

◉……バック・トゥ・ザ・フューチャー

なぜ企業は最終的な成果ではなく、プロセスに着目すべきなのだろうか？　最終成果というのは、プロセスの最中に起こることによって規定できる。ビジネスがより良いプロセスを生み出している場合には、欠陥

が起こる前にその欠陥の起こる可能性を排除してしまうものである。製品やサービスを創造する間にバラツキを削減してしまうので、あらゆるビジネスで6σの品質を達成することが可能である。つまり、ビジネスのあらゆる面でシックスシグマ・ブレイクスルー戦略を使用することで、そのコストや利益を劇的に改善することができる。

　しかしながら、シックスシグマとブレイクスルー戦略とは２つの全く別の要素であるということを胸にとどめておいてほしい。シックスシグマとは哲学であり、100万機会当たり3.4の欠陥というゴールのことである。一方ブレイクスルー戦略は、しっかりと目標設定された問題解決システムを通してこのゴールを達成するための手段を提供するものである。シックスシグマはオズの国、ブレイクスルー戦略とは我々をそこへ導く黄色いレンガの道であるといえる。

　ブレイクスルー戦略を通じてシックスシグマを遂行している企業は間違いなく製品やサービスの品質に著しい改善を見るだろうが、その事業の最も重要なインパクトは収益に現れる。ポラロイドの経営幹部の一人が述べている。「シックスシグマは、問題に対して系統的に適用することができる万能ツールを我々の会社に与えてくれ、それを使用して結果を正確に測定することができた。ある意味、シックスシグマはビジネス社会に広まった戦略の中では、これまでで最も誤解されたものの一つであるかもしれない。シックスシグマが注目しているのは、100万機会当たりの欠陥数ばかりではなく、むしろ収支決算での節約額を増加させるための情報を融合し組織化することで、プロセスのバラツキを減らすための系統的ロードマップを作成することである。プロセスが改善されるにつれてもちろん欠陥は減るが、シックスシグマは欠陥そのものよりもむしろ欠陥を創造したり削除したりするプロセスに着目しているのだ」。

　シックスシグマを達成するのは、生易しいことではない。実際、GEのジャック・ウェルチはシックスシグマをGEがかつて取り入れた中で最も困難な「ストレッチゴール」と呼ぶ。しかし我々はシックスシグマが最大で、個人的に最も行う価値があり、あなたの会社が今後取り入れる経営手法の中で最も有益なものになると確信している。結果として改

善された品質は、コスト削減だけではなく、売上げの増大と利益の画期的な跳躍に転換されるだろう。品質レベルを向上させることで、企業は株主のためにより多くのキャッシュを稼ぎ出すだけでなく、顧客満足増加の結果、マーケットシェアを拡大させるのである。そしてこれは他ならぬリエンジニアリングや、他の品質プログラムでは達成できない利益なのである。

第 2 章

改革へと導く道標

モトローラは、大きな悩みを抱えていた。1988年に、マルコム・ボルドリッジ国家品質賞を受賞したが、大企業ならどこもが切望するこの賞を受賞したのはモトローラが初めてだった。この賞は、モトローラの元社長ロバート・ガルビンが5年間に10倍も実績を改善するという快挙に挑戦した結果でもある。モトローラの従業員はガルビンの掲げたゴールを達成し、ボルドリッジ賞を獲得したのだった。しかしながら、さらに戦い続けることはできず、この賞が継続的な改善への原動力とはなりえなかった。

　その4年前、モトローラのガバメント・エレクトロニクス・グループ(GEG)の上級担当技術者であったマイケル・ハリーは、GEGにおける製品設計改善や、製造時間やコストの削減の詳細ロードマップを考えていた。これはシックスシグマでの「黄色いレンガの道」に当たるものである。彼はシックスシグマのそもそものコンセプトは有効性が高いと確信していたので、GEG内のエンジニア・グループを招集してこの潜在能力について説明した。そして、彼のリーダーシップのもと、彼らは統計的分析を通じて問題を解決するという実験を始めた。この教えやすい方法論は、会社に劇的な結果をもたらし始めた。GEGの製品は、より速く、より安く、設計・製造されるようになったのである。さらに、ハリーは会社中にシックスシグマを適用するための手法を系統化していった。

　彼はこれを「モトローラにおけるシックスシグマ促進のための戦略的ビジョン」という報告書にまとめた。この報告書は会社中にすぐに広まり、ついにはロバート・ガルビンの机の上に置かれることとなる。ガルビンは、6σを達成することが品質のために会社が始めなければならない動機づけとなるだろうと信じた。さらに、ガルビンはビジネス上の問題に、統計的分析を適用する実践的なアプリケーションの必要性も認識していた。

　1990年、ガルビンはハリーに「ガバメント・エレクトロニクス・グル

ープを離れて、モトローラのシックスシグマ・リサーチ・インスティテュートをイリノイ州シャウムバーグに設立し、指揮を執るように」と命じた。IBM、テキサス・インスツルメンツ・ディフェンス・グループ、デジタル・エレクトロニクス、アセア・ブラウン・ボベリ、そしてコダックも同様に参加するようだった。その研究所の任務はシックスシグマ導入戦略や、開発ガイドライン、そしてさまざまな企業や産業で機能する先進的統計ツールを開発することにあった。

　研究所では、実際の工場では難しいシックスシグマ・ブレイクスルー戦略をさらに発展させる機会が与えられた。現実の工場や仕事場は騒々しく多忙を極める。さらに、製品やサービスの生産現場では、さまざまな種類の問題というのは実際それほど頻繁には起こらない。研究所では、欠陥をチェックしたり修正するために生産ラインやサービスの納期を遅らせる心配をする必要もない。研究者はコストがかかる可能性のあるミスの影響を測定するために何度もシミュレーションを行うことができる。そこでは、工場のフロアで発生する製造問題を統計的な問題、つまりその問題の原因と解決の発見にシックスシグマ・ブレイクスルー戦略を適用することのできる問題に転換できる環境がつくり出された。

　その間、モトローラCodexの子会社の副社長とカスタマー・サービスのゼネラル・マネジャーを兼務していたリチャード・シュローダーは、ハリーがガバメント・エレクトロニクス・グループでシックスシグマを用いて達成した成果の数々を耳にしており、彼はその方法論をCodexでも適用してみることに決めた。シュローダーはシックスシグマを使用することで、当部門内の品質コストを58％削減し、エラーを40％、製品設計にかかった時間も60％削減させた。

　他のビジネスへシックスシグマを適用することの潜在的可能性に興奮したシュローダーは、1993年、ハリーにモトローラを去ることを納得させ、アセア・ブラウン・ボベリ（ABB）の変電装置ビジネスに参加させた。そこで彼らは、スイスの製造業の巨人を再建するのに一役買うことになる。ABBに在籍していた間彼らは互いに手を組み、シックスシグマの焦点を欠陥管理からコストの削減へ移し、ブレイクスルー戦略にさらに

磨きをかけていった。製品品質、パフォーマンス、生産性、コストの改善を通じてABBの純利益を増大させることに戦略をフォーカスした結果、ABBはその後2年間にわたって毎年欠陥レベルを68％、製品コストを30％削減させ、8億9800万ドルの節約とコスト削減を達成した。シュローダーは、ブレイクスルー戦略をABBの多くのサプライヤーに適用する手助けをし、最終的にはABBの原料購入コストを870億ドルも減らすことに成功した。二人は力を合わせていく決心をし、それ以後チームとなった。

1994年、マイケル・ハリーはアリゾナ州スコッツデールにシックスシグマ・アカデミーを開き、GEとアライドシグナルを最初のクライアントとして迎えた。このブレイクスルー戦略がウォール街に広まり賞賛されるにつれて、アカデミーは驚異的な成長を遂げ、製造業分野のフォーチュン・ベスト50企業の注目を浴びるようになっていった。

我々は毎日シックスシグマ・プログラムがどのように機能するのか、また組織にどう適用すべきか、もっと詳しく知りたがる世界中の企業から山のようなリクエストを受けている。そこでアカデミーでは、製品あるいはサービスの考案プロセスへのブレイクスルー戦略の適用方法を企業に教えるための包括的シックスシグマ・トレーニング・カリキュラムを開発した。そして今初めてこの本で、企業価値を改善する以下の6分野にどうシックスシグマが影響するのか紹介しようと思う。

1. プロセス改善
2. 製品とサービスの改善
3. 投資家との関係
4. 設計方法論
5. サプライヤー改善
6. トレーニングとリクルート

◉……ブレイクスルー戦略の概略

　シックスシグマは、問題解決のベンチャーである。あらゆるプロジェクトには、解決策を必要とするプロセスまたは設計の問題が存在する。ブレイクスルー戦略は、解決策を発見し、収益を改善しようとする人々のエネルギーを喚起する。企業はいかに多くの情報（そしてそれゆえの収入）を机に置き忘れているかを見せつけられることになるのである。

　シックスシグマ・ブレイクスルー戦略を問題の明確化に利用することが、企業のリーダーたちの鋭気を挫くこともある。ブレイクスルー戦略によって経営者たちはビジネス、テクノロジー、製造、品質、生産、納入のシステム問題の迷宮へと紛れ込んでしまうかもしれない。しかしながら、問題を明確化するということは、そこに横たわる原因を特定するよりも単純なことである。というのも、その原因とはしばしば歪められた財務レポートや、的外れなデータ、企業の文化的先入観などの層によって覆い隠されているからである。

　プロセス、部門、あるいは企業において6σの品質を達成するためにブレイクスルー戦略を適用するには、その基礎となるフェーズが8つある。認識(Recognize)、定義(Define)、測定(Measure)、分析(Analyze)、改善(Improve)、管理(Control)、標準化(Standardize)、統合(Integrate)である。そのブレイクスルー戦略の中核をなす4つのフェーズ（我々がM-A-I-Cと呼んでいるもの）をここで説明したい。8フェーズの各々のさらに広範囲にわたる詳細については第7章で扱うことにする。

　M(Measure：測定)フェーズでは、測定システムのタイプやその特徴のキーとなるものを再検討する。企業はデータ収集や報告の本質や特質を理解しなければならない。企業は、誤った測定がプロジェクトの成功に与えうる潜在的インパクトや、測定におけるエラーがどこで起こるかということについて考えなければならない。さらにどの欠陥がどのくらいの頻度で発生しているのかということや、欠陥の発生を左右するプロセス能力について研究しなければならない。

A(Analyze:分析)フェーズでは、ブレイクスルー戦略は、欠陥(品)の数を説明するのにきわめて重要なキーとなる情報を他から切り離すために、具体的に統計的手法やツールを提供する。ここでは、実際のビジネス問題は統計的問題に変換される。問題は突発的なのか、絶え間なく起こるものなのか？ 問題はテクノロジーに関するものか、プロセスに関するものか？

I(Improve:改善)フェーズでは、ブレイクスルー戦略は問題発生のキーとなるバラツキを発見することに焦点を当てる。このフェーズでは、シックスシグマで設計すること(Design for Six Sigma:DFSS)として知られているプロセスをも取り入れる。DFSSを使用することで、モトローラが設計したプロセスが実質的に無欠陥のポケットベルを製造したように、製品やサービスをつくり出すプロセスは、プロセスが6σつまり高品質の製品やサービスを製造するという方法で最初から設計あるいは変更されるのである。

最後に、C(Control:管理)フェーズでは、製品やサービスをつくり出すプロセスを継続的に観察することで同じ問題は再発生しないということを確認する。

ブレイクスルー戦略の潜在能力を十分に認識するには、キーとなる従業員を特定しトレーニングすることが必要である。「ブラックベルト」として知られる高いスキルを持った従業員はブレイクスルー戦略とそのツールによって訓練されており、シックスシグマ・プロジェクトにフルタイムでかかわることで、チームをキー・プロセスに影響を与える４つのフェーズの各々に導いていくのである。

●……シックスシグマのブレイクスルー戦略

シックスシグマ・ブレイクスルー戦略は、エラーの出所やそれらを取り除く方法を正確に指摘するために、きわめて厳密なデータ収集や統計的分析を使用する統制された手法である。シックスシグマは、統計的分析と対になっているパフォーマンス・メトリクスに厚い信頼を置いてい

るので、他の品質プログラムに見られる失敗を避けることができる。シックスシグマを使用しての品質改善プロジェクトは、継続的改善という曖昧な観念ではなく、顧客のフィードバックや潜在的コスト節約能力の結果によって選択される。顧客と総収入に大きな影響を与える改善には最も高い優先順位が与えられる。自分のビジネスに大きな影響を与えると思われる改善に最初に、いや真っ先に着手するのである。繰り返すが、他の品質改善プログラムと違って、シックスシグマは品質単独を追求するのではない。品質が顧客や企業の価値を高める場合に限って、品質の追求に関係してくるのである。

ブレイクスルー戦略の方法論では、営業コストの削減や、能力の改善、収益性の改善、市場に新製品を投入するのにかかる期間の短縮、在庫削減、さらにより短期間により少ないエラーでプロセス処理をするために特定ツールを使用する。ブレイクスルー戦略は、レーザーのように改善に焦点を絞りこむ。そして最初は欠陥除去という短期的戦略、次にシステム改良という長期的戦略を通じて行われる。きわめて重要な欠陥を取り除くことは、短期的に収益を改善するだけでなく、最終的には、さらに大きな利益のためにシステム全体を改良するためのお膳立てをすることになるのである。結果を改善するには、結果を生み出すプロセスの改善もまた必要となる。組織がそれを認識するとき、その組織はすでにシックスシグマを達成する途上にいるのだ。

●……シックスシグマと統計

当然のことながら、ほとんどの人が統計は退屈で複雑なものだと思い込んでいる。しかし、組織の中に起こる最も興味深い現象のいくつかは、統計のシンプルさと美しさによって最もうまくとらえることができ、説明することができる。人々は、シンボルや、公式や、表をいったんクリアしてしまうと、統計が通常より問題(そして質問)をクリアでシンプルにするということがわかるようになる。多くの人々は統計が水を濁らせるもののようにしか考えていない。もちろんそんなことはない。統計の

シンプルさこそが、組織の中のプロセスを測定、改善、監視することを可能にするのである。統計とは、並外れた推論から常識的推論を切り離すツールなのである。

　H・G・ウェールズは、1925年に「いつかは統計的な考え方が、読み書きと同様に市民権を得るために必要なものとなるだろう」と記している。我々は、工業化時代の統計的知識が、情報化時代の今となっては時代遅れな燃料のようなものだと思っている。しかし、工業界の将来は統計の理解にかかっている。統計は、以前は見えなかったものを見えるものに変える顕微鏡のようなものである。統計なしでは、今日の高密度半導体チップはつくり上げられることはなかっただろう。我々は統計によってある程度将来を予測することができるし、物事の発展方法の方向性を変えたり正してくれる変化を紹介できるのである。統計によって企業は問題を解決し、どう従業員を教育するかの背景を形づくることができる。それによって企業はデータを収集し、そのデータを情報に変換し、直観や本能的感覚、あるいは過去の経験ではなく事実に基づいて決定が下されるようその情報を解釈できるようになる。統計によって品質の基礎が築かれ、それが利益やマーケットシェアに変換されるのである。

　管理者たちは統計に関してより博識になる必要がある、しかし一方で、我々は統計的知識をより利用しやすいフォーマットで伝えられるようにすることで、キーとなるデータから未知の事柄を推定し、日々の仕事に適用できるようにする必要があるとも認識している。正しいスキルでデータを見るという文化でのみ統計の十分な便益が得られるのだということを認識することもまた重要である。そして、だからこそブレイクスルー戦略なのである。組織の知識が豊富になればなるほど、従業員はその知識をさらに利用できるようになり、さらに収益性が高くなるのである。利用することのできる知識のみが資本を生み出すのである。

　高品質を達成するうえで統計が重要視され始めたため、工業界は他の活動に対してと同様、品質改善のための統計的手法を訓練するために巨額の資金を注ぎ込み始めている。あいにく大学のカリキュラムでは、組織における統計の妥当性が増していることが十分に反映されていない。

それゆえ、仕事場での毎日に統計をどう適用したらいいかという最も基礎的な側面のいくつかを学生に教えることさえほとんどできていないのだ。技術工学や経営工学のような専門分野には、カリキュラムに統計学のコースが必要である。しかし多くは必須コースとする代わりに「選択」コースに指定している。

　もう1つの問題は、多くの統計学のコースが理論のみで、理論を実践に適用する機会を与えないことである。大学レベルでの正しい統計教育の欠如というのは、米国の製造業の競争力において大きなネックとなっている。企業ベースの教育が確かにこの問題を克服する道となってはいるものの、大学は学生教育の方法をもう一度学び、仕事の現場に入ったときには理論を実践にリンクさせる知識とスキルを持てるようにすべきだと思う。組織の従業員、実質的には学校を出てすぐの従業員たちが、現実の仕事の世界にどう統計ツールを適用するかという点で、いかに大学の統計コースが彼らを混乱させたのか何度も聞かされている。H・G・ウェールズの統計に関する予想が正しければ、彼の言葉が我々の教育システムや我々の将来の労働力に対して意味するものは莫大なものである。

◉……過去の過ちから学ぶ

　第二次世界大戦以降、生産性の改善や利益の増大を意図したプログラムとツールの激増により、米国の製造業界は混乱させられてきた。これまで世界には、新しいイデオロギーを実施するためのツールや、戦略を持たない知的モデルに基づいたさまざまな改善プログラムや一時的に流行するだけの経営手法が多数存在してきた。組織には、確実に財務的利益をもたらす機会を追求し、開拓するために設計された標準的手法やツールが必要である。つまり、反復可能な改善に基づいた独創力が必要なのである。そして、戦略やツールをどのように実行し、展開するかについての標準的ロードマップや、成功を創造し持続するのに必要なリーダーシップが必要なのである。

企業はダウンサイジング、アウトソーシング、ABC（Activity-Based Costing：活動単位原価算出法）、新製品開発、リエンジニアリング、計画的な原材料の調達、カイゼン*、そしてワールドクラスの工場の設立などに挑戦してきた。本質的にはこれらの経営手法はどれも悪いものではなかったものの（実際著しい結果を生み出したが）、これらは企業の収益改善に役立てるためにつくられたものではないし、品質と業績を同時に改善するためでもない。

　過去15年間、プロセスのカイゼンを提案するコンサルタントやビジネス書が米国企業に群がっていた。このような品質の改善提案はプラス効果を持ってはいたが、シックスシグマ・ブレイクスルー戦略ほどの潜在能力はなかった。

　一つには、ほとんどの品質の改善提案では、組織の中の人々は自分の仕事の品質を「保つ」必要はなかった。製造、設計、工程の品質はビジネスの財務的側面からあまりにもかけ離れていると見られていたため、彼らの日々の活動と企業の財務的状況全体をリンクさせる必要がなかった。設計や製造、営業そして品質管理が個別に機能する場合、自分の仕事ではないことの責任をとることは一部の人々にとって非常に抵抗があるだろう。多くの品質プログラムは個々の部門内では効果的に機能する一方で、統一された方法で企業全体にわたって機能させる能力に欠けている。目標や価値を共有しシナジーを創造するためには、品質の考え方を組織のあらゆる方面であらゆる従業員やその行動に浸透させる必要がある。シックスシグマ・ブレイクスルー戦略は品質が対象というよりむ

＊カイゼン
　カイゼンとは漸進的で終わりのない改善のことをいい、「ささいなこと」をより良くしていく。そして継続的により高い標準へと到達させるのである。ある点においては基本的カイゼンツールの利益は少なくなりシックスシグマのインパクトが増えるというのがボンバルディアの確信であった。3σから3.5σ間にある組織においてはカイゼンではほとんど基本的なツールを使用するので、彼らのシックスシグマ・プロジェクトのいくつかはカイゼン活動のように見えるかもしれない。しかし実験計画法（Design of Experiment）等のシックスシグマ方法論をいったん始めると、カイゼンタイプの活動では不可能なパフォーマンスを画期的に跳躍させることができる。特に企業が製品の設計変更を行う場合は、シックスシグマ・プロジェクトの利益は、カイゼンにより達成することができるものよりもさらにずっと大きいのである。

しろビジネスが対象である。企業内のあらゆる従業員はこの方法論を理解し実行することに責任を負っている。シックスシグマがビジネス戦略として実施されれば、企業は財務的な測定を改善のためのプロジェクト選択や、結果の特定のために使用できるようになる。言い換えれば、シックスシグマは企業や顧客のニーズと個人のニーズを同列に結びつけるのである。

　何百もの企業に在籍する何千人もの従業員にとって、シックスシグマとは科学、テクノロジー、品質、収益性が一堂に会する場所でもある。技術者とマーケット担当者、企業とその顧客、上級管理職と実際に製品をつくりサービスを提供する人々との間に、共通の目標が掲げられることになるのである。シックスシグマは、従業員を勇気づけ、新しい質問を投げかけ、新しく標準化された方法で答えを追求させる。どのように企業がシックスシグマ原理を適用してきたのかを学ぶにつれて、あなたは自分の組織の仕事を再考察せざるをえなくなると我々は確信している。

第3章

キャッシュフローを生み出す経営品質

多くの企業、そして管理職は、次に挙げる信念のうち1つか、
あるいはそれ以上のことを拒絶するものである。

誤りを犯すのが人間である。
過剰な品質はコストがかかりすぎ、時間がかかりすぎるものである。
前年度の数字を克服するだけで十分である。
ソフトのエラー（ペーパーワークのような）は、まだ許される。
我々はそれでも競合他社よりまだ優位にある。
品質の危機に、時間の合間をぬって消火活動に立ち向かうのは名誉の象徴であり、
面白いことでもある。

—— ロバート・W・ガルビン

あらゆる企業(そして顧客)は、完璧とはいえない品質のためにペナルティーを払っている。あらゆる欠陥は、製造者や顧客にとって経済上の重荷といえる。品質が製品やサービスの設計、製造に本来兼ね備えている部分ではない場合にコストがかかる結果となる。多くの企業は、正確に見積もった場合、品質コストが自ら見積もる３～７％などではなく、総売上げの15～25％の間のどこかに落ち着くことに気づくだろう。彼らの見積もりが間違っているのは、その会計システムでは貧弱な品質に関連する本当のコストのほとんどをつかめないことにある。

　顧客へ欠陥製品を出荷しないために行う検査、試験、再検査のような活動は、総売上高の20～25％にものぼってしまうのである。先に述べたように、典型的な企業は製品やサービスを3.5σから4σの間で製造している。これは、品質コストがおよそ売上高の20～30％であることを意味している。正しい知識を持つ企業は、低品質による本当のコストというものを認識し、正確な評価を行い、コストを減らしているものである。

　品質の総費用を知る価値は、経営者にとって活動方針を比較し、決断する出発点を提供することにある。多くの企業にとって、これはモーニングコールに相当する。多くの企業は、低品質による本当のコストを知らない。だから彼らは船が沈んでいく間、ボイラー室か船長室で眠り続けてしまうのである。事実、米国企業の82％が品質プログラムを採用しているにもかかわらず、実際に品質コストを計算しているのは3％にすぎない。自分の会社の品質コストをよく理解していると思っている経営者でも、おそらく売上高のこんなにも大きな割合が品質にかかわる費用になっていると知ったら驚くに違いない。多くの企業は自社の品質コストを５％以内と見積もっている。もし経営者たちがこの品質コストの実像を理解すれば、ショックを受けるであろう。

　収益の「損失」とは、単にムダなのである。株主や企業が評価しながらも、しかし決して見ることがないのがキャッシュフローである。さら

に悪いことに、これが、良質な作法でビジネスを行えない企業に対して顧客が払う価格となる。工場で「損失」された資金は、決して利益を稼ぎ出すことはないだろうし、企業の財産に追加されることもないだろう。低品質は貧しい「歴史」しか生み出さない。顧客はその品物やサービスが、時間どおりに届けられるか確信を持つことはできないし、さらには、貴重な時間とお金を記録、処理、梱包、返品に費やすことになるのかどうかすらも確信を持てない。最後に、低品質は企業、顧客、消費者、さらに社会にとってコストのかかるものとなる。これが本当の現実で、そして非常に大きな浪費なのである。

●……品質コスト（COQ）

　高品質は企業の支出を節約する実質的に無欠陥の製品やサービスをつくり出すということに意味がある。GEでは、1995年に全社のσレベルを測定したところ3.5σだったので、品質コストに毎年50億ドルも浪費していたことが明らかになった。ユナイテッド・テクノロジー・コーポレーションの代表兼CEOのジョージ・デビッドによれば、品質コストは年間20億ドル以上にもなるという。

　管理職の中には、低品質はコストがかかるので可能な限り早い段階で欠陥を防いだり、一度に欠陥を削減してしまうことが財務的に大きな利益になるという事実を直観的に把握してしまう人がいる。低品質とは潜在的にほとんど見返りのない不透明な概念だと思っている人間もいる。そして彼らはたとえそれに目をやることがあったとしても、どう手を伸ばせばいいのかわからないのである。彼らには、それを掘り起こして、バケツに入れ、銀行に持っていくための「心のシャベル」が欠けている。GEが持っている「黄色いレンガの道」を多くの経営幹部たちはつくり出すことができないので、GEなどの企業が行ってきたことを低く評価したり、あるいは習うべき授業の重要性を過小評価する傾向がある。だから、「あなたはわかっていない。我々は違うのだ」あるいは「我々はすでにマーケット・リーダーなので、シックスシグマは必要ない」とい

った否定の言葉が出てくるのだ。

◉……品質メトリクスのコスト

　何年にもわたって多くの企業は、低品質によるコスト（Cost-of-Poor-Quality：COPQ）というメトリクス（尺度）を、彼らが品質についていかにうまく対処してきたのかを示す主な指標として利用してきた。企業によってはこのメトリクスを他のすべての品質指標に優先して利用しているところもある。しかしCOPQが業務レベルで2～3％の場合には、企業の首脳部は製品品質がかなり良いと誤って信じてしまう。そこで我々は慣習的品質コスト理論における3つの問題を発見した。

- 「検出と修理」のアプローチに対抗して「防止」のアプローチを行えば、品質を改善するためのコストは増えない。
- 品質に関連する重要なコストの多くは、ほとんどの会計システムではとらえることができない。
- 慣習的品質コスト理論では、技術、製造、会計、サービス部門に発生する、コストのかかる、しかしながら回避可能なはずの非効率性を無視している。

　品質コストの構造を支えるカテゴリーには4つある。一般的に品質コストは不良、査定、防止のコストから成る。
　例えば、製造部長が椅子に座って、伝統的な方法とシックスシグマの考え方を比較しながら自分のビジネスの品質コストを見積もるとしよう。まず、カテゴリーはかなりわかりやすい。保証費用は毎月報告される。場合によっては、彼は顧客の手に渡ってから故障する製品の修理コストの履歴を調べることもあるだろう。
　彼は自部門のスクラップや不合格品が、欠陥の結果であることもわかっている。これらのコストを見積もるために、このスクラップや不合格品の総数に関する品質データの履歴をたどり、この情報を関係する材料

図表3a◆品質改善に対する伝統的考え方

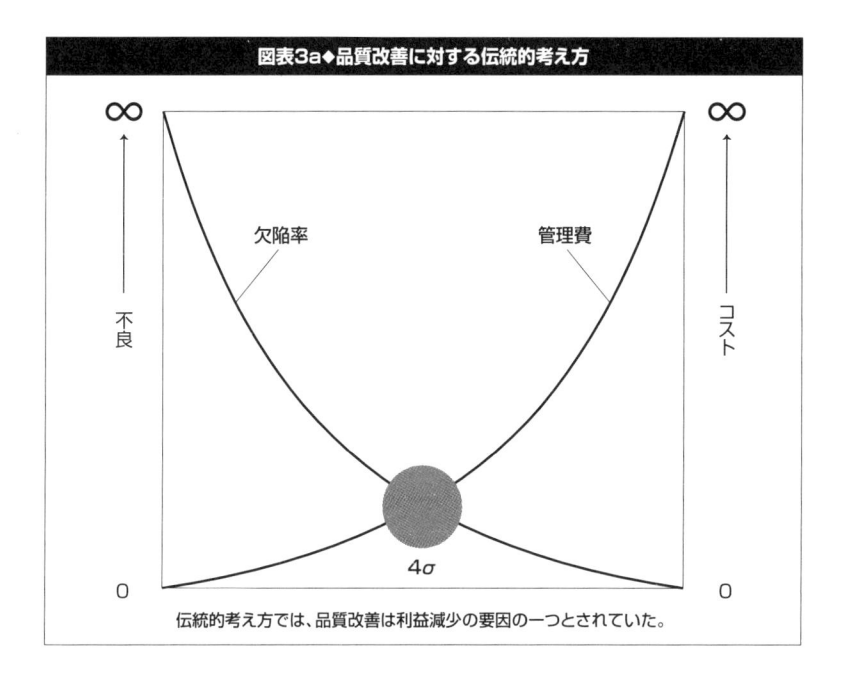

欠陥率

管理費

不良 ∞

コスト ∞

4σ

伝統的考え方では、品質改善は利益減少の要因の一つとされていた。

図表3b◆品質の新しい定義

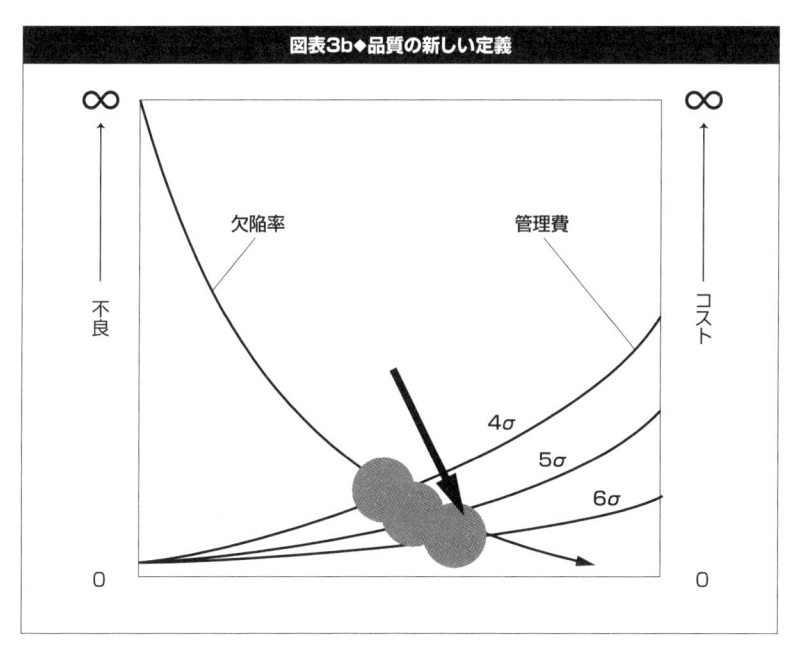

欠陥率

管理費

不良 ∞

コスト ∞

4σ
5σ
6σ

図表4 ◆ 品質コストを比較する

社内での不良	査定
スクラップ	検査
修正作業	試験
サプライヤーでスクラップ・修正作業	品質審査
	試験装置のイニシャル・コストとメンテナンス
社外での不良	**防止**
顧客への費用	品質計画
保証費用	工程計画
苦情調整	工程管理
返却された材料	トレーニング

費や労務費の見積もりに利用するのである。同様に、欠陥部品の修正作業をするために必要な直接労務費も見積もることができる。しかしながら、品質コストの本質を深く掘り下げていくにつれて、他の品質コストの多くは目に見えるようになっていないことが明らかになってきた。例えば、「上流にいる」作業者の出来映えに不備があったことを発見しても、その不良品をつくり出した人間の「手元に」返されてしまう。欠陥は品質管理システムを出し抜き、品質情報システム上には現れず、出来映えに不備があっても罪を犯した従業員が罰せられることはないのだ。

　もう1つ例を挙げてみよう。多くの欠陥部品をつくり出してしまう工程の場合、完成品になるまでに要する時間は長くなるということをその部門の部長は知っているものである。このサイクル時間には、現実の労務時間と在庫の追加というコストがかかる。しかし残念ながらこのコストはCOPQのバケツの中には入れられず、品質的見地においては相変わらず目に見えないままなのである。スケジュールにないメンテナンスや、問題を解決するために必要な機械の休止時間はいうに及ばず、欠陥をとらえようとするためにこっそりと実施される例外的な検査や試験のコストもまた存在するのである。さらに問題のある製品を納めると、顧客の損失や顧客ロイヤルティの減少という、とても重要でありながら測ることが困難なコストが発生するのだ。部長はビジネス全体に対してこれらの欠陥がどのような経済的混乱を招いているか確信してはいないものの、

欠陥製品のせいで、顧客を不満にしてしまうのだということはわかっている。

　適切なデータを入手したり、見積もるのに役立てるため、部長は品質コストを5つのグループに分類した。

①社外で起こる不良のコスト——これにはサービスのコストと同様、保証費用も含む。部長はまた、不良の結果、顧客が払う数々のコストについてのデータへのアクセスも可能であるが、これらのコストを機会のコストと同じグループに入れることとした。
②社内で起こる不良のコスト——部品のスクラップや修正作業に関する労務費や材料費。これらのコストにはサイクル時間（製品が工程を進むのにかかる時間）の延長が原因で発生する在庫の追加も含む。
③査定や検査のコスト——これらは出荷前に欠陥品を見つけるための、サンプル用材料、試験装置、労務費のことである。これらのコストにはまた、品質審査に関連するコストや、社外のベンダーを監視したりその品質問題に対処するコストも含んでいる。
④低品質を改善するのに関連するコスト——プロセスをよりうまく管理するための装置のコストや、品質を改善するためのプログラムのコストもここに含まれる。
⑤（欠陥を修理したり、いわゆる消火作業を減らすことによって）同じ資産でより多くの製品を生産する機会を得るためのコスト——これは、低品質のために売上げを失ったり、顧客のロイヤルティを失ったときの機会コストである。これらのコストは測定するのが難しい機会損失なので、このカテゴリーは区別して扱うことになった。

　この部長が最初に行った品質コストの見積もりは多くのことを表している。第1に、定量化するのが難しい顧客の不愉快な気持ちのコストや、サイクル時間延長による過剰在庫を含めなくとも、コスト総額は彼が思っていた以上に多かった。これだけで品質コストのほとんど80％にまで達していた。部長はまた、欠陥を防止するための努力の結果がわずか

4％しかないことに気がついた。この時点で、システム全体が逆転状態で、経済的効果がないということが明らかになった。
　全体的に見れば、品質コストというのは最初の見積もりとしては良いものである。もちろん、高いスクラップ率による製造日数の超過をこれに含めるべきかについては議論を要する。またスクラップや修正作業の直接労務費や直接材料費に間接費を含めるべきかどうかについても議論の余地がある。最終的には、部長はこれらのコストの履歴を採用したものの、これらのコストをどのようにたどればよいのか明確でなかったので、「機会損失」のカテゴリーに入れた。部長はまた、たとえこれらのコストが含まれていなくても、総計が莫大なものに見えてきたことを認識し始めていた。
　品質コストを明確にする筋書きとはこんな感じであろう。もしすべての欠陥が姿を消したと仮定したら、問題になっているコストもまた姿を消すだろうか？　他にどんなコストが削減されるだろうか？
　ビジネスの品質コストを見直すにつれて、部長はコストを増大させずに社内外の不良品をどうにか減らせないかと考え始める。ある意味で、品質を改善することは非経済的なものにならないだろうか？　ある意味で利益の縮小でありうることが直観的には明らかになってくる。
　自分の部で行われている仕事を見つめていくと、欠陥の試験や検査に多くの努力が払われていることが明らかになってきた。欠陥を減らすことができれば全数検査を継続する必要性は減少するだろう。抜き取り検査や監査タイプの検査に移行できるようになり、ついには完全に検査や試験そのものを省くことができるだろう。しかし部長は、この品質コストの見積もりにはサイクル時間延長、在庫増加、顧客ロイヤルティの減少といった多くの隠されたコストや機会損失が含まれていないと気づいている。
　さまざまなバラツキを欠陥と品質コストの背後にある要因として見ることで、求めるターゲットから外れてしまった製品は損失となるということが、ますます明白になってくるのだった。
　組織によっては3σあるいは4σで行き詰まってしまう原因の一つに、

図表5◆品質コスト

現在測定しているもの	現在測定していないもの
スクラップ	メンテナンスの増加
	売上損失
保証費用	顧客不満足
	休止時間
検査コスト	エンジニアリングと製品
	開発エラー
超過時間	材料請求書の不正確度
	不合格となった原材料

彼らが欠陥の削減を通じて3σあるいは4σを超えようとするときのコストが、低品質を減らすことによって得られる利益を超えるものだと信じていることが挙げられる。シックスシグマでは、5σや6σの業績レベルならば、企業の査定や防止のコストを劇的に削減することができ、非常に有益なものであるという考えを持っている。我々はシックスシグマへの道を検査しようとはしない。むしろ、我々は顧客ニーズに沿うことに焦点を絞ったより良いプロセスやより良い製品やサービスの設計を通して、根本的原因から欠陥を削減しようと努力する。我々がこのより高い標準を目指す場合、プロセスの中で行っているマイナーな調整をやめ、全く新しい方法でビジネスを行うことを考えざるをえない。

◉……シックスシグマのための設計(DFSS)

　ユナイテッド・テクノロジーズのCEOであるジョージ・デビッドによれば、ある工場では作業員よりも検査担当者の方が多いという。「それは高品質達成方法としてのアイディアではない。会社全体のゴールは、未だかつてないほどに設計段階での品質を強調し、検査者をゼロにすることである」。レイセオンのロバート・W・ドリュースもまた、会社のほとんどの品質問題の原因は、設計に帰着することを認めている。

　数多くの研究により、約70%の製品原価は設計によって決定されると

いうことが示されている。経営コンサルタントの中にはその概算を80％にまで上げている者もいる。製品設計の品質が高ければ高いほど、原価は低くなる。実際、品質問題の80％は、その配慮がなされずに設計された製品に起こる。シックスシグマを導入している企業は、圧倒的多数の欠陥が設計段階においてつくり出されることに気づいている。顧客のフィードバックが、改善された製品設計に組み入れられているということを確かめるためには、マーケティング部門と技術部門が、製品を実際に使用した段階でのパフォーマンスに関する、より厳密なデータを収集する必要がある。また、現存するテクノロジーを利用して、完成度の高い製品やサービスが「製造できる」ように、プロセスの能力を査定し、設計段階でそれを因子として考慮する必要がある。プロセス能力が設計で要求されるものより低い場合は、それを補うために部品の調整、選り分け、修理が行われる。低レベルの設計による品質コストというのは、見積もるのが極端に難しい。しかしながら、それがとても大きいことを我々はよく知っている。

　政府との契約を勝ち取る企業というのは、しばしば経営資源の30〜40％を製品の試験や修繕に費やしている。これらの企業も、こんなにも広範囲にわたって製品に試験や修正作業をする必要がないように最初の段階でプロセスを設計すれば、もっとずっと収益性が高くなるだろう。企業がより過酷な標準に向かって製造しようとしているならば、答えは明らかで、より過酷な検査条件や試験条件をつくってはならないはずだ。しかしながら、プロセスや設計の能力が常に一定であるならば、企業はより頻繁にそしてより正確に検査や試験を(顧客にとってはコスト負担増で、企業にとってはより低利益で)行うしかない。

　企業品質を改善するためにシックスシグマ・ブレイクスルー戦略を採用する理由をまとめると次のようになる。

■ 　重要な品質改善を達成するビジネスは、プラス8％の価格相当分を稼ぎ出す。

■ 　優れた品質のポジションに到達するビジネスは、品質の劣るビジネスの3

倍も収益性が高い。
- 品質が改善するビジネスは、毎年マーケットシェアを4%拡大する。
- プロセス能力がプラスに1σシフトすることは、収益の10倍分の改善に相当する。

図表6◆品質コストを改善する場合に取り組むキーとなる6つのエリア	
要因	基本的問題点
1. 組織の基本的能力	・ビジネスプロセスにおける改善を実行するためのスキルやツールが不足している。
2. 工程のバラツキ	・COPQ（修正作業、スクラップ、フィールド不良）が高くなってしまう貧弱な工程能力。 ・顧客要求が技術部隊に届かないことが頻繁に起こる。 ・効果のない制御技術。
3. ビジネスプロセスのバラツキ	・製品コストの見積もりがしばしば的外れで、貧弱な財務業績と誤った製造決定になる。
4. 技術・設計プロセスと社内文書	・技術システム、設計プロセス、社内文書がしばしば不適切で無効になる。
5. 仕様書の品質	・サプライヤーや委託業者に送られた仕様書の解釈によってかなりバラツキを生じさせ、低品質の部品となる。
6. サプライヤー能力	・レベルの高いサプライヤーが不足しているため、品質が低い。

ケース・スタディ

ウェルチが惚れ込んだ経営手法
——GE2000

　シックスシグマ——GE Quality 2000——は、個人的にも最大の報酬をもたらしてくれるだろう。そして最終的には我々が歴史上体験した中で最大の利益をもたらすものとなるだろう。我々は2000年までに6σ品質の企業となるというゴールを打ち立てた。これは、実質的に無欠陥の製品、サービス、業務を提供するという意味だ。

——　ジャック・ウェルチ、1996年GE年次株主総会にて

　最善のシックスシグマ・プロジェクトとは、ビジネスの内部で始まるものではない。我々はいかに顧客をより競争的にさせることができるか？何が顧客の成功にとって決定的となるか？という問いかけの答えを学ぶこと、さらにどのように解決策を提供するかについて学ぶことこそ、我々が必要としている唯一の拠り所なのである。

——　ジャック・ウェルチ、1997年GE年次株主総会にて

GEのシックスシグマ導入を取り巻くメディアの興奮は、世界中の多くの企業にシックスシグマへの興味を浸透させる重要な触媒となった。何年にもわたり、自分のアイディアをGEの経営に反映させてきたジャック・ウェルチの成功は、最新の経営哲学に関する情報源として米国企業の注目を集めてきた。2000年までにこの会社を6σ企業にすると計画しているウェルチの発表は、価値重視の消費者が質の良い製品やサービスを要求するこの世界で成功するための新しい方法を模索する他の企業に対し、強烈な印象を与えた。GEのオブザーバーでミシガン大学の経営学教授ノエル・ティッシは、「ジャック・ウェルチは21世紀の典型モデルとなる企業のための新しい時代のパラダイムをつくり出した」と確信している。

　約20年に及ぶCEO在任期間中、ウェルチはGEの市場価値を120億ドルから2800億ドルにまで引き上げ、GEを単なる製造業から広範囲にわたる製品とサービスを持つ多角的企業へと変貌させた。彼は今世紀最も成功し、ビジョンのある経営者だと評価されている。1990年にGEの収益の55％はジェットエンジン、洗濯機、CTスキャナ、タービン等の売上げによるもので、45％はサービスによってもたらされたものだった。今日、GEキャピタル・サービスは傘下に28もの多角化したビジネスを持ち、GEの売上総額の3分の2、利益総額の40％を稼ぎ出している。これによってこの部門は世界中で最も財務的に収益性の高い部門となった。

　多くの要因がウェルチの傑出した業績を支えている。ウェルチは、モトローラ、テキサス・インスツルメンツ、ゼロックスが「アジアの台風の目の中にいる」と称されたのに対して、2000年までにGEの大半の収益が海外の資源からもたらされると予測して、この会社のポジションを決めた。その代わり、家電など優位に立っていないビジネスから撤退し、すでに競争力を持ち技術的に優位に立つ分野に特化して、アジア・ブームに対処した。ウェルチは優秀な人材で経営チームをつくり、成長性の

高いビジネスを買収し、収益性の低いビジネスと置き換え、さらに製品よりもサービスへの集中を推し進めた。

多くの傍観者たちは、シックスシグマによって、ウェルチが伝統的な製造業の巨人を競争的で鋭く機敏な成長企業に転換させたのだと確信している。GEではシックスシグマ導入前から数々の品質プログラムを採用してきたが、シックスシグマほど浸透したものはなかった。シックスシグマに先だって導入した品質プログラムに関して、自らも認める皮肉屋のウェルチは、これらの品質プログラムのスローガンにはとても重みがあるが結果は希薄だと感じていた。しかし彼の長きにわたる友人でゴルフ仲間の元GE副社長（現アライドシグナルCEO）のローレンス・A・ボシディが、「アライドシグナルの利益は、1994年に導入したシックスシグマによって倍増している」と力説したことを聞いて、ウェルチはシックスシグマについてもっとよく知りたいと思うようになったのだった。ウェルチは、これまでの品質管理テクニックと違って、アライドシグナルがシックスシグマのおかげでコスト削減を行い同時に利益を享受できるようになり、さらにサイクル時間減少、在庫削減、製品改善を行って欠陥削減に集中できるようになったことを学んだ。ボシディは、シックスシグマが何を意図していたかを証明する数字をその手に持っていた。アライドシグナルは収益成長を遂げることで、品質において優位に立つためにより低コストでより高品質の製品をつくり出していたのだった。

手術後の自宅療養中であったウェルチは、ボシディに1995年6月に開催されるGE株主総会で自分の代わりを務めてくれるよう頼んだ。ボシディは、GEのエグゼクティブたちのやる気に火をつけさえすれば、何を話してもよかった。シックスシグマによるアライドシグナルの成功を共有することを選んだボシディは、8月にウェルチが職場に戻ったときには、周囲から前向きで力強い感触を得た。ウェルチはGEでシックスシグマを採用する決定を下し、GEの各製品とサービス業務を引退予定の2000年までに6σレベルの品質に持っていくという意欲的なゴールを打ち立てた。

強い意志を持った思慮深い転換者ウェルチは、壮大なるシックスシグ

マの実行に遠慮しなかった。ブレイクスルー戦略は、GEを21世紀における世界の「超一流」企業として成長する創造力となる3点（グローバリゼーション、サービス、6σ品質）の一つとなった。GEがシックスシグマを追求すると決めたとき、その全体的な業務は3σから4σのどこかのレベルであることを発見した。この数字は、ある程度の成功を収めている企業の欠陥レベルと一致していた。GEは、平均不良率3万5000（DPMO）から、無欠陥に近いレベルに到達し、それを維持することを要求した。

1996年の株主総会で、ウェルチは自ら「GE品質2000：夢とそのプラン」と呼ぶものについての概略を語った。「GEが6σ品質を2000年までに達成するためには、欠陥を1万ずつ削減していかなければならない。それは今後5年間、毎年不良件数を約84%ずつ削減していくことに当たり、莫大な労力を要し、行動ストレッチの目標をさらにストレッチするようなものである」と。

1996年にはスクラップ、部品の修正作業、業務処理上のエラー修正、非効率、生産性の損失として70億ドルから100億ドルという驚くほどのコストがかかっていた。6σに到達することはGEのエラー発生率を100万分の3.4（1996年時点の1万分の1）にまで削減することになる。しかしGEの業務レベルを6σにまで引き上げるために、ウェルチはこの会社の歴史の中で最も広範囲な変化となるものを設計しなければならなかった。

問題解決に統計を適用する方法論を1万人もの従業員にトレーニングするために大規模な投資に乗り出すことは、決して小さな決断ではない。しかしウェルチは、組織全体の品質レベルを引き上げてくれる従業員を訓練することなくしてプログラムの進展はないとわかっていた。クロトンビルにあるGEのリーダーシップ能力開発研究所や米国内にある他のトレーニングセンターに、シックスシグマの方法論を従業員に教えるために投資する必要があった。

この会社が今まで行ってきたトレーニングや教育投資も、ウェルチが1996年にマスター・ブラックベルト200人、ブラックベルト800人を訓練するために費やした2億ドルと比較してしまうとそれほどでもないように思えてくる。彼はまた、GEの1万人の技術者にシックスシグマのた

めの設計(DFSS)、つまりエンジンブレードを製造することからクレジットカードに関する電話対応まで、この企業のあらゆる製品やサービスにおいて、文字どおり6σ品質を設計し築いてくれる方法論を習得することを要求した。GEはDFSSで要求される厳密で統計的なプロセスなしには、その製品やサービスは決して顧客の品質標準に合うことはないということを認識していたのだった。

　結局GEは初期投資の2億ドルよりさらに多くの投資をすることになった。1997年には、22万2000人の全従業員の中からおよそ4000人のブラックベルトとマスター・ブラックベルト、6万人以上のグリーンベルトを育てるために2億5000万ドルも投資した。しかしこの大規模な投資も十分に回収できた。1997年だけで、シックスシグマによって営業利益は3億ドルも増えたのだった。

　GEは1996年にシックスシグマへ全身全霊を傾けて突入して以降、シックスシグマ導入コストがその利益よりもかすかに高かった程度の状態から、指数関数的な収益を上げ始める。1998年には、その改革に注ぎ込まれた5億ドルも、7億5000万ドルの見返りを得たことによって相殺され、1999年にはさらに15億ドルの収益を見込んでいる。

●……GEシックスシグマに備える

　1998年にウェルチは意図したわけではないのだが、企業全域にわたる活動として知られる「ワークアウト」によってシックスシグマの土台づくりを始めた。彼は、従業員が新しくクリエイティブなアイディアの源となる頭脳集団だと認識すると、「我々が行うあらゆる行動をより良い方法で行うために、企業全体で徹底的に追求する」環境をつくり出したいと考えた。ワークアウト・プログラムは、あらゆる従業員、管理職から工場の作業者まで日々の業務を改善し、影響を与える機会を探す方法である。ワークアウトのゴールに関しては、いろいろな記述がある。下記のリストはこれらのゴールにスポットを当て、それらが後になってシックスシグマの土台を築くのにいかに役立ったのかわかるようになって

いる。

ゴール1 信用を築く。従業員は、GEに関して、そして自分の仕事の遂行方法について、社内で批判的に述べることが許されている。そのことで彼らのキャリアに傷がつくことはない。

ゴール2 従業員に権限を与える。仕事を実際に行っている人間が一番それをわかっているものである。従業員の知識と彼ら独自の見方を利用するため、ウェルチは彼らが仕事にもっと責任を持つことを期待する代わりに、さらなる権限を与えた。

ゴール3 不必要な仕事を取り除く。ウェルチは、従業員にハードに仕事をするのではなくスマートに仕事をするよう要求した。

ゴール4 GEのために新たなパラダイムを創造する。ワークアウトによって、全従業員が共通ゴールに向かって働く境界線のない組織を、自分たちで創造できる。彼らは問題を明確にして解決策を見つけ出すことが奨励される。そして、その努力を妨害した管理職は会社から追い出される危機にさらされることになる。

ワークアウトによってGEは自らを復活させた。1990年中頃までに、GEは米国内で最も強靭な企業となり、世界中で最も市場価値の高い企業となった。しかしこの業績をもってしてもなお、ウェルチはGEをさらに前に駆り立てる新しい力を追い求めることをやめなかった。

ワークアウトは、結果的に従業員を導入済みのシックスシグマに自然に導くパイプの役割を果たすこととなった。このプログラムは無意識のうちに、GEの文化ともいえる、「新しいアイディアにオープンであり、ここで発明されたのではない原理を貪欲に取り込むこと」によって、人々がもっと生産的で効果的に働くことを奨励してきたのだった。ワークアウトがGEの従業員の行動方法を再定義したのに対し、シックスシグマは彼らの業務を再定義したのだった。

シックスシグマは最初のうちGEのメディカル・システム部門で試験的に実施されていたが、その結果はGE全体に導入しても大丈夫だと判

断するのに十分であった。当時の副社長であったゲーリー・レイナーが、先頭に立ってシックスシグマを率いていくよう任命された。1991年にGEに入ったレイナーは、経営資源を割り当て、トレーニング・プログラムを調整し、最終的には、逆戻りできないほどGEの職場文化と経営スタイルを変えてしまった。GEの各ビジネスユニットは、チャンピオン、マスター・ブラックベルト、そしてグリーンベルトを任命してそれを展開していくことが期待されていた。

　GEは当時の企業文化がシックスシグマ実施の障害になることを許さなかった。そしてブレイクスルー戦略を実施するためのツールとなる別のものを創り出すことを拒んだ。シックスシグマを現存する文化の中に適合させてしまう企業とは異なり、GEはシックスシグマをこの会社のコーポレート・アイデンティティに当てはめるための翻訳などする必要がなかった。このことはおそらく、GEの性格が官僚主義を続けざまに取り壊し、新しい文化を創造し、新しいチャレンジに対応するものであったためであろう。企業内の別々の機能を満足させるためにブレイクスルー戦略の新形態をつくることは、学ぶ、共有する、そしてできるだけ早く新しいアイディアを広めるというこの会社の根本的な価値に反するものである。広く証明された方法論を取り入れ、それを文化として受け入れ、従業員に成功のための資源を与える決定が下された。

　1997年3月12日、ウェルチは世界中のGEの全管理職に電子メールを送りつけた。そこには、GEで上級管理職昇進に関心のある者は1998年1月1日までにブラックベルトかグリーンベルトのトレーニングを受け、1998年7月1日までにそれを完了させなければならないと書かれていた。事実、このメッセージが届くまでは2000年までに6σ到達という合言葉をウェルチが繰り返させることを決してしなかったからか、多くの従業員はシックスシグマなど「その月限りの話題」だと見なしていた。GEのように贅肉のない機敏な企業であっても、新しいアイディアを世界中にいる22万人もの従業員に定着させるには時間がかかることがわかっていた。シックスシグマの方法論におけるなんらかのトレーニングが、この会社の最小限の昇進のためにさえも必要なのだと語られると、従業員

は大挙して名乗りを上げた。こうしてウェルチの決断は最終的には一般社員にまで浸透したのであった。

　今日でも、チャンピオンやマスター・ブラックベルトは、クロトンビルの施設でトレーニングを続けている。そこは田舎のキャンパスのようで、ニューヨーク市より北側に約30マイルのハドソン川沿いに位置している。しかし、そのトレーニングセンター内で起きていることは平和とは程遠いものである。シックスシグマ的考え方を訓練して教え込むプロセス、そしてこれを実施するために必要なスキルを学ぶプロセスには、シックスシグマ知識と価値を毎年1万人以上のGEの従業員に広めるための容赦ないあらゆる手段が許されたディスカッションが含まれているのである。

　GEは何年にもわたって一連のプロフェッショナル開発プログラムを送り出してきたものの、シックスシグマのトレーニングは他のトレーニング・プログラムの優先権を奪い取ってしまった。GEでは、従業員に対しシックスシグマの方法論を社内で教えている。マスター・ブラックベルトやチャンピオンの訓練は、会社が所有するクロトンビルのトレーニング施設において行っている。管理職のさらなるトレーニングのために1953年後半にニューヨークのクロトン・オン・ハドソンにあったホップ経営研究所の地所を購入したのだった。クロトンビルの環境は、気持ちを奮い立たせてくれるだけでなく、関心事や難題を抱えた人々が外の空気に触れることができる場所である。しかしそこでの訓練は、最も経験を積んだ知識の豊富な教師でさえも恐れさせてしまう厳しい試練となりうるのである。まるで「ダビデとゴリアテ（ダビデに倒されたペリシテ族の巨人）」に描かれてきた環境で、講師は「ピット」として知られる半円形の（古代ローマの円形）コロシアムに立つ。そのコロシアムは、世界中で選りすぐりの最も意欲的な人間を150人も収容することができる。各人は、遠慮なくスピーチすることを奨励され、罵倒されることに苦しんだりなどしない。彼らは自らの任務を、導火線のような役割だと考えている。自分のアイディアやコンセプトによってピットでの討論に勝ち残ることのできた講師は、信頼というマントを授かり、そのアイディア

はGEに「登録」されることになる。

　ウェルチもGEの上級レベル経営開発コースに定期的に参加している。このコースは傑出した管理職が招かれて参加するものである。講師たちは冷酷で容赦ない側面と、率直さと気さくな側面を併せ持つことを期待される。

　シックスシグマは顧客を重視するために設計されているので、レイナーはGEのシックスシグマ・プロセスの必須部分になると思われるツールを開発した。これは「顧客ダッシュボード」として知られる。このツールでは、顧客が望むものがGEのあらゆる製品やサービスのCTQの測定基準を明確化するため、主要顧客からのフィードバックを反映している。車のダッシュボード上のメーターのように、顧客ダッシュボードからは主観的で逸話に富んだ情報より、むしろ定量化できる客観的でいかに顧客ニーズに合っているかという情報を得ることができる。GEにおけるシックスシグマについて報告しているある証券会社の熱心なアナリストは、「ダッシュボード上にある数個の『ダイヤル』の1番目の針は顧客が追求している品質のレベルを示している。2番目の針は、その要求に企業がまだどれだけかけ離れているのかを測るためにある。毎週、毎月、あるいは四半期ごとに、GEの最重要戦略顧客の問題解決における進捗状況を測るためにダッシュボードは利用されている。このデータは部門の垣根を越えて共有されており、成功した解決方法はGE内のあらゆる似たような状況にすぐに適用される」と表現している。

　レイナーは情報やプロジェクトの状況報告を提供したり、従業員とベスト・プラクティスを共有し、シックスシグマ・プロセスを維持する手助けとなるイントラネットの開発も監視している。

◉……シックスシグマとサービス産業

　トーマス・エジソンの時代から、GEは高品質で革新的な製品の製造を行うビジネスに携わってきた。1世紀以上もの間、GE内でサービス業は主要な役割を果たしていなかった。だが今日、ジャック・ウェルチ

はサービス業がGEの将来の主役となると見ている。サービスはGEのビジネス用語集の中心となった。

シックスシグマは、そのサービスが製造部門のものであっても、キャピタル・サービスやメディカル・システムのような事業部門のものであっても、GEのサービス品質向上手段となってきた。GEプラスチックスのグローバル品質部門のゼネラル・マネジャーであるゲーリー・パウエルは、「今日、人々は品質の良い製品を期待している。その中で差別化できる分野はサービスである。我々は見積もり、請求書発行、そして保証請求のプロジェクトによって経営資源の3分の1に相当する利益を得た。誤りの多い請求書を処理するのにどれだけコストがかかるのかを考えさえすれば、すぐに何百、何千ドルもの利益を生み出すことができる」と述べている。

シックスシグマについてあまり詳しくない企業は、これが有形な製品のみに影響を与えるプロセスだと見なす傾向がある。しかし、シックスシグマはサービス、請求書の発行、梱包といった「ソフト」の分野を含む品質問題を解決するのに効果的である。多くの企業はシックスシグマ品質ゴールを彼らの製造部門や技術部門で設定してきたが、GEは製造部門と同じように6σレベルの品質をサービスに適用した最初の企業であった。さらに、その製造部門のサービスの側面に適用する点で大きな進歩を遂げた。GEの製造部門の従業員は、ブレイクスルー戦略が製造された製品にのみ適用できるのではなく、提供されたサービスにも同様に適用できるのだということを痛烈に認識したのである。GEは他の企業がこれまで試みなかった、ブレイクスルー戦略を業務処理やサービスに適用しようとしていた。

今から10年前まではサービスの品質を測定するというアイディアなど聞いたこともなかった。多くの企業はサービスの品質が測定できるなどとは信じていなかった。サービス品質を測定するためのカギとは、サービス上で発生するプロセスを明確にし、そしてこれらの中で顧客満足のために重要なプロセスを明確にすることである。

- シックスシグマ・プロジェクトのおかげで、GEキャピタルの鉄道車輛リース部門は、修理工場での分解検査を62％削減し、鉄道と輸送の顧客にとって莫大な生産性の向上となった。その結果、今やこのビジネスのサービスは最も近いライバルと比較しても2倍から3倍速くなった。フォローアップ段階では、ブラックベルトとグリーンベルトがチームとして働き、リースプロセス全体を再設計し、サイクル時間をさらに50％も削減することに成功した。
- カナダのGEエアクラフト・エンジンでは、GEカナダが船舶用エンジンと産業用エンジン、そして部品や工作機械器具設備をカナダの顧客のために輸入するときに、完璧な書類処理を行うためシックスシグマのグリーンベルトを利用している。それが顧客のコスト負担をカットしたことに加えて、グリーンベルトは国境線での通関足止め分を50％も減らしている。
- その他GEが測定しているサービスをベースとした品質には、NBCテレビジョン・ネットワークの無放送時間や、営業マンがクライアントに折り返し電話するときに正確な情報を手にしているかどうか、あるいはGEキャピタル・サービスでの契約は時間どおり遂行されているか、またそれはクライアントが期待するとおりの条件で行われているかといったことも含まれている。

　今日まで、GEキャピタル・サービスはシックスシグマに600万ドルも投資している。これは全世界の従業員の5％がフルタイムで品質に専念してきたことに相当する。そして、5万8000人の社員がそのビジネスの中で2万8000もの品質プロジェクトを6σレベルを達成するために完了させてきたことになる。GEの競合に対する優位性はとてつもなく、顧客ニーズに対する反応は劇的に改善された。1990年から2000年の間に、GEの製造部門が収益に占める割合は56％から33.2％にまで縮小し、ファイナンシャル・サービスの割合は25.6％から45.8％にまで成長したのだった。

●……GEキャピタル・サービス

　GEが製造、技術、設計以外の分野にシックスシグマを適用することの重要性を強調するにつれて、キャピタル・サービス部門は世界中で最も優秀な金融サービス組織となるためにシックスシグマが必要なものだと判断した。GEキャピタル・サービスは、顧客の生産性や効率の向上を助けるため、その危機管理、消費者サービス、中堅市場向け融資、特殊融資、特別保険、といった分野における28の独立したビジネスユニットを通じて包括的解決策を顧客に提供する多角化された金融サービスの組織である。多種多様な注目すべき金融サービスや商品を世界中に提供しながら、GEキャピタル・サービスが品質を管理し顧客満足を増加させるための方法として、シックスシグマ・ブレイクスルー戦略を利用すると公約したことは、サービス産業界では他に例を見ない。1998年にはGEキャピタル・モーゲージ保険部門が、USA Today紙主催の経営品質賞を獲得した。この賞は顧客満足を達成するためのシステムやプロセスにおいて非常に価値ある改善を成し遂げた企業にスポットライトを当てるものである。

　1998年に、GEキャピタル・サービスは、シックスシグマによって1997年の2倍に当たる約3億ドルの利益を生み出した。キャピタル・サービス部門の各ビジネスユニットは、顧客へのサービスの価値を高めるために働くことで、収益を増加させ、コストを下げながら、他のビジネスユニットに強みを加えたことになる。GEキャピタル・サービスでシックスシグマを推進する役割を与えられていた人物は、当時の副社長で最高品質責任者(Chief Quality Officer)であったルース・ファットーリであった。ファットーリは機械エンジニアとしてゼロックスの米国内営業代理店で働いていたときに最初にシックスシグマに出会い、その後チューリッヒを拠点とするアセア・ブラウン・ボベリで働いていたときに再び出会った。GEキャピタルにシックスシグマを導入するうえでのファットーリの最初の仕事は、マスター・ブラックベルトのための厳密でし

っかりしたトレーニング・プログラムを確立することであった。GEの製造部門には品質改善のエキスパートが大勢いたが、金融サービスには誰もいなかった。中核となるマスター・ブラックベルトを訓練した後、彼女はそのトレーニング・プログラムにすべてのブラックベルト、グリーンベルト、そしてシックスシグマ・チームメンバーが含まれるようにプログラムを発展させた。

　金融サービスの業界においては、顧客とのコンタクトの大半は電話で行われることが多いので、ファットーリはかかってくる電話を記録できるシンプルなチェックシートを考案した。今でも使用されているこれらのチェックシートは顧客が何を求めているのかを示している、つまり別の言葉でいえば、彼らのCTQが何かということを示しているのである。後でこの回答は統計的に分析され、検討することができる。

　GEキャピタル・サービスのビジネスユニットであるGEキャピタル・モーゲージ部門の社員たちは、年間30万通話もの顧客の電話をさばく。何年にもわたって、彼らはこれらの電話は人やボイスメールを通して効率的に処理されるものだと信じてきた。従業員たちは、席を外したり他の電話に応対したときは、念入りに折り返しの電話を入れていた。しかし、マスター・ブラックベルトが率いるチームは顧客の視点でGEキャピタル・モーゲージ部門のサービスの研究を始め、社員が顧客に折り返しの電話を入れる頃には、電話をかけた客の多くはすでに他のリース会社と話をつけてしまっていることを発見した。しかしながら、チームはまた、42ある支店のうちある1支店でほとんど完璧な電話応対記録を持っていることも発見した。チームはこの支店のシステム、プロセス・フロー、備品、物理的レイアウト、スタッフを分析し、そこで発見したことを他の41の支店に取り入れた。24％の確率でしかGEキャピタル・モーゲージの社員と話せなかった顧客も、今では最初に電話した時点で約99％の確率でキャピタル・モーゲージの社員と話すことができる。電話がうまくいった場合の40％がビジネスに利益をもたらしたので、財務収益は何百万ドルにも相当した。

　GEキャピタル・サービスのもう1つのビジネスである消費者金融部

門は、顧客ニーズをさらに理解することで取引の獲得を補助するシックスシグマ・ツールを使用している。この部門は、新規取引の160％増加に寄与したカスタマー・エクスペクテーション・パクト(顧客期待協定)を開発した。

またGEキャピタル・サービスのモーゲージ保険部門は、顧客保持に貢献しただけでなく、一顧客から新規の保険で6000万ドルも獲得する手段となったフレキシブル請求書発行システムを開発した。GEキャピタル・モーゲージ保険のローン・ワークアウトチームのブラックベルトは、滞納借用者が抵当物の請戻し権を喪失しないようにする代替案を提案するプロセスにシックスシグマを適用した。プロセスにおける欠陥を96％削減することで、GEキャピタルは保険の支払い請求額を800万ドル減らす一方、借り手にすばやい解決策を提供することができた。さらに日本では、GEキャピタル・サービスの国際消費者金融部門が、銀行業務時間外にも顧客の支払いができるように、今では顧客の40％が利用している２万5000店舗ものコンビニエンス・ストアとのネットワークを通じての代替支払方法を立案し、コストを節約した。

●……GEキャピタル・フリート・サービスにおける顧客の声をとらえる方法

ミネソタ州エデン・プレーリーに本社を置くGEフリート・サービスは、車輌の管理会社としては世界でも最大規模の会社である。3400人もの従業員を雇い、100万台以上の車輌を保有し、アメリカ、ヨーロッパ、オーストラリア、アジアのいたるところでリースと管理サービスを行っている。ゼロックスなどの大口顧客に車輌を供給する一方で、フリート・サービスは、これらの車輌の納入を取り巻く多くのサービスを提供する。例えば、フリート・サービスはその顧客に車輌を５台リースしていようが、2000台リースしていようが、24時間サポートを行う。これらのサービスには、車輌の注文、資金調達、修理、そして車輌の管理者が燃料消費を監視し管理できる電子燃料カードプログラムも含まれている。フリート・サービスは、競争力のある統一価格で対応している。さらに

ドライバーを訓練し、税金のための四半期ごとや年度末の報告を提供するパーソナル・マイレージ・プログラムも開発している。そしてリース終了時にはオークションや、他の再販チャネルを通じて車輛を売るのである。

GEキャピタル・フリート・サービスのカナダ営業所の所長であり、マスター・ブラックベルトのアニタ・レフェーブルは、1996年3月から1997年5月の間に10のシックスシグマ・プログラムを指導した。これらのブラックベルト・プロジェクトを合わせると、この部門の収益に12億ドルも還元したことになる。その成功の上にあぐらをかくことなく、レフェーブルはさらに11のブラックベルト・プロジェクトと、営業プロセスを1.2σから3σへ12か月未満で向上させた12のグリーンベルト・プロジェクトを管理した。フリート・サービスの今日のゴールは、核となる7つのプロセスの各々において4.5σを達成することである。この中には、製品管理やマーケティング、営業、カスタマー・サービス、管理、車輛注文、請求書発行や送金サービス、リマーケティング・サービスも含まれている。

レフェーブルは、GEがブレイクスルー戦略を使用することについて次のように述べている。

> 我々は、シックスシグマを導入した世界で最初のサービス企業でした。これは、統計的分析やデータをサービス産業に厳密に適用するということを意味していました。これは数々の独特なチャレンジを提供してくれるプロセスです。我々には、流動的で実体のない情報を測定するのは、製品がどう機能するかを測定することとはかなり違うということがすぐにわかりました。GEキャピタル・フリート・サービスにおけるチャレンジとは、製造部品の公差のバラツキを管理することではなく、コールセンターにおける顧客への返答に要した時間の履歴を追うことでした。我々にとってのCTQは、製品ではなくサービスに対する顧客の期待に、いかに速く正確に対応するかということでした。

σレベルは毎週計算され、核となるサービス・プロセスは誤りや欠陥が再発しないよう調整される。レフェーブルとその他のマスター・ブラックベルトたちは、プロセスがどこでどのようにつまずくのかブラックベルトやグリーンベルトたちが正確に指摘できるように訓練してきた。ブラックベルト、グリーンベルト、そしてコア・プロセスの「オーナー」たち、他のすべてが失敗に終わったときの頼みの綱にするよりも、むしろ気軽な生活様式になるまでブレイクスルー戦略に親しむことを期待されている。

レフェーブルは、顧客から発生する問題に系統だてて耳を傾け処理することの重要性を信じていた。チームは、GEキャピタル・フリート・サービスで顧客の期待するものとその優先順位、あるいはどのCTQの測定をするのかを決定する助けになっていた。例えば、顧客の期待対自社業績を記録し測定するために「スコアカード」を作成した。まず顧客がGEキャピタルに測定してもらいたいと思うプロセスがスコアカードに示される。そして、彼らはGEキャピタルをそれに沿って評価していく。それは業績がどの程度期待できるかということも示している。GEキャピタルはこのデータを「クオリティ・プロセス」と呼ぶ厳格なシステムに組み入れていく。このプロセスは各ビジネスユニットの業績対顧客の期待を記録し測定することができるものである。

今では、GEキャピタル・フリート・サービスは顧客にバンをリースするだけでなく、そのバンをどこでも顧客の要求するロケーションへ、顧客の望む形態を付加して運んでいる。サービスは単にフレンドリーになるということではない。それは顧客のニーズを予測しそれを満足させることである。

ツールを使用することで、GEキャピタル・フリート・サービスは潜在的に遅延が発生する可能性が高い購入プロセスのバラツキの原因も明確化することができたのだ。スコアカードのデータを使って、チームは在庫の購入や工場への注文のサイクル時間を80％程度まで切り下げるなどの一連の改善を実施した。

さらに注文プロセスを単純にするための努力として、顧客が注文書を

用意し提出しやすくなるよう「注文書活用ガイド」をGEキャピタルの経理部長向けに編集した。この個人向けのガイドはすべての注文ツールを集めて、営業チームが容易に顧客に最も適切な注文方法で対応できるようにつくられている。その結果、注文書はより完全で正確なものになり、顧客の知識と満足を増加させ、GEキャピタルの生産性を改善し、顧客サービスのレベルを高く押し上げた。GEキャピタル・フリート・サービスは以下のようなシックスシグマ・プロセスを顧客の対応改善に段階的に適用している。

- 顧客のニーズをはっきりと設定する
- 企業内の改善機会(可能性)を明確化する
- 顧客に会い、期待値を設定し行動計画を展開させる
- シックスシグマ・プロジェクトをサービス改善のために設計し、実行する
- 定期的に顧客と進捗状況について話す
- 顧客の期待に沿う、あるいはそれを越える

　レフェーブルは、GEキャピタル・フリート・サービスでのシックスシグマ・トレーニングはきわめて積極的で広範囲にわたるものだと述べている。「チャンピオン」の役割を演じている上級管理職は、従業員にシックスシグマの方法論を教えるための資源と時間を提供する約束をしている。今のところ、フリート・サービスの北米チームにはフルタイムのマスター・ブラックベルトが6人、フルタイムのブラックベルトが18人、そしてパートタイムで従事しているグリーンベルトが何千人もいる。マスター・ブラックベルトとブラックベルトは「戦争の部屋」と呼ばれる場所で頻繁に彼らのクオリティ・チームに会い、ブレイクスルー戦略を適用することによって顧客のインプットを見直したり、現行プロセスを評価したり、サービスを改善するための変更を行う、シンクタンクとしての機能を果たしている。フリート・サービスの本社を訪れた顧客は、「戦争の部屋」で一日をスタートさせる。そこで彼らの特定のニーズや

フィードバックがプロセス改善手法で実施されるのを目にすることになるのである。

●……外から内へのシックスシグマ

　GEがシックスシグマ革命5周年を迎えるにあたって、仮にこのプログラムがここで停滞してもなんの問題もない。しかし、1999年の株主総会での株主への挨拶でジャック・ウェルチはあらためてGE内でのシックスシグマの役割を強調した。「シックスシグマはほとんど完璧になるようプロセスを修正すること……、そして修正された状態を保つために管理することを意味している。実際、すべてのシックスシグマ・プロジェクトの共通目的とはバラツキの削除である」。

　しかしウェルチは、シックスシグマの恩恵を授かっているのがGEだけではないということもまた理解している。GEの顧客はそのビジネスにおいてもシックスシグマの影響力を見たいとやかましく要求する。それに応えてGEは、DFCI(Design for Customer Impact：顧客に影響を与える設計)と呼ばれているブレイクスルー戦略を顧客に適用している。シックスシグマも、DFCIも、あらゆるプロセスの最初に顧客とスタートすることを必要とする。GEは、バラツキを削除できるようになる前に、厳密に顧客ニーズや顧客のプロセスを測定するためには、「外から内」を見なければならない。

　アニータ・レフェーブルは顧客に影響する設計におけるGEのゴールとはこのようなものだと述べている。

> 　1997年と1998年に、顧客のCTQ特性は、フォード・トーラスを工場に注文して納入までに4日間でできるようにするということでした。今日では、彼らは4日間(納入時間)を要求するのではなく、1日で納入できるときと8日間かかるときとのバラツキに対して何を行っているのかと尋ねるのです。いいえ、10日間のこともあるかもしれません。顧客や顧客のビジネス改善の手助けをする我々の能力のことになると、我々は

いかなるバラツキも悪玉の中でも最悪なものであると考えてしまうのです。

　GEの製造部門のサービスを改善するためにシックスシグマを適用することで得られるとてもパワフルな効果は、GEライティングに例を見ることができる。ここは電灯備品と電球の製造販売という、この会社の伝統的なビジネス部門である。

　GEの主要顧客のウォルマートは、GEが送ってきた請求書のいくつもの間違いに長年苦情を言い続けていた。GEライティングのアラン・ワトソンは、1996年2月に行われたウォルマートの代表者との会合で、GEの見地では小売店に送付されている請求書の95％は正確だったという事実を証明しようとしていた。

　ウォルマート代表の返答は「ノー」だった。「どう見ても、70％程度にしか思えない」。ウォルマートがGEから毎年約1万2000通の請求書を受け取っていたとすれば、約3600通に少なくとも1つの間違いがあるということを意味している。ワトソンはすぐにブラックベルト・チームを集めて、ウォルマート本社へ飛んで問題を解決してくるように命じた。

　そして、ウォルマートが商品の出荷ごとに請求書を1通発行するよう希望していることに原因があることが判明した。しかしながら、GEライティングは各製品タイプごとに別々の請求書を発行していた。このことが不正確な請求書数に対するウォルマートの見地と大きな食い違いを起こす原因だった。ワトソンのチームは、GEの請求書発行手続きをウォルマートの希望に沿うように変更することでこの状況を解決した。ブラックベルト・チームもソフトウェア・プログラムを開発して、両者にとって請求プロセスのスピードアップになるよう、請求書の発行をオンラインで行えるようにした。

　6か月後、請求書におけるエラー率は2％未満にまで下がった。ワトソンは、プロセスはまだ6σに到達してはいないものの、単独では彼と彼のブラックベルト・チームが学んだ最も重要な体験であったと認めている。つまり、決して自分の顧客の要求がすべて事実だと思いこんでし

まってはならないということである。「顧客の強い要望を聞くことは、他の何にもまして重要なことである。それがいかに真実であるか見つけていくことが、最大の結果となってきている」と、ワトソンは述べている。

また、ジャック・ウェルチはこの出来事を次のように表現している。

> GEライティングには、我々の視点で考えたときに良好な請求書発行システムがあった。問題は、最重要顧客の1社であるウォルマートの購入システムと電子的によくかみ合っていなかったことにあった。我々のシステムは彼らのシステムに合わせて機能しているわけではなかったため、そのトラブル、支払い遅延等にウォルマートの時間を浪費させてしまっていた。ブラックベルト・チームはシックスシグマの方法論、情報工学、そして3万ドルの投資をして、問題をウォルマートの視点から解決した。そして、4か月後にはシステムの欠陥を98%削減したのだった。ウォルマートにとっての結果は、トラブルや遅延をほとんどなくし、生産性と競争力を向上できたことである。そしてこれが現実に支出の節約になっているのだ。GEにとっての結果は我々の投資に対して何度も利益の還元があったことである。

多くの品質プログラムは製造領域での改善にのみ着目している。しかし、それらは出荷遅延、請求書の間違い、誤出荷に関する顧客の苦情解決を援助するために設計されたものではない。顧客はスピードと正確さを要求する。しかしGEライティングは、サプライヤー（このケースではGE）は必ずしも顧客（ウォルマート）のニーズを理解する必要はないということを発見した。そして顧客の不満足領域を明確にし、それに優先順位をつけることで、CTQ特性を明確にすることができ、この問題は解決できた。

もう1つ、GEメディカル・システムズの例がある。この部門が病院で使われるCTスキャナのX線チューブの寿命を改善するためにシックスシグマを適用した件に関しては後ほど詳しく説明する。ここでも医療

サービスの装置を修理したりアップグレードしたりする形でのサービスを提供することは非常に重要なことであり、この部門の利益に大きく貢献している。

　20年前ほとんどのビジネスは、どこからその利益が出るのかなど問うことはなかった。良い製品をつくりさえすれば、利益が上がる可能性があった。しかし、この20年間で多くのことが変わった。利益は製品やサービスからかけ離れてしまった。例えばGEエアクラフト・エンジンは、その名称どおりの製品、つまりジェットエンジンを顧客に提供している。しかし、この部門の利益の大部分は財務、サービス、スペアパーツ、古いエンジンの分解検査からもたらされている。このことから考えると、ジェットエンジンの製造というのは航空機エンジンのビジネスのほんの一部分でしかない。利益をあまり生まない製品をビジネスの中心に置いている企業の多くは、この意味をまだ理解していない。

　GEキャピタル・サービスの副社長で最高品質責任者のダン・ハンソンは、キャピタル・サービスの全社員に対し、中途半端に調整するのをやめるよう命じた。「我々が達成しなければならないのは、バラツキがゼロということである」と、彼はいう。すべてのビジネスリーダーのためにジャック・ウェルチはクロトンビルで新しい必須トレーニング・プログラムを制定した。このプログラムは「顧客のためのロードマップ」と呼ばれている。これには、職務上のリーダーをバラツキの削減に駆り立てることを目的とした2日間の統計的ワークショップが適用されている。GEの上級管理職は、そのコースで統計的ツールを使用してプロジェクト活動に取りかかることが要求される。このコースでは管理職に「顧客を喜ばせる」ためのバラツキの削除に焦点を合わせることで、DFCIを強調している。

　GEのCTスキャナLightSpeedと、電子レンジTrueTempは、DFCIを遵守したため、これまでにない顧客の賞賛を得ている。本質的にはどちらの製品も顧客によって設計されたようなものである。これらは製品中に顧客が望んでいたCTQ特性のすべてを持っている。そして、これらのCTQは、厳密で統計的なシックスシグマ・プロセスの設計を条件と

している。

●……シックスシグマがもたらすもの

　GEの1998年アニュアル・レポートの財務関連の見出しは、ウェルチのシックスシグマへの大胆な公約が、1996年以来いかに大きなインパクトであったかを示唆する。

- 収益が1000億ドル、11％も向上した。
- 総所得が13％増加し、93億ドルになった。
- 1株当たりの利益が14％増加し、2.80ドルになった。
- 営業利益が16.7％を記録するまでに向上した。
- 運転資本回転率は9.2％にまで上がり、1997年の7.4％という記録を超えた。

　この業績はキャッシュフローを100億ドルも生み出し、AAA格付債権と組み合わせることでGEは210億ドルの投資で108社も買収できたのである。

　ウェルチはシックスシグマのおかげで熱意のこもった通信簿をつけることができた。「シックスシグマによる財務的収益は予想以上のものだった。1998年に我々はシックスシグマで7億5000万ドル（節約額は我々の投資の上をいった）に達した……そして今年（1999年）、この数字は15億ドルに達する……顧客が徐々にGEシックスシグマの利益を彼らのビジネスの中で感じるようになるにつれて、需要増とマーケットシェアにより……さらに何十億ドルにもなるだろう」。

●……まとめ

　GEはブレイクスルー戦略を各部門の製品やサービスに適用することで新しい手がかりをはっきりと示した。今日、シックスシグマは顧客に

接するあらゆる製品とプロセスを変革している。新しい用語――例えばCTQ：顧客にとって重要な品質特性の測定、D-M-A-I-C：定義(Define)・測定(Measure)・分析(Analyze)・改善(Improve)・管理(Control)、DFSS：シックスシグマのための設計、そしてDFCI：顧客に影響を与える設計――は、この会社内では共通語となった。

　GEはその成功にもかかわらず、財務上の良好な数字というのは、サクセスストーリーやグラフィックスを通して到達されたものではないということがわかっていた。むしろ、それらは製造やサービスを実行している人間が、この会社の収益に反映される方法としてつくったものである。ウェルチが自ら進んで認め、GEの最も重要な資本を利用して投資する気持ち――知的資本――には、相変わらず肩を並べる者がいない。GEは、良質の製品やサービスが教育を受け権限を与えられた従業員によってつくられると知ることで、米国における上位15社のどこよりも多くの資源を企業全体のトレーニングのために投資し続けることができるのだ。ウェルチはいう、「2000年までにシックスシグマに到達することが、たとえ1892年の創業以来GEが経験したうちで最も困難な挑戦であっても、この会社がこのゴールに到達することを疑う者はほとんどいない」。

第4章

ベンチマーキングと
シックスシグマ

我々は毎日ベンチマーキングを行う。
—— ローレンス・A・ボシディ（アライドシグナルCEO）

あなたが競合企業より優位に立つというのは、どのくらい重要なのだろうか？　以下に続くストーリーで明らかになるように、それは生か死かという違いかもしれない。カウボーイの一団が牛の群れをテキサスからアリゾナへ移動させていた。ヘリコプターとよく訓練された犬何頭かに助けられたものの、悪天候のため、牛に十分な牧草と水を見つけられず、彼らは苦しい日々に直面していた。ある夜遅く、カウボーイたちはキャンプ場で今にも襲いかかってきそうな猛り狂った黒い熊に目を覚まされた。1人を除いて全員がブーツを脱いで大慌てで逃げ出した。その中の1人が、丸太の上に座ってランニングシューズにひもを通している仲間を見つけた。「おい、そんなランニングシューズなどほっておけ！」と、彼は叫んだ。「ランニングシューズを履いても、おまえが熊から逃げるのに役立たないぞ」。すると、そのシューズを履きかけたカウボーイは答えた。「わかっているさ。ただ俺はおまえより速く逃げる必要があるんだ」。

　ビジネスを取り巻く環境で、トップでいるという公約は、ランニングシューズ一足だけで頭一つ分抜け出したようなものである。今日の企業にとって、日々あふれ出る情報が決断を下す際に助けとなることもある。もちろん競合企業も同じデータへアクセスすることができるので、データを知識に変換し、体系づけて自らの利益に利用できる企業のみが有利な位置に立てる。シックスシグマ・ブレイクスルー戦略もこのような競合対策と同様、科学的にプロセスや製品を測定する方法である。だからこそ、群れを飛び越えるためにはどこにブレイクスルー戦略を適用して、どの程度改善しなければならないのか、決定することができるのである。

　6σ品質に到達させようと励んでいる企業は、競争の中で非常に優位に立つことができるので、継続的にトップでいられる可能性がある。4.2σの企業は3.4σの群れを飛び越えることができるが、ここで単に「十分良い」ことに安住しないことを勧める。ちょっとした油断が、も

っと大事なことを見落とすきっかけをつくってしまうかもしれない。

　「どうして我々がベンチマーキングを行わなければならないのか？　我々はすでにこのビジネスではトップだ」という人々がいる。あるいは、「我々のビジネスは独特だ。我々と他を比較することはできない」と文句をいう者もあるだろう。これらの企業が認識し損なうこととは、彼らの持つプロセスの大部分が、自分たちの商品やサービスとはかけ離れたものをつくっている企業のプロセスと実質的に同じか、かなり似たようなものであるということである。例えば、電球メーカーで請求書を発行し、代金を請求するプロセスは、鉛筆メーカーや標準的なサービスを提供する会社のプロセスと基本的には同じである。鉛筆メーカーの請求システムの方が、100倍エラーがないことを電球メーカーが発見した場合、まずやるべきことは、なぜ鉛筆の会社は同じプロセスの品質がそれほどにも良いのかを明確に調査することである。いかなる組織もその製品とサービスがうまく納入されることを要求するものである。大きいか小さいか、政府機関か営利団体かにかかわらず、組織にはどの産業にも共通するビジネスプロセスがある。例えば、ある産業の人事プロセスは、通常他の産業の人事プロセスと非常に似通っている。他の産業とベンチマーキングを行うことで、あなたのビジネスはその独自の人事プロセスをさらに高いレベルに持っていくことが可能となる。その純利益の効果とは、ベンチマーキングを参考として変更した結果、あなたがそのプロセスにおいて新しいリーダーになることを意味する。

　最終的には、ベンチマーキングによって、他社以上のプロセスを手に入れることが可能になる。またこれによって、企業は本当のワールドクラスが何なのか、を定義することができるようになり、彼らの現在の業績を「トップ」と比較して評価できる。そして彼らが越えようとしている業績目標を明確にできるようになるのである。ベンチマーキングを成功させるには、意義ある変革ができるように測定可能な情報とベスト・プラクティスを利用する。

　平均的な企業（3.5σから4σの間で活動している企業）はいったいどのように見えるのだろうか？

図表7◆平均的な企業のプロフィール
利益があり成長している。
マーケット価格が下降している。
競合が増加している。
品質保証プログラムを有している。
売上げの20～30％を出荷前の製品の修理や調整に費やしている。
同様のプロセスを持つ超一流の企業が100倍以上欠陥の少ない製品を製造していることに気づいていない。
欠陥ゼロという目標は現実的でも望ましいことでもないと信じている。
必要数の10倍ものサプライヤーと契約している。
顧客の5～10％は製品、営業、サービスに満足していない。そしてその製品を他者に薦めてもらえない。その不満足な顧客25人のうちたった1人だけがこの会社に対して不満を伝えるが、実は彼は7～10人の他人にその不満を語ることがわかっている。

●……ベンチマーキングとは何か？

　企業は製品やビジネスレベルと同様、プロセスごとに誰が彼らの最も手強い競合なのかをいつも知っていなければならない。彼らは意識的に、いかに自分たちの長所や限界が顧客の満足や利益に影響を与えるかを理解すべきである。ベンチマーキングとは、組織がプロセスを競合と比較するための力強いツールであり、何が他の組織の製品やサービスを優れたものにしているのかを理解するためのツールでもある。このことで改善の余地が生まれるのである。ベンチマーキングは、測定と分析の段階の合間、あるいは改善のためにプロセスが明確化された後に使用され、シックスシグマ・プロジェクトにとって欠くことのできない役割を担う。ベンチマーキングは、ベストであることが何を意味するのか、そこに到達するためには何が必要かという質問に答えてくれる。そして、これがさらにブレイクスルーに導く目印となる質問や洞察をもたらしてくれる

のである。

　ベンチマーキングは1回きりの速攻的で簡単なプロセスではなく、継続的に行われなければならない。ベンチマーキング結果を日々の業務に取り入れることで、組織が問題にどう対処して解決するかに関して今までと異なる考え方ができるようにしなければならない。だからプロセス改善の役に立たないベンチマーキングは、時間、お金、そしてエネルギーのムダである。シックスシグマ導入以前には、多くの企業が自分はベスト企業の一社であると考えていた。彼らのその産業における長年にわたる名声がこの信念を支えていたわけだ。しかしながら企業が自らの本当のσレベルを発見したとき、彼らの品質はきわめて平均的であったと思い知らされる。

　6σの企業はベンチマーキングを必須ツールと考え、6σへの足がかりとして利用している。アライドシグナルのCEOローレンス・A・ボシディは従業員に対して、あらゆる競合にはアライドシグナルよりも少なくとも1つは良いところがあるという仮定のもとに動かなければならないと述べている。ボシディにとってベンチマーキングは、特定の実践を見つめること、他企業が得意とする分野を知ること、そして外部からより良い実践を採用することを禁止することなく自分の会社にベスト・プラクティスを持ち込むことを意味する。ボシディは、彼自身そうであるように、上級管理職にできるだけ多くの企業を訪問するよう要求した。

　もちろん彼はベンチマーキングを効果的に行うために競合の工場にまで行かなければいけないとまでは思っていない。

　　業績が比較的平凡な企業に対してベンチマーキングをしたいとは思わないだろう。例えば、ある最大のクレジットカード会社は回収率が非常に良い——だからそこが回収率のベンチマーキングを行う場所なのである。新製品開発を見るならワールドクラスのコンピュータや周辺機器の企業へ行くべきだ。プロセスによっては、自分たちより良いプロセスがあると信じる理由があれば、あらゆる産業の人々のところに行くべきだ。そして自分ができるものを持ち帰るのである。しかし、世界中を探して

> もすべてを学ぶためにベンチマーキングできる企業というのはない。そのコツは、多角的企業におけるたくさんの良いプロセスを見て、その中から選択し、それを持ち帰り、実行することなのである。

　平凡だから勝つことができないといって、噂や憶測に基づいた他の組織のビジネス経験を取り入れるべきではない。このことをベンチマーキングとはいわない。ベンチマーキングは、ベスト・プラクティスのみを調べ、結果の間を右往左往し、あなたの組織に価値を追加すると思われる経験のみを採用するプロセスなのである。ベンチマーキングは、超一流の業績を示す文書を探しても成し遂げることができる。多くの場合、企業は競合たちの能力をコンピュータによる検索、あるいは記事や技術紙を見ることでベンチマーキングすることができる。さらにその場を訪れてインタビューすると、もっと具体的な見識を得ることができる。

　ある特定のプロセスにおいて、誰がワールドクラスであるのかを発見するにはさまざまな情報源を調べるが、まずどのタイプのベンチマーキングを行いたいと考えているのかを決定する必要がある。

　社内ベンチマーキングは、ある会社の多様な機能の中の共通プロセスを比較する。例えば、どの部門でいかに効率的に正確にオーダーが処理されているかなどだ。

　競合ベンチマーキングは、直接的な競合企業や彼らの持つプロセスに着目する。そして、顧客ロイヤルティ、顧客満足、マーケットシェアのレベルを測定する。また競合ベンチマーキングによって、企業を合弁や買収の候補として評価したり、どうやってうまくトレンドを明確にしたり顧客のニーズや好みの変化に合わせたりしているのかを特定することができる。競合ベンチマーキングは、顧客があなたの商品やサービスの何を最も評価するのか、そして顧客にとって問題となる領域であなたがどれだけうまくやっていると彼らが考えているのかを明らかにする。

　機能ベンチマーキングは、産業にかかわらず、プロセスそのものや同じようなプロセスを持つ組織に着目する。機能ベンチマーキングは、工場の製造戦略全体、従業員トレーニング時間の年間平均、工場のスクラ

ップや修正作業のコストの売上げに対する割合、過去5年間におけるスクラップや修正作業のコストが変化した範囲、工場での保証コストの売上げに対する割合、そして納期どおりの出荷の割合を明らかにするのである。

　モトローラでのポケットベルBanditの開発は、機能ベンチマーキングの便益を例証している。「チームBandit」と称されるグループとして一緒に働きながら、ボイントン・ビーチ工場の従業員は、モトローラのポケットベルの包括的製造設計を決定する前に18か月間世界中の広範囲にわたるさまざまな製品やサービスをベンチマーキングした。彼らはイタリアのベネトン——世界中のベネトンショップでどのスタイル、色が売れているのか工場に知らせるコンピュータ・システムを通して顧客と距離を保っているアパレル会社——にまで足を運んだ。そしてスタイルを気にするポケットベルのユーザーをとらえてそれにすばやく対応するため、その工場からとてもよく似たシステムを導入した。

　機能ベンチマーキングによってチームBanditは、営業所からのポケットベルの注文時に顧客の特定要求を示すバーコード・システムを導入させた。工場にはバーコードを読み取るコンピュータとロボットが揃っていた。そして、このシステムで2時間以内にカスタム化したポケットベルが組み立てられるようになったのである。

◉……ベンチマーキングとシックスシグマ

　ベンチマーキングの実践は新しいことではない。しかし定量的なベンチマーキングというのは比較的新しい。定量的なベンチマーキングによって、パフォーマンスと能力を標準化した指標を使用することができ、あらゆる部門の業績を同じ土俵で評価できるのである。そしてそのパフォーマンスを部門間で比較するだけでなく、「ワールドクラス」と考えられている企業と比較することができるのである。この定量的なベンチマーキングでは2点の確立を目指す。第1に、ある特定の製品、サービス、あるいは処理における直行率、あるいは欠陥率を定義する。第2に、

その製品、サービス、処理には、欠陥が起こる機会(可能性)がいくつ存在しているのかを明らかにする。これらの2つの情報によって、企業は機会ごとの欠陥率を評価し、共通点のないものをさまざまな度合いで比較するチャンスを与えられる。驚くことではないが、製品の複雑性が増すと欠陥の検出の可能性は減少する。

例えば、ある特定のプロセスを詳しく調査したとする。そして製品Aの最終直行率は85%で、その製品には欠陥の機会が600あったことを発見する。すると、この1つの欠陥における機会ごとの平均直行率は$0.85^{1/600}=0.99973$、つまり99.97%である。このことは600欠陥機会の個々の平均能力が3.5σに相当するということである。このレベルの能力であれば、製造されたユニットの15%が1つかそれ以上の欠陥を持つことになる。この現象を別の方法で説明すると、3.5σレベルで、600の欠陥機会を持つ製品では1.2ユニット製造ごとにおよそ1つの欠陥が発生するということになる。

今度は、製品Bについて考えてみよう。これは製品Aと同じプロセスを使用しているが、全く異なる製品である。これには48の欠陥の機会があり、最終的には直行率は96.8%となる。この場合、機会ごとの平均直行率は$0.968^{1/48}=0.99973$、つまり99.97%になる。製品Aでも機会ごとの直行レベルは3.5σに変換された。だからその機能や複雑性の違いにかかわらず、製品Aと製品Bは機会ごとの能力が同じであるとまとめることができる。直行率や欠陥の機会数の違いにかかわらず、異なる製品を製造していても同じプロセスの品質はベンチマーキングできるのである。

これまで非常に複雑な製品の工場管理者の多くは、(最終)直行率が低いと罰せられてきた。なぜなら、欠陥の機会数がその会社の他の製品よりも非常に多いからである。しかしシックスシグマは製品の複雑さにかかわらずベンチマーキングの範囲を設定する。繰り返すが、シックスシグマによって、企業はスマートに動くことができ、そしてさらに競合する熊から逃げることができるのである。

企業は、財務的にも品質的にも最も潜在的に改善の可能性のあるプロセスに対してベンチマーキングすべきである。シックスシグマのための

図表8◆ベンチマーキングを理解する

ベスト・プラクティスを明確にするためのツールを表す。
改善に導く効果的なアプローチである。
変更を管理する正式な方法である。
改善のために最も重要なことを特定するのに役立つ。
我々にとってベストなアプローチを特定するのに役立つ。
ベスト・プラクティスを確立する。
一人で行える、個人の活動ではない。
一度使用されたら忘れられてしまうような、1回きりのプログラムではない。
競争のための知恵やマーケット・リサーチではない。

ベンチマーキングには、超一流のプロセスを研究することから変更を実行することまで含まれている。ベンチマーキングが完了すれば、プロセスはブレイクスルー戦略に移行することができるのである。

◉……企業は何をベンチマーキングすべきなのか？

どの製品やサービスが顧客に提供されているのかを知ることや、どれが顧客満足のためには最も重要なのかを理解することは、組織がベンチマーキングすべき領域を特定するのに役立つ。重要なことは、社内と社外の競争領域を明確化すること、組織でコストがかかるものを明確化すること、どのプロセスがすばやく簡単に改善できるのかを特定すること、あるいは競合他社の中でどの製品やプロセスが自分の会社を差別化するのかを理解することである。すばやくベンチマーキングすることで顧客にとってのCTQ特性を明確にできる。そしてこれらのCTQをワールドクラスになるために必要なCTQと比較することができる。

シックスシグマを達成するための方法としてのベンチマーキングは、1回きり、あるいは散発的な事柄ではない。これはすべての部署、場所、部門にわたる継続的な活動でなければならない。その結果は組織中で共有すべきであり、その結果もプロセスの改善が行われるたびに、再調整すべきである。

第5章

プロセス・メトリクス
（事実としてとらえる尺度）

知らないものを知ることはできない。
知らないものに働きかけることはできない。
調査して初めてそれがわかる。
疑問を持たないものは調査しないものである。
測定しないものは質問を投げかけられないものである。

●……測定のパワー

　1891年に英国の物理学者ケルビン卿は「あなたが今話している内容について測定できるなら、あなたはそれについてある程度理解しているのだ。しかし、それを測れない、数字で表せないのであれば、あなたの知識というのは不十分で不満足な類のものである。それは知識の始まりであるかもしれない、しかしあなたの考えは、ほとんど科学と呼べる段階には至っていない」と記している。明らかにケルビン卿は、進歩はそれを測る方法なしには難しいと確信していた。測定手段や成果の標準がない場合に何かを改善しようと努力するのは、燃料計なしの車でクロスカントリーに出発するようなものである。経験や観察に基づいて、計算された予測や仮定をすることはできるが、厳密なデータなしでは、不十分な証拠に基づく結論になってしまう。スコアボードのないバスケットボールの試合を観戦しにいくようなものだ──ゲームの進行にともなうスコアもわからないままに、試合終了のブザーが鳴ってはじめてどっちが勝ったか聞くなんて。シーズンの終了間際に監督になることを想像してみよう──あなたの分析をガイドしサポートする数字もなく、その１年に何が起こったのか査定を試みるなんて。同様に、企業はどこに自分たちがいて、進歩を遂げているのかどうかを知るための正確なメトリクスなしに、品質を改善し、顧客を満足させることはできない。

　顧客の意見を測定し、それらの測定結果を彼らのプロセスにリンクさせている企業の方が、顧客を満足させる製品やサービスを上手につくり出すことができる傾向がある。自らのプロセスの品質や効率を測定する企業は、より少ないコストでより高品質の製品を製造することができる。従業員の満足度を測る（そして、結果としてそれに対処する）会社の方が従業員の勤続年数が長い傾向がある。だとすると、なぜ顧客重視を主張している会社が顧客満足を測り損なうのだろうか？　利益や成長率を測定し、報告する会社が、なぜ利益や成長を生み出すプロセスを測定し損ねたり、報告し損ねるのだろうか？　企業はどのようにして、自分のプロ

セスがどう機能すれば顧客満足や利益を創造するのかという関係を理解しようと試みるのだろうか？　高品質に価値があると主張する多くの企業は、自分の品質を測っていないか、測定した品質のフォローアップをしていない。こうした行動は、結局この企業は、本当は高品質には興味がないのだというメッセージを従業員と株主に送っているのである。

　ほとんどの企業は、自分のパフォーマンス・メトリクスが統計的にどのように関係しあっているのかというモデルを確立しようとは試みてこなかった。単に相関関係が存在するだろうと仮定するだけであった。例えば、企業の経営者をトレーニングしているときに、我々はファーストタイム・イールド（最初の直行率）にどれだけの重点を置くのか尋ねる。このファーストタイム・イールドとロールド・スループット・イールド（繰り返しプロセスを通過した後の直行率）の概念は第6章で説明する。彼らは例外なく、ファーストタイム・イールドは有効で重要だと答える。次に我々がそのメトリクスはコストに関係しているのか尋ねると、彼らの答えは必然的に「イエス」となる。すると、我々はファーストタイム・イールドとコストの相関関係はとても低く、ロールド・スループット・イールドとコストの相関関係は数学的、経験的にきわめて正確だと説明する。ファーストタイム・イールドがほとんどコストに関係しないと認識すると、ほとんどの経営者は憮然として口を閉ざしてしまう。そして再び、「企業は、自らが知らないものを知ることはできない」と認識するのである。

　数値で自社のプロセスを説明できない企業は、自社のプロセスを理解することはできない。そして自社のプロセスを理解できないならば、それらを管理することはできないのだ。その会社の根本的な経済状態に関係するプロセスをメトリクスで測定することが、品質を改善し、顧客満足を増大させる唯一の方法なのである。改善はデータなしには成し遂げられない。製品やサービスはデータの形で「語る」のである。データなしでは、製品やサービスは音を出さず、企業は耳が聞こえないようなものである。しかし、統計の助けを借りて適切にまとめられれば、データは欠陥を理解するための「ツール」をつくり出す。これがブレイクスル

一言語である。

　統計によって、データが製品やサービスに関して何を語っているのかを知ることができる。データは製品を語るためのアルファベット文字である。このアルファベット文字を単語に、そして最終的に、統計を使用して製品情報を伝達することのできる文章にすることで、その報告書は形成されている。製品とプロセスデータの統計的分析を通して、製品が我々に語っていることを聞くのである。データが明らかに一つの方向性を示していても、企業の文化や慣習がその他の方向性を示していれば、不安が支配し、変化への潜在的可能性は失われてしまう。統計だけではブレイクスルーを達成することはできない。しかしながら、これは企業の土俵を変えることのできる非常に力強いツールなのである。

◉……なぜ、我々にはメトリクスが必要なのか

　メトリクスは、共通語をつくる。そして、プロセスの測定がオープンに率直に伝達されるようになる。我々にメトリクスが必要な理由は次のようになる。

- 認識、直観、現実の違いを確立するため。
- うまく決断するために事実を集め、その決断が健全に実行されるための基礎を提供するため。
- 現在の思考プロセスの限界を克服し、境界のない考え方ができるようにするため。
- 未だ検出できないままの問題やネックを明確化し、確認するため。
- プロセスをよりよく理解し、どの要因が重要でどれがそうでないかを特定するため。
- プロセスの特性を明確にし、インプットとアウトプットがどう関係しているのかを知るため。
- プロセスを確認し、要求されている仕様内で成果を上げているかを決定するため。

- 顧客満足を評価し、キー・プロセスとのつながりを確立するため。
- プロセスを文書化し、他の人に伝達するため。
- プロセスのパフォーマンスとコストとの相関関係の基準線をつくるため。
- プロセスが改善しているか確認し、改善したプロセスの利益を維持するため。
- プロセスが安定しているか、あるいは予想可能かをはっきりさせ、そのプロセスでどれだけの変数がプロセス固有のものなのかを特定するため。

◉……質問の役割

　企業は自分の知らないことを知ることはできないので、新しい質問を投げかけることがブレイクスルー戦略の不可欠な部分である。結果を変更するためには、企業の指導者に製品、サービス、プロセスの品質について新しい質問を投げかけることが必要である。新しい測定は、新しい質問に導く。新しい質問は、新しいビジョンを生み出す。そして新しいビジョンは活動の案内役となる。

　シックスシグマを追求するには、プロセスを違った形で測定する必要がある。「我々は現在何を測定しているのか、そして何を測定すべきなのか？」という質問が起こる。組織の指導者は、アウトプットや予算よりもむしろ、プロセス能力、製品設計、全体品質に対して質問を投げかける必要がある。シックスシグマの成功は、新しい質問を投げかけることによって新しい知識を創造できるかどうかにかかっている。この観点が、新しい測定へ駆り立てるのである。

　統計的測定を正しく行うことは、企業内の新しい反応や返答のきっかけとなる、成功間違いない方法である。そしてこの哲学が、コスト改善と顧客満足へ導くのである。

◉……製品に語らせる

　ブレイクスルー戦略では、企業に質問を投げかけさせ、データに潜む解答を見つけることを要求する。プロセスを改善させたいと考えている企業は、過去の経験、観察、あるいは一般的なコンセンサスに頼ることができない。例えば、結果(Y)と潜在的原因(X)の間に関係があると仮定すると、我々はその仮説を証明するためにデータを収集して分析しなければならない。単にそれが本当だと信じるだけでは、それは本当にはならない。**結果を変えたいならば、結果(Y)ではなく、潜在的原因(X)に焦点を絞らなければならないのだ。**

　伝統的なメトリクスでは、収益力、スクラップ数、修正作業に注目する。管理職が「財務目標は達成したのか？」と尋ね、答えが「イエス」である場合、どのようにその目標を達成したのか問う者は誰もいない。成功の本当の理由は、せいぜい推論的なものである。我々は、製品やプロセスの設計に多くの時間や資源を費やしている。しかし、有効なはずの業績測定システムの創造にはほとんど費やしていない。4σのビジネスでは、最終的な製品やサービス――つまり要因Yのみにとらわれている。しかしながら、6σのビジネスは、変数X、つまり問題を生み出すプロセスに着目しているのである。シックスシグマ・ブレイクスルー戦略では、製品やビジネスのパフォーマンスを支配しているプロセスを深く掘り下げて、新しい質問を通してそれを調べていく。製品やサービスを生み出す多くのプロセス(要因X)を調べ、修正すれば、Yを検査し、試験する必要性は減っていくのである。

　ブラックベルトは、Y(問題)がX(問題の原因)の要因(f)となる$Y=f(X)$という数学的関係に取り組むのである。プロジェクトごとに、企業は欠陥を削減し、全体的な生産性や効率を改善し、コスト、サイクル時間、納期遅延、顧客の苦情を減らしていくのである。

◉……製品ではなく、プロセスの検査・試験を行う

　すべての製品やサービスはプロセスの結果得られるものである。このことが、シックスシグマが結果ではなくプロセスを監視する理由である。プロセスが正しくなければ、最終的な製品やサービスは正しくならない。製品やサービスをつくり出すプロセスを検査し、試験してこそ、問題が現れる前にそれを回避できるのである。プロセスの検査には、装置だけでなく、手続きや従業員のスキルレベルといったことまで含まれる。学習に導くプロセスよりも、むしろ大学進学適性試験(SAT)の点数だけを重視する教育者は、正しい結果を生み出すプロセスではなく、パフォーマンスだけで判断していることになる。

　継続的に、測定(Measure)、分析(Analyze)、改善(Improve)、管理(Control)という(M-A-I-C)アプローチを多様なビジネスやプロセスにわたって適用することで、企業は著しい財務内容改善を達成するための力を得る。問題解決やプロセス変更のためのブレイクスルー戦略の厳密で系統的な専門的アプローチによって、異なるビジネスユニットでも、お互いに語り合い、授業で学んだことを分かち合い、そして組織として前進するための共通言語を創造することができる。これによって企業は自らのプロセスの効率と品質レベルを、異なる製品を持つ企業と比較することができるのである。例えば、航空機エンジンと皿洗い機を共通メトリクスを通して比較できるのである。企業の従業員が、他の企業、製品、そしてサービスをどう比較するかということをσ値という同じ土俵で見つめ始めると、社内ディスカッションや疑問を生み出す強い衝動にかられ、必然的に6σへと導くのである。

◉……決定的影響力を持つポイントを探す

　企業は、もはや製品やサービスだけで論議する余裕はない。むしろ、力強いメトリクスでプロセスの創造を検討する必要がある。例えば、組

織が顧客満足主義を主張する場合、まず最初にこれらの企業は、誰が自分の顧客で、これらの顧客についての何に最も価値を見出しているのか特定しなければならない。企業はたいてい「我々は、我々の顧客そのものに価値を見出している」という。しかしこのフレーズは、本当は何を意味しているのだろうか？　正確には回収金以外の、顧客の何に価値を見出しているのだろうか？　多くの組織は、この質問を探求し始めると窮地に追い込まれることになる。今までこれについて調べたことがない、あるいはその主張を本当には理解していないと認めながらも、これが核となる信念であると言い張る。多くの組織は、めったに顧客に価値を見出していると信じてはいないので、シックスシグマでは正確には顧客のどこに彼らは価値を見出すのか明確にし、それを特定し、そのメトリクスを各々の価値にリンクさせることを余儀なくされる。それから初めて、彼らはその顧客をどう評価するのかがわかるのである。

　次に、組織は顧客が満足するには何が決定的となるのか特定しなければならない。これらの要因はCTQ特性と呼ばれている。そして企業はどのようにこのCTQを測定、報告するのか明確に特定しなければならない。最後に、企業はどうやってプロセスを改善するかを決定するために、CTQの測定をプロセス変数に関連づけて、管理しなければならない。これをするためには、企業はプロセス・メトリクス──つまり、いかにうまくプロセスが製品やサービスをつくり出しているかを反映する現在進行中の測定手段──を持たなければならない。企業がいかに自分のプロセスがうまくいっているかということと、顧客の満足レベルはどこにあるのかということを定量化できれば、これらの２つをリンクすることができ、どのプロセスが顧客満足に重要な影響力を持ち、どれがそうでないのかを見分けることができるのである。彼らには、よりうまくやるにはどのボタンを押すべきかがわかる。こうなってくると、企業はプロセスを改善するために重要となるアクションをとることができるようになるのである。彼らは「感覚で管理する」のではなく、「事実で管理する」ことができるのだ。

　調査を行うことは、企業が顧客満足を計算するために役立つ。しかし、

結果は表面をスケッチしただけになってしまい、組織で共有できないことが非常によくある。さらに悪いことに、顧客満足調査から収集された情報が、工場の現場や管理事務所で発生するプロセスに活かされることがない。工場の管理者たちはプロセスの直行率を報告することはできるが、どのようにこの直行率の測定結果がコスト、信頼性、そして顧客満足に関係するのかを示すことはできない。この先の章で見るように、見かけの直行率（インプットに対するアウトプットの割合）は、コストあるいは顧客満足——何年にもわたるデータ収集、統計的分析、ビジネス経済で数学的モデルを厳密に適用することを通して何かしら学んだこと——とわずかな相関関係しかないのである。

◉……お客様は神様

　組織は、測定することもせずに画期的で注目に値する顧客満足の改善を行うよう迫られている。顧客満足は究極的には工場のパフォーマンスにつながり、工場のパフォーマンスはプロセスのパフォーマンスにリンクしている。それは機械の仕様、手順、従業員の知識の間に存在する相互作用の理解に変換することができる。豆の品質を考慮もせず、おいしいコーヒーを顧客に提供することはできない。顧客に湯気の立ったカップが手渡されるまでには、その豆をどのように処理し、そしてローストし、挽くのか、またコーヒーをいれるのに用いた水の量と質はどうか、そのコーヒーを長い間火にかけておかないように、といった配慮をするのである。それはつまり組織の利益が、測定を行うために何を選ぶのか、そしてどのようにそれを測定するかによって決定されるということである。

　何年か前、我々はある有名企業のCEOとその経営幹部にセミナーを行おうとしていた。いくつかのアニュアル・レポートと印象的な会議資料をめくるうちに、我々はその説明的な言葉、つまり、品質や競合的価格、革新、完全といったある種の価値を含蓄する単語がそのレポートやパンフレットのいたるところに散りばめられていることに気づかざるを

えなかった。これらの単語は、この企業がその顧客、サプライヤー、従業員、そして株主に伝えたいと考えている価値を反映するために注意深く選び出されたものであった。しかし、それらは企業が持ちたいと考える価値であって、もうすでに持っていれば必要ではない言葉であった。どうして我々にそのことがわかったのか？ それはそのレポートやパンフレットが語ることをその企業は測定し、報告し、そして対処しているものだからである。

顧客満足の3領域（高品質で、納期どおりに、最低価格で納入すること）のためには、組織のすべてのレベルに着目することが必要である。工場で働く人々は、欠陥数やこれらの欠陥が製造工程のどこで、どのように発生するのかを測定、記録すべきなのに、実際には製造時間を測定し、性能標準に合う良品数を数えていると述べている。これでは責任が欠如している。顧客が欠陥製品を返品したときに、問題原因の「ソース・トレース（出所の履歴をたどる）」システムがないのである。履歴は消滅して、従業員は問題解決に「ハント・アンド・ペック（自己流）」の方法に頼ることになる。しかも貴重な時間と資源をムダにしながら。

将来の市場で競争していくには、企業はプロセスの測定とそのプロセスをサポートするテクノロジーに注目すべきだ。プロセスは新製品やサービスを追求するうえで無視できない。製品技術は米国人にビデオカメラやファックスの発明をもたらし、オランダ人にCDプレーヤーの発明をもたらしたが、プロセス・テクノロジー不足のために両国の売上げと利益をみすみす失っている。だから他国の企業もすぐにこれらの製品を効果的で効率的なプロセスで「所有」してしまった。良いプロセス・テクノロジーというのは、売上げ、従業員レベル、利益を段階的に上げていくための道を敷いてくれるものである。企業が新製品を市場に投入すれば市場の独占が可能で、より高い価格を設定し、高い利益を得ることができた何十年も昔とは異なり、今日の競合は通常より低価格で他社の製品を再創造するテクノロジーを持っている。歴史的にも企業は製品の革新を最優先し、生産性の向上には視線を投げかけるだけだった。今日の世界では、生産性は成功の礎石となるものである。もちろんどちらの

価値もきわめて重要で、これらは手に手を取って働くものである。革新とはその独自性や特色の点で測る(そして比較する)ことができる。しかし、単に製造できるものを設計するという考えに代わる手段(生産性を考えること)は、どのように確立し、重要視すべきなのだろうか？　多くの企業は生産性を公言し配慮するものの、それを設計プロセスの隅々でどのように測定し、その履歴を探るのかほとんど知らない。ここでのメッセージは明らかである。高品質で革新的な製品とサービスを、納期どおりに最低価格で顧客に供給できる者が勝者なのである。そうあるために企業は、製品の生産性とサービスの提供能力に重点を置かなければならないのである。

第6章 目に見えない企業損失

若き技術者マイクは、ある大手自動車メーカーの製造部門でスターターモーターのフィールドコイル生産を管理していた。何週間か仕事に携わった後、彼はこの企業の合言葉が「どんなにコストをかけても生産スケジュールを守る」、つまり、ある数量のフィールドコイルが特定日までに組み立て工場に納入できない場合のペナルティーは、フィールドコイルを納期どおりに製造するために追加コストを負うよりもずっと大きいということを知った。マイクの管理職第一線としての成功は、製造スピードと品質にかかっていた。そして、従業員には、直行率を悪くすることになる欠陥フィールドコイルの根本原因の検査、修正よりも、むしろフィールドコイルをよりたくさん組み立てるよう命じたことで、彼は昇進と昇給という報酬を得た。生産スケジュールを合わせさえすれば、プロセス直行率に関しては問われることはなかった。継続的な生産とスケジュールの要求に(コストを気にせず)応えられる彼の能力は評価され、効率的で信頼できる管理職としての報酬が払われたが、作業の中で上昇し続ける超過時間、原料、検査、再調整のコストについて問われることはなかった。つまりプロセス(X)ではなく、パフォーマンス(Y)のみで評価されていたのである。この場合はラインを動かし続けることが至上命題とされていたのである。

製品やサービスを低品質のレベルで製造する企業は、誤りとエラーの検出、修正と呼んでいるものに非常に多くの時間とお金を費やしている。これを実行することがあまりにも一般的になっているため、企業は知らず知らずのうちに隠れた要因(製造工程の間に起きたエラーを修正するための、にわか仕立てのシステムやプロセス)をつくり出しているのである。それらは不必要な空間、時間、そして資源を消費してしまう。隠れたプロセスとは、B部門のマリーが管理職に気づかれるまで欠陥部品をA部門のジェーンにこっそりと戻しているような、単純なものであるかもしれない。従業員は欠陥製品やサービスを戻す際に自分は責任を果たして

いると考えているかもしれないが、彼らは管理職の目から悪いプロセスを覆い隠しているだけなのである。その結果、表面上のプロセスは決して修正されることなく、一方では隠れたプロセスがより効率的になってしまうのである。

　従業員が超過原料や労働力に関する、毎週あるいは毎月の不良レポートに記録したデータは隠れた要因ではない。というのも、これらのコストは目に見える方法で測定され、記録されているからである。管理職が知らないうちにかかったコストが、隠れた要因の一部である。ブレイクダウンできないコスト、履歴をたどれない特定のオペレーション・コストもまた隠れた要因である。隠れた工場は製造部門に限られた問題ではない。それらは組織のあらゆる部分に存在し、意図したとおりにうまく機能することが多いものの、サイクル時間の延長、コストの増加、非効率的な資源使用で問題があるのだ。ステルス戦闘機から防衛できないように、企業は目に見えないものや跡をたどることのできないものと戦うことはできない。

　あらゆる欠陥は、検出、検査、分析、そして修理のための追加の空間、時間、原料、費用、そして労働力を使う。欠陥率が増加すれば、企業内あるいはプロセス内の隠れた工場も激増し、コストも上がりがちになる。ほとんどの経営幹部は、この隠れた工場がいかに高くつくものか認識していない。先に述べたように、ここでのコストは財務的金額を指しているだけでなく、品質、顧客のものの見方、ビジネスの利益を指している。これらはすべて相互依存している。製造が終了した時点あるいはサービスが完了した時点で欠陥が検出されるのを待つよりも、むしろプロセス能力をうまく管理することで欠陥を予防できるビジネスは、その収益力に莫大な改善を見ることになる。モトローラに多くの利益をもたらしたポケットベルBanditがそうであったように。

◉……隠れた工場を目に見えるようにする

　顧客調査、廃棄レポート、返品、保証請求はすべて、いかにプロセス

が成果をあげているかに関するデータを企業に提供してくれる。これらによって、プロセスに投入された製品やサービスや、うまくそのプロセスを通過した製品やサービスを定量的に測ることができる。伝統的に企業はこの種のデータを直行率(プロセスのあるポイントを通過した全単位数と比較して、特定の検査を通過した単位数)と呼ばれるメトリクスを使用してきた。本質的には、このメトリクスは単純な概念(アウトプット÷インプット)、つまりシステムに投入された全数と比較して企業がつくることのできる良品の総数として要約できる。

　このような作業効率の測定は、直観に強くアピールし、かなり計算しやすいが、管理上のワナが待ち構えている。つまり重大な誤解を招き、思い違いをさせられる可能性がある。これは隠れた作業、プロセス、そして工場を存在させる隠れたメカニズムである。このウイルスは、一般に使用される多くの業績指標——ちょっと挙げるだけでも、ファーストタイム・イールド、ファーストパス・イールド、ファイナル・イールドなど——の奥深くに潜んでいる。いかにこの考え方が誤解を招き、思い違いをさせるものかを理解するために、2つのシナリオを考えてみよう。

　最初のシナリオでは、ある製造工程のあるポイントで最近製造された2つの製品ユニットを想像してみよう。例えば、それぞれ製品番号を101、102とする。これら2つのユニットは、今評価のために検査場所に届いたばかりである。ユニット101には欠陥がなかった。しかし、ユニット102には2つの欠陥が見つかった。2番目のシナリオでは、ユニット番号103、104を考えてみよう。ユニット103には欠陥がなかった。だが、ユニット104には8つの欠陥が見つかった。

　最初のシナリオで説明した2つのユニットを考えるときに、ファーストタイム・イールドはインプットが2に対してアウトプットが1、つまり0.5と計算される。これは50％に相当する。2番目のシナリオでは、ファーストタイム・イールドは同じく50％になる。この見方では、両シナリオは、同じレベルのパフォーマンスであると評価できる。しかしながら、品質の見地からいうと、これらは異なる。最初のシナリオでは、TDPU(Total Defects per Unit：ユニットごとの総欠陥数)は、2欠陥÷2ユ

ニット、つまり2/2 = 1.0と計算できる。2つ目のシナリオでは、TDPUは8欠陥÷2ユニット、つまり8/2 = 4.0と計算できる。ある製品内の欠陥は検出、分析、修理されなければならないので、最初のシナリオにおけるコストの方が2番目のシナリオよりも少なくてすむのは明白である。それゆえ、総コストは、ファーストタイム・イールドではなくTDPUに関係している。言い換えれば、欠陥とコストの間に強い相関関係があるところではどこでも、コストは変化しても、直行率は一定だということである。だから、我々は伝統的直行率計算方法に基づいて成功を測定すると、すっかり思い違いをしてしまうのである。さらに科学的にいうと、直行率とは欠陥の機能の一つであり、アウトプットやインプットではない。まとめると、かつて行われてきた直行率計算方法は間違っており、隠れた工場にマスクを被せることになる。

　製品やサービスは単一の工程だけで創造されることはめったにない。ファイナル・イールド*はファーストタイム・イールドと同じ計算であるが、あるプロセスの段階での最後の状態である。それゆえ、多くの企業では「ファイナル・イールド(最終直行率)」という言葉を使う。ファーストタイム・イールドと同様、ファイナル・イールドもプロセスのパフォーマンスを正確には測定していない。

　不幸にも、非常に多くの製造部門では、各プロセスの効率を計算するためにファーストタイム・イールドを測定している。表面上、ファーストタイム・イールドは直観的に強くアピールし、計算しやすい。しかしながら、これはサイクル時間、全体的製品品質、製造コストを無視している。なぜファーストタイム・イールドが信頼できないメトリクスなの

---

*ファイナル・イールド
　多くの産業の環境において、ファイナル・イールドとは、測定、報告できる唯一のプロセス成果メトリクスである。この単一の測定は、いかにプロセスが機能しているか報告するために使用されている。このタイプの直行率は「ポスト(後ろの)・プロセス」イールドと考えられる。なぜならば、これはプロセスの最後でのみ評価可能だからである。そのためシックスシグマにおいてはロールド・スループット・イールドを使用する。一般に、ファイナル・イールドとは「ユニット」がプロセスの最後で評価される全システムレベルの要求をうまく通過する可能性のことである。一方で、ロールド・スループット・イールドとは、ラインの最後での要求と同様、すべてのプロセス内の要求をパスする可能性のことである。

か、以下に説明する。

　ある企業がインジェクション(圧入)工程でプラスチック・カップを製造していると想像してみよう。同じ型からカップを10個つくることができる。典型的なプラスチックのインジェクション工程は、プラスチック球(インプット)を型に入れて、圧力と温度変化によってカップを形成し(アウトプット)、そしてはみ出たプラスチックを、刃を使って切り落とすことから成り立っている。この工程を観察している作業員は10個のうち5個に欠陥があると気づく。そしてプラスチックは再使用できるので、すぐさま彼はその5個をシュレッダーに入れ、良品5個を検査に送る。

　このシナリオでは、ファーストタイム・イールドは100%である。なぜならば、試験された5個それぞれが検査にパスするからである。さらに、原料が無駄遣いされているわけでもない。欠陥のあるカップはリサイクルされて工程に戻され、良品を製造するので、この不合格となったカップの記録は決して不良報告書に記録されることはないのである。欠陥カップを処理したことに費やされた時間はどのコスト構造にもとらえられていないのだ。このようにして、隠れた工場は設置されていくのである。

●……プロセス・パフォーマンスの測定方法

　通常、企業がパフォーマンスを測定している方法を使うと、コストのかかる「隠れた」工場の使用を見逃してしまうことになる。本当は必要ないのにコストが集中的にかかってしまう修正作業や修理のプロセスを暴くには、正しいパフォーマンス測定を行わなければならない。不適切なメトリクスは、思い違いや誤解を招いてしまう。正しいメトリクスを使用すればX線透過装置——作業上の病気や、管理上の悪性腫瘍を発見するという意味で——のように機能させることができるのである。3種類合わせて利用すれば、プロセスや設備における最小の非効率性さえも暴くことのできる、メトリクスの基礎となるものがある。それが、スループット・イールド、ロールド・スループット・イールド、そしてノー

マライズド・イールド(標準化された直行率)である。直行率の伝統的な測定は製造数に基づいて行われていたのに対し、これらそれぞれの直行率の測定は、欠陥数に基づいて行われる。最初に見た時点では、それほど多くの欠陥はないと結論づけたくなるかもしれない。しかしながら、さらに深く観察すると、反対のことが現実となってしまう。この違いを理解することが、4σプロセスを6σプロセスに変える結果につながる。

シックスシグマ・プロセスのメトリクスを理解する

スループット・イールドとは、プロセスのある特定の段階で製造されたすべての欠陥の機会がパフォーマンス基準に一致する可能性のことである。つまりこれは、プロセスの任意のポイントで「作業を正確に行う」可能性のことである。ロールド・スループット・イールドとは、全プロセスを製品やサービスのユニットが無欠陥で通過できるという可能性のことである。違う言い方をすれば、ロールド・スループット・イールドとは各段階の積み上げによって、結果的に一通りすべてのプロセス段階での作業をすべて正確に行っていける可能性のことである。また、シックスシグマではノーマライズド・イールドと呼ばれるものも利用する。ノーマライズド・イールドとは、プロセスのあらゆる任意の段階において期待される「平均化された」スループット・イールドだと考えてよい。つまりこれは、期待している「典型的」直行率を表す。この意味では、ノーマライズド・イールドとは、ベースラインのことである。そしてσレベルを計算するのは、このメトリクスからである。

ファーストタイム・イールドとスループット・イールドを比較する

ほとんどの企業は、現在2通りの直行率測定(ファーストタイム・イールドとファイナル・イールド)を活用している。これらの測定を行っている企業では、直行率が高いとプロセスが効果的に行われていると誤って仮定してしまうことがある。

伝統的な直行率測定とシックスシグマの進んだ考え方の間には重要な違いがある。すでに述べたように、ファーストタイム・イールドはプロ

セスの効率を反映するものの、それは隠れた工場の影響の後に初めてその高い能力を反映していることが非常に多い。しかし、スループット・イールドは隠れた工場の前段階のプロセスを測定する。ファーストタイム・イールドは、そのユニット内に含まれる欠陥の機会数にかかわらず、製造ユニットの数を基本としている。これに対しスループット・イールドは、製造ユニットの数ではなくユニットごとのCTQ特性の総数を基本としているのである。

　他の言葉でいうと、ファーストタイム・イールドは「ユニット生産数に敏感」で、スループット・イールドは「欠陥発生数に敏感」なのである。またファーストタイム・イールドは、製品の複雑さには敏感ではない。なぜなら、製造ユニットの品質の良し悪しに注目しているだけだからである。しかしスループット・イールドは、製品やサービスの1ユニットに含まれる欠陥機会の総数と同様、製品の複雑さに非常に敏感なのである。

　さらに言い換えると、ファーストタイム・イールドが「いかにユニットを測定するか」を示すのに対し、スループット・イールドは「いかにうまく品質を測定するか」を示す。このことが、伝統的測定と違い、シックスシグマの直行率測定が統計的に労働生産性、コスト、サイクル時間、在庫数量と深く関係しているゆえんである。

ファイナル・イールドとロールド・スループット・イールドを比較する

　ファイナル・イールドもまた広く使用されているメトリクスであるが、これには欠点がいくつかある。ファーストタイム・イールドのように、ファイナル・イールドは製造ユニットの総数を基本にしている。しかし、ロールド・スループット・イールドは欠陥の機会の総数を基本にしている。さらにファイナル・イールドは「欠陥ユニット」が隠れた工場のプロセスを通過した後に算出した結果を基本にしている。しかし、ロールド・スループット・イールドにはこの欠点がない。というのも、ここで測定するものは隠れた工場の影響を受けないものだからである。

　興味深いことに、ファーストタイム・イールドと、ファイナル・イー

ルドの間には関係が全くない。これらは全く別々の測定なのである。言い換えれば、ファーストタイム・イールドはファイナル・イールドを計算する際に使用することはできない。しかしながら、シックスシグマでのイールド測定においては関連性が存在する。なぜならば、これらの測定すべてが欠陥データを基本に行われているからである。つまりスループット・イールドは「機会ごとの欠陥」のデータを基本に行われており、ロールド・スループット・イールドはユニットごとの欠陥のデータを基本にしている。この場合、どちらの測定も生産量よりも品質情報に左右されるのである。

　本質的に、ファイナル・イールドは製品あるいはサービスのユニットが検査にパスする割合についての報告であるが、ロールド・スループット・イールドは、あらゆる任意の製品あるいはサービスのユニットが、エラーなしで全プロセスをパスする可能性の報告なのである。つまり、ファイナル・イールドは我々が何を行ったのかを表し、ロールド・スループット・イールドは我々がこれから何を行うのかを表すものである。当然、ロールド・スループット・イールドはファイナル・イールドよりも実質上小さい値となる。

メトリクスを適用する：スループット・イールド

　繰り返すが、スループット・イールドは、製品やサービスのユニットが任意のプロセス段階を無欠陥で通過する統計的可能性のことである。つまり、ある特定のプロセス段階でのすべてのCTQ特性が「標準と一致」する可能性のことである。

　5段階からなるプロセスがあるとしよう。100のユニットが5段階中の第3段階までしか通過しなかったと仮定する。さらに各ユニットには20のCTQ、あるいは欠陥の「機会」があったとし、これをMとする。そして100ユニット中5欠陥しか観察することができなかったと仮定する。するとDPU(Defect per Unit：単位ごとの欠陥数)は、DPU = 5／100 = 0.05となる。ユニットごとにCTQが20あったとすると、DPO(Defect per Opportunity：機会ごとの欠陥)はDPO = DPU/M = 0.05／20 = 0.0025

となる。つまり、この計算を使うと欠陥の機会をつくる可能性は0.25%だといえる。それゆえ、機会レベルの直行率は、1－0.0025 ＝ 0.9975つまり99.75%となる。これをシックスシグマでの標準測定値（100万機会ごとの欠陥）を計算すると、DPMO ＝ DPO × 1,000,000 ＝ 0.0025 × 10^6 ＝ 2500である。これは、シックスシグマ標準換算表を利用すると、4.3σ能力に換算できる。つまり、全機会で4.3σ能力は、ユニットごとには機会が20あるということができる。そして、第3段階まで通過したユニットには平均0.05の欠陥があると予測することができるのである。

別の言葉でいうと、プロセスの第3段階でつくられた各100ユニット中の5ユニットに1あるいはそれ以上の欠陥を含んでおり、結果的に「直行」できないのである。このため、スループット・イールドは95%（100ユニットのうち、95ユニットが欠陥ゼロで第3段階を通過する）になる。

さて、このことをファーストタイム・イールドと比較してみよう。製造した100ユニットの1ユニットだけに観察された欠陥5つすべてが含まれていたとすると、ファーストタイム・イールドは、開始時点で100ユニットだったうちの99ユニットが良品と計算される。あるいは、99／100 ＝ 0.99、つまり99%となる。一方、この欠陥5つが、別々のユニット5つで発生した場合、ファーストタイム・イールドは95／100 ＝ 0.95、つまり95%になる。言い換えると、ファーストタイム・イールドは、いくつかのサンプル・ユニットにかけてどのように欠陥が現れるかに大きく左右される。しかし、スループット・イールドは一定なので、プロセス内のある特定の段階でより正確な予測を立てることが可能なのである。

これがファーストタイム・イールドと、スループット・イールドの最も違う点である。これら2通りの直行率計算の方法では、多くの場合プロセスの意味がとても異なったものとなってしまう。ファーストタイム・イールドは、ほとんどいつもスループット・イールドと同様か、それより高くなる。この意味で、ファーストタイム・イールドではプロセスの効率により楽観的でバラ色のイメージを抱いてしまっても、スループット・イールドではコスト、在庫、サイクル時間に深く関連している「欠陥に敏感」なイメージを抱かせるのである。

メトリクスを適用する：ロールド・スルーアウト・イールド

ロールド・スルーアウト・イールドは、ゼロ欠陥の可能性を全プロセスにわたって与えるので、このコンセプトをよりよく理解し、ファイナル・イールドとどれだけ異なるのか比較してみるのは非常に重要なことである。下記の例を考えてみよう。

あるブラックベルトは、5つの独立した段階に分かれた処理プロセスに取り組んでいる。そのプロセスのロールド・スルーアウト・イールドを計算したいと考えている。最初に各5段階それぞれのCTQの欠陥データを集めた。これらのデータを入手したことで、各段階のスルーアウト・イールドを計算するために必要な情報をすべて得たことになる（先の説明のように）。

ブラックベルトは、各段階のスルーアウト・イールドを計算し、その直行率をそれぞれ98％、93％、95％、98％、94％と記録した。そしてロールド・スルーアウト・イールドを算出するため、これらのスルーアウト・イールドを単純に掛け合わせた。つまり、$0.98 \times 0.93 \times 0.95 \times 0.98 \times 0.94 = 0.7976$で、約80％となった。これは、全5段階をエラーなし*で通過する可能性について表している。

ロールド・スルーアウト・イールド値は、段階数が増えれば急激に減少する。だから、企業、工場、あるいはサービス・オペレーションは、ロールド・スルーアウト・イールドを高くするためにプロセスの各段階でスルーアウト・イールドを高くしなければならないのである。さらに、

＊エラーなし
読者は、この説明ではなぜ単純にファーストタイム・イールドを合計しないのかと思うかもしれない。一般には、ファーストタイム・イールドの値をたすき掛けすることは、いかなる任意の製品ユニットもあるプロセス内の全機能テストにパスするという可能性を表す。しかし、これは、製品ユニットが無欠陥ですべてのプロセスをパスするという可能性を表しているわけではない。この情報はロールド・スルーアウト・イールドからのみ、得ることができるのである。本当に「顧客重視」した状況での「価値の設定(value entitlement)」に関心があるのならば、選んだプロセス効率の測定は製品の機能性の可能性を表すだけではなく、同様に製品の機能性を形成しそれにフィットしていなければならない。言い換えれば、ロールド・スルーアウト・イールドとは、プロセスを通じあらゆる要求を満たすという可能性であり、製品の機能性に関係している要求を満たす可能性だけではない。結局製品とは、たとえ製造サイクルの終了時点で100％機能的であったとしても、保証期間中、あるいはそれ以降に顧客問題を引き起こすかもしれない欠陥を未だ内包しているわけである。

全体の段階数やCTQ数を少なくする努力もしなければならない。スループット・イールドがある製品のCTQ数（製品の複雑さ）にのみ敏感なのに対し、ロールド・スループット・イールドはCTQ数とプロセス段階数（プロセスの複雑さ）の両方に敏感である。だから真の価値設定（エンタイトルメント）とは、ロールド・スループット・イールドを設定できた場合にのみ実現されるのである。そこに到達することこそが、ブレイクスルー戦略の目指すものなのである。

メトリクスを適用する：ノーマライズド・イールド

　ノーマライズド・イールドとは、製品製造にかかわる各プロセス段階で要求される、単一の値のことである。これは最後の段階でのユニットごとの総欠陥がわかる場合に、製品を製造する際の全段階をまとめて特徴づけるために使用される。この意味ではノーマライズド・イールドは、あるプロセスの段階ごとの「平均」直行率値を表す。これはプロセスや製品を「σレベル化する」ために使用されている。スループット・イールドや、ロールド・スループット・イールド、そしてノーマライズド・イールド等のメトリクスを適用することは、隠れた工場を測定、暴露、削減するのに役立つ。

　以下にノーマライズド・イールドの計算方法を示す。

> 　人事部から選出されたブラックベルトは、ある形を伴う特定のプロセスを分析している。そのプロセスが10段階あることは知っており、ロールド・スループット・イールドは36.8％に相当すると算出している。
>
> 　チームが各10段階の直行率値を設定しようとしたとき、あるメンバーが36.8％を10で割ったらどうかと提案した。しかし、彼らは即座にこれはノーマライズド・イールドの計算では正しくないと認識した。次に、もう一人のメンバーが誤って、ロールド・スループット・イールドは36.8％なのだから、全ステップが同じ36.8％のスループット・イールドでいいのではないかと提案した。
>
> 　いろいろとディスカッションした後に、ブラックベルトはノーマライ

ズド・イールドとはロールド・スループット・イールドのk乗根($^k\sqrt{\ }$)になると指摘した。この場合、kとはプロセスの段階数である。彼は、チームにこれが「平均」の公式で、平均化された値はプロセスの全段階に適用できると説明した。それからチームは0.368の10乗根($^{10}\sqrt{\ }$)を計算し、各ステップのノーマライズド・イールドは90.5%になると結論を出した。そして、ブラックベルトは、ノーマライズド・イールド90.5%が「プロセス」を構成する10段階各々のパフォーマンス・ベースラインであると認識したのだった。これは、$0.905^{10}=0.368$、36.8%ということからも証明できる。

　スループット・イールド、ロールド・スループット・イールド、ノーマライズド・イールドはビジネスに重要な意味を含んでいる。これらの直行率を使用することで、ビジネスプロセスの成果を評価することができる。多くの企業にとって、これらの直行率は、驚異をもってとらえられることになる。というのも、ファイナル・イールドが90%であった企業は、ロールド・スループット・イールドがたったの2%だということに気づく。だから、本当の直行率を理解してしまえば、企業はブレイクスルー・ターゲットを設定することができるようになり、測定によって改善の履歴をたどることができるようになる。ロールド・スループット・イールドを計算することで、品質、サイクル時間、コストをさらに正確に反映させることができる。この計算はプロセスの各段階で行われ、ファーストタイム・イールドのようにユニットレベルだけで計算するのではないからである。

　ロールド・スループット・イールドの最後のポイントとして、メトリクスとコストとの関連に注目する必要がある。これを説明するために、次の例を考えてみよう。あるプロセスのロールド・スループット・イールド(Y.rt)が70%であるとする。1つの無欠陥ユニットを製造するためにスタート時点で必要なユニット数を計算するためには、$1+(1-Y.rt)$という公式を使う。そしてこの場合、それは$1+(1-0.70)=1.30$となる。言い換えれば、顧客に良品1ユニットを届けるためには、1.3ユニット

相当分の原料と労力でスタートしなければならないということである。もし（1あるいはそれ以上の欠陥があるために）この欠陥が修理できずに「ユニット」ごと廃棄しなければならない場合、少々異なる1/0.70 = 1.43という式を使う。つまり、1.43ユニット相当が必要になるということである。ご想像のとおり、欠陥率が高ければ高いほど、ロールド・スループット・イールドは低くなり、結局能力を下げさせることになる。結果として、良品1ユニット製造するためには、さらにそれ「相当」のユニットを製造しなければならなくなってしまう。

プロセス内のすべてがうまくいけば、製造時間を最小限にとどめることができる。この最小限の製造時間は、サイクル時間のエンタイトルメントといえる。そしてこれを我々は「T.min」と省略していっている。また、ユニットを製造する実際の時間の長さを「T.actual」と省略している。実際のユニットごとのプロセス時間は T.actual = T.min × (1+ (1 − Y.rt)) と計算することができる。T.min が10分であるならば、実際の時間は10 × 1.3 = 13分となる。これは平均で1「ユニット」を生産するには13分必要で、反対にエンタイトルメント時間は10分ということである。在庫数はサイクル時間の計算と同様に1000ユニットのために1300ユニットを製造しないと間に合わないということである。これによって仕掛品コストと労働コストという直接収益に関係するものがはっきりしてくる。

であるのに、なぜ企業は製品やサービスを創造するためのプロセスがいかにうまく機能しているのかを測るため、ファーストタイム・イールドを使いつづけるのだろうか？ なぜならば、それは計算しやすく、見てすぐわかるデータを使用して計算することができ、また、ほとんどの企業がファーストタイム・イールドとロールド・スループット・イールドとの違いを認識していないからである。繰り返すが、**我々は我々の知らないものを知ることはできないのであり、知らないものを管理することはできないのである**。シックスシグマはスマートに働くためのものであり、ハードに働くためのものではない。そしてシックスシグマは正しいことを行うためのものであり、易しいことを行うためには必要ないの

である。

◉……あなたは効率的あるいは効果的に行動しているか？

　効果は結果を重視している。そして効率は活動を重視している。企業は、人と同様に非常に効率的に過ちを犯すことができてしまう。馬や牛を中心に回っていて、その街の保安官がすべて把握できる程度のことしか起こらないような小さな街がアリゾナ州にある。数年前のある夜、この街に来たばかりで、通りの名前も把握していないような保安官が、ある電話で起こされた。その電話によると、馬がある通りの真ん中で死んでおり、すぐにどける必要があるという。保安官は直ちに行くといい、その通りの名前を教えてくれるように頼んだ。すると通報者は、馬はマンザニータ通りの真ん中に横たわっているといった。「その通りはどういう綴りだい？」と保安官は尋ねた。「わからん」と通報者は答えた。「でも、ちょっと調べてみよう」。10分後、「保安官さん、マンザニータ通りの綴りは、結局わからんかったよ。でも、あの死んだ馬をあんたのためにイージー通りに移動しておいたよ。この綴りは、E-A-S-Yだ」といったのだった。

　効率とは正しくクランクを回すことを意味し、効果とは正しいクランクを回すことである。あなたは、誰よりもクランクを速く回しているかもしれない。しかし、効果的であるためには正しいクランクを回さなければならないのである。ブレイクスルー戦略では、企業が効果的であるための方法を示す。さらに、企業に製品やサービスを再設計させる潜在的能力があるので、無欠陥の製品製造が可能になり、そのため修理が全く必要なくなってしまうのである。

　実際は、あらゆる経営幹部や管理職にシックスシグマ・ブレイクスルー戦略を教えることができるのであるが、ファーストタイム・イールドのメトリクスにリンクしたボーナスや報奨金をもらった人というのは、今までの方法を継続して利用する動機を得てしまっているかもしれない。経営者は、報奨やペナルティーについてどういった種類の行動をとるか

考える必要がある。不備のあるビジネス実践方法を正当化すると、シックスシグマの実践の妨げになりうる。そして、それは企業の長期的業績を改善するものとは関係ないのである。

ケース・スタディ

ユーザーの声を活かす製品開発
―― ポラロイドの飛躍

尊敬すべきポラロイド・コーポレーションも、多くの会社のように伝統的な品質プログラムを実行していた。そこそこ製品品質を改善したものの（バラツキ削減プロセスによって1996年単独で1000万ドル節約した）、シックスシグマほど深く浸透し、多くの効果をもたらしたプログラムにかつて遭遇したことはなかった。それまではインスタントカメラが主力であったが、調査と開発を進めたことで、他の画像アプリケーションもポラロイドに富をもたらすようになった。このアプリケーションの成功はシックスシグマによるところが大きいのである。

　1995年、ゲーリー・ディカミーロは、ポラロイド・コーポレーションのCEOに任命された。ディカミーロは、自分のゴールはこの10年間(1985～1995年)「本当の意味での」成長を少しもしてこなかったこの会社を、毎年成長する会社に変貌させることだと発表した。この試みは「ポラロイド・リニューアル」と命名された。「新しい」ポラロイドに変身できるかどうかはシックスシグマにかかっていた。ディカミーロは、この会社の製品品質の改善、顧客ベースの拡大、収益の改善のためにはシックスシグマが最も速く、最も効果的な道となると確信していた。

◉……ポラロイドの遺産を継承する

　1944年、エドウィン・H・ランドが休暇をとって家族とともにニューメキシコ州サンタフェを訪れたとき、幼い娘が、どうして写真は撮ってすぐに見ることができないのか尋ねた。ポラロイド・コーポレーションの創業者でCEOであったランドは、その日遅く街を歩きながら、彼の娘がふともらした問題をゆっくり考えていた。そして、すぐその場で現像できるフィルムのついたカメラを創る構想をまとめ上げた。3年後の1947年2月21日、ランドは米国光学会の場で、彼自身の写真を撮った。ランドは1分未満でネガを剥がし、熱心に見ていた人々の前にそのイン

スタント写真を見せた。このランドの発明は、『ニューヨーク・タイムズ』紙の一面に掲載され、『ライフ』誌でも全ページ扱いで取り上げられ、国際的な報道機関の注目を浴びた。

　それから2年あまり経った1948年11月26日、ケンブリッジを基点としたポラロイド・コーポレーションは、最初のインスタントカメラをボストンで最も歴史のある老舗デパート、ジョーダン・マーシュで発売し、写真撮影の歴史を大いに変えることとなった。このカメラは梱包すると5ポンドもあり、89.75ドルで売られた。さらに1.75ドル払うと、セピア色に写るフィルムを購入することもできた。この日1日で、デモンストレーターたちはこのカメラ156台すべてを売り切ったが、買いそびれた客からもっと欲しがる声も多かった。翌年、ポラロイドのインスタントカメラは出荷と同時に即売り切れ状態となり、500万ドルを超す売上げを達成した。1950年までには、4000以上の業者がポラロイドのカメラやフィルムやアクセサリーを販売した。それはコダックが米国の写真市場を実質上独占したほんの1年後のことだった。

　50年以上経ち、1億6500万台以上のカメラを世に送り出した後、ポラロイドは、現在彼らがイメージングと呼ぶ産業界において、以前と同じように意味深い変化の真っ只中にいた。

　今日のポラロイドは、特にインスタントカメラとフィルムにおいて18億ドル以上の売上げを誇る会社である。同社は、世界中に17の拠点を持ち、8500人以上の人間を雇っている。しかし、他の写真映像関係ビジネス同様、ポラロイドはエレクトロニクスとデジタルのイメージビジネスへ変貌しようとしていた。今日まで、写真映像ビジネスにいる会社はその利益をフィルムから得ていた。しかし、新しい写真テクノロジーへの顧客の要求は映像産業にある種のカルチャーショックをもたらした。ポラロイドは名誉をかけて、世界中の広範囲の消費者にアピールするために新規のインスタントカメラやデジタル製品を設計するという荒波に挑んだ。また、写真画像認識の分野でのリーダーであるのみならず、今では電子的画像認識の分野でもリーダーとなった。ポラロイドは、ウェストバージニア州で米国初の運転免許証偽造防止の本人識別技術を利用し

た運転免許証IDシステムを開発した。このシステムは、まず運転者が新規に運転免許証を申請する際に高品質デジタル写真を撮ることから始まる。このシステムでは写真を「読み取り」、申請者の顔形のデジタル情報を安全なデータベースセンターに保管する。免許証の更新・再発行時に申請者確認のため新しい写真をファイル情報と比較するというものである。ポラロイドのシステムは、第2の偽造防止対策として、ウェストバージニアで運転者のデジタル指紋情報も保管している。ポラロイドは、化学と技術を基本とした会社から、エレクトロニクスとデジタルのイメージ・スキルを基本とした会社へと転換しようとしている。

さらに、既存の製品にも研究・開発にそれほどの額の投資をしなくてもよい形態を付加することで強化を図っている。例えば、有名なスパイス・ガールのブランド名からとったインスタントカメラSpiceCamは、Polaroid 600をベースにした製品で、ヤング・アダルト市場をターゲットにしている。SpiceCam は特に少女向けカラー(パープル、ピンク、オレンジ、シルバー)を基調に製造され、子供たちが自由にカメラをデザインできるように子供用キットがついている。ティーンエイジャーたちには、600AlterImageというフィルムを買えば写真にメモ書きをしたり、背景に絵を描いたりできるようになっている。その他、日本の女の子たちに人気のプリクラのように、シールにできるフィルムもある。また、若者向けに白黒フィルムの市場調査も行っている。

◉……ポラロイドとシックスシグマ?

キャロル・J・ウーリッヒは、その当時ポラロイドのコマーシャル・イメージング・グループの副社長であり、財務的にも抜け目のない現実主義者として知られていたが、最も効果的な改革をこの会社で行った人物となった。化学者だったウーリッヒの最初の大傑作は、エドウィン・H・ランドが指揮から外れた、最初の一体型カメラPolaroid 600シリーズとフィルムシステムであった。600シリーズカメラは、ポラロイドの歴史の中でも単独で最も収益を生み出したものとして今でも存在してい

る。

　ウーリッヒは、セリディアン・アンド・メイタグ・コーポレーションズの経営陣の一人で、ノースイースタン大学の理事でもあったとき、GEとアライドシグナルにおいてシックスシグマがいかに成功したかということを聞いており、それについてもっとよく知りたいと思っていた。ウーリッヒは、ポラロイドの利益と市場での地位をにらんで、顧客満足に通じた品質戦略マネジャーのジョゼフ・カサブラにシックスシグマの有効性の発見というミッションを与えた。彼は顧客の見地から品質を定義し、彼らの期待をポラロイドの製品に反映させる方法を見つけようとした。業界のベスト・プラクティスを研究した後、カサブラは、ポラロイドの経営幹部たちにゴール到達のためにはシックスシグマ・ブレイクスルー戦略が最も有効だと確信させた。1996年、経営幹部たちは全社的に各部門のシグマ能力を評価し、この会社の平均を出した。この評価に基づいて、2001年までに6σにこの会社を持っていくというのが現実的なゴールであると感じただけでなく、ブレイクスルー戦略がポラロイドの収益を劇的に改善し、顧客満足を増加させるだろうと確信した。

　1983～1995年の約12年間、各種品質プログラムを漸次終了させることで、ある程度のバラツキ削減努力は行ってきていた。そのうちの1つは、社内で設計したプログラムで、SETP(Statistical Engineering Training Program：統計技術トレーニング)と呼ばれている。これらのプログラムは、収益にある程度の効果があったものの、シックスシグマほど企業全体の品質問題を解決してはくれなかった。これらのプログラムは、製品やプロセスそのものを重視しており、最終的な財務への影響力を測るプログラム、あるいはツールを実行するためのロードマップを提供してはくれなかった。ポラロイドには、欠陥だけではなくコストを削減するプログラムが必要だったのである。

　ウーリッヒは、シックスシグマ・ブレイクスルー戦略が、教室の中に何日間か座り、講座の資料を棚に置いたが最後、二度と使われないような他の講座のように扱われるべきではないと断固として主張した。

　最初にウーリッヒは、「ポラロイドでは、承認されたプロジェクトの

実行者にのみシックスシグマ・ブレイクスルー戦略を訓練する」というメッセージを全社に送った。このプロジェクトによって行動を基本とした学習が奨励され、人々が熟達したことが実証されると考えたからだ。次にウーリッヒは、多額の収益を生み出すプロジェクトに参加する全メンバーに対して、シックスシグマ・トレーニングを始めるよう要求した。従業員は、収益額こそがこのプログラムの結果で、コスト削減を慎重に研究していくということを理解させられたのである。

　また、中間管理職と技術者が主体で、しばしば上級管理職がかやの外という従来の品質プログラムとは違って、シックスシグマ・ブレイクスルー戦略は上級管理職の積極的関与を必要とすることをウーリッヒは強調した。経営陣のプログラムへの深い理解が必要で、この理解がなければこのプログラムは勢いを失い、さほど会社中に浸透しなかっただろう。「経営幹部たちは、それが収益に対して何をできるのか理解する前に、シグマ能力の重要性を理解する必要があった」とウーリッヒはいっている。彼女は、シックスシグマ・ブレイクスルー戦略こそが、この会社が6σを実現できる唯一のプログラムだと信じていた。

　ウーリッヒは、ポラロイドのCEOゲーリー・ディカミーロに対し、シックスシグマはポラロイドの役に立つと納得させた後、シックスシグマ・プログラムの先導役として自分自身を位置づけた。そして各ブラックベルト・プロジェクトのための経営陣の信用と財務的バックアップを保証する責任を負った。1993年以来、幸いなことにポラロイドは毎年6％の生産性アップを達成してきていた。ウーリッヒは、シックスシグマによってこのレベルの生産性が維持できるだけでなく、資本を確保しつつ、さらにこの数字を上げる触媒となりうるだろうと信じていた。ポラロイドは1997年6月に最初のブラックベルト*のトレーニングを始めた。ポラロイドの経営陣はシックスシグマを、バラツキ削減、コスト削減、そして利益増加をもたらす創造力として従業員に宣伝した。彼らは、毎年6％の増加は簡単なことではなかったと認めたものの、2001年までにこの会社を6σに持っていくために熱心に働いている。

●……プロジェクト選定

ポラロイドのプロジェクト選定はコスト削減を基本とし、欠陥数削減を基本としているわけではない。それゆえ、プロジェクトはコストへの影響力が高いもの、あるいは高い見返りが潜在的に見込めるものが選ばれた。究極的には、プロジェクトは工場長、あるいはそのプロジェクトが顧客満足と利益を増加する重要な可能性を持っていると感じた部長によって推薦された。最初のプロジェクトは、本質的な見直しをしながらの行動学習プロジェクトで、それから3週間はその測定クラスで学んだものを適用するために過ごす。それからM(測定)フェーズで適用したことを発表し、A(分析)フェーズの最初の講習となる。このプロセスは4か月間、各ブラックベルトがそれぞれのプロジェクトをM(測定)、A(分析)、I(改善)、C(管理)の4フェーズを通過させるまで続く。各ブラックベルト・プロジェクトは、毎週チャンピオンによってレビューされ、毎月工場長がレビューし、製造部門副社長が四半期ごとにレビューするのである。

●……ポラロイドのケース・スタディ

ポラロイドの誰と話しても、この会社のミッションが写真をつくることではなく、ある出来事や強い感情を覚えていたいと顧客が思う方法でそれを再現することだと考えていることがわかる。写真はある時間、場所、あるいは出来事の思い出であり、ポラロイドのゴールは、その現実

＊ブラックベルト
　ポラロイドでは、ブラックベルトを「Variability Reduction Leaders（バラツキ削減リーダー）」あるいは、VRLと呼ぶ。この名前は論理的にも過去の品質改善努力からきたもののように感じる。「『ブラックベルト』という名前は会社内の定義を必要とするように思えるが、一方『VRL』ならば即座に理解できる」と、製品開発とワールドワイド・マニュファクチャリング担当の品質戦略マネジャー、ジョゼフ・カサブラはいう。

のスナップショットを楽しくなるような形で創造することである。

ポラロイドのインスタントカメラは、テクノロジーの驚くべき集大成である。シャッター・ボタンを押し、「完璧な」インスタント写真に仕上がるためのフィルムシートがカメラから出てくる間に、内部の温度が華氏120度から150度(摂氏49度から66度)にまでなる。この1分間現像室を内蔵した機械の内部では、なんと2万5000もの機能が働いているのだ。いうまでもなく、顧客が最終製品に満足することを保証するという厄介な仕事をしているのは「完璧な」写真の設計、創造に責任のあるこれらの機能なのである。

それでは、あなたが10枚撮りのポラロイド・インスタントフィルムを1箱買ったとしよう。各フィルムは、2枚の重要なシートから構成されている。1枚のシートはネガと呼ばれ、もう1枚のシートはポジと呼ばれている。ネガシートはオリジナルのイメージをとらえ、そのイメージをポジシートに移す。そして写真はポジシートに現れる。ネガとポジの間には、感光剤が3層になっている。最初の層は青い光に感光しやすく、2番目の層は緑の光に感光しやすく、3番目の層は赤い光に感光しやすくなっている。これらの3層の間に挟まれているのが現像液である。露出する間、光は一番上の層から入り次の2層を通り、写真をつくり上げる。この3枚の色に感光する層を使用することで、1枚の写真の中に全色のスペクトルが再現されるのである。

撮影者がシャッターを押し、写真が撮られた後、フィルムが2つの金属ロールの間を通過しカメラから出るとともに「球体」が破裂する。破裂した「球体」から出た現像液がポジとネガの間に平らに広がり画像がつくられる。ネガから染められた色はポジに移り、写真は徐々にでき上がり約1分で完成するのである。

ポラロイドの主な関心事の一つは「感度」(フィルムがどれだけ光に敏感か、色と明るさが正確に再現できるかを測定するプロセス)である。ポラロイドはインスタントフィルムの品質の重要性を認識していたため、最初、シックスシグマ・ブレイクスルー戦略をフィルムの感度を測るために適用しようと考えた。製造部門は、光と色のレベルが実際に写真の中

で再現するのかどうか決定するためにあらゆる測定を行った。測定システムが正確に、精密に働くようにすることは、条件範囲内でのフィルムの首尾一貫した性能を保証する軸となる。

ブラックベルト・プロジェクトでのチャンピオンの役割は、資金を使えるようにすること、そしてブラックベルトを彼らの正規の任務から解放し、ブレイクスルー方法論をプロジェクトに適用することにだけ集中できるようにすることである。統一された測定システムをポラロイドの各工場で創造し、それを実現するため、2人のチャンピオンと5人のブラックベルトがその仕事に任命された。

任命された5人のブラックベルトは、多様だが補足的なスキルをこのプロジェクトにもたらした。テクニカル・スーパーバイザーであったケン・ピッカリング、テクニカル・マネジャーのトム・ルメネロ、そしてエンジニアのハワード・ウォルツェル、これらポラロイドに長年勤めてきた従業員は、フィルムの試験を行い、プロセス内のどのバラツキが結果に影響するのかを特定することに責任を負っていた。一方、MIT卒のマーク・ウィレンは、比較的ポラロイドでは新しい社員であったが、プロセスを文書化して展開できるようにしていた。そして、最終的にポラロイドのコンシューマー・イメージング製造部門のベテラン28歳のエンジニア、マイク・ハートが、各工場のあらゆる結果が継続的に確実に実行されるための責任を持つこととなった。

顧客に首尾一貫した結果を届けるフィルムを供給することが懸案であったにもかかわらず、ポラロイド社内ではすでにバラツキ削減活動が多く行われていたために、測定システムと装置が分散してしまい、異なる場所での測定が比較できなかった。シックスシグマ・ブレイクスルー戦略は、システムの統制を強化するうえできわめて重要であった。ハワード・ウォルツェルはこの問題を次のように述べている。

歴史をさかのぼれば、あなたはエジプトのキュービット*の定義が中指の先端から肘までの長さに等しいということを知るだろう。もしあらゆるエジプト人の腕や手が同じサイズならば、これは全く正確な測定方法であるといえる。しかし、現実は、身長が6フィートの男性の中指から肘までの距離は、身長が5フィートの女性のものよりもかなり長くなる。その男性と女性がそれぞれ10キュービットの家を建てるように頼まれたらどうなるだろうか？　明らかに、女性の家は男性の家よりかなり小さくなるだろう。だから、彼らが標準の測定だと信じたものを使用して両者ともきわめて慎重に指示に従っていたとしても、最終的な製品は実質上異なってしまうのである。

同様に、もし私がフィルム製造プロセスのある特定の部分の責任を持っていて、その後この会社内の新しいポジションに移されたとして、誰かが私のそれまでの仕事を引き継いだとしたら、そのプロセスは不安定になりだすかもしれない。私の仕事を引き継いだ人は何が問題なのかわからないかもしれないし、さらにどう調整したらいいかさえわからないかもしれない。なぜならプロセスはこれまで文書化されたことがなかったのである。シックスシグマは初めにプロセスを直し、そしてプロセスを文書化し、その「クッキング・ブック」を持つ人なら誰でもそのプロセスを管理下に置くことができるようになるのである。我々がやろうとしていることは、私の祖母を思い出させる。というのも、祖母はこれをひとつまみ、あれをスプーン1杯入れておいしい食事をつくっていたが、家族の中の誰も祖母のレシピを再現することはできなかったのである。シックスシグマ方法論は、文字どおりいつでも完璧な結果を得ることのできるクッキング・ブックのようなものである。

「ロード・マッピング」の重要性は、実験室にいる専門家が現像液を

---

*キュービット
　キュービットは、昔の測定単位で、長さを測るために使用されていた。これは、肘から中指の先までの長さを基本にしており、約18インチ（約45cm）。

つくるのにどのように成分を混合しているのかという話にスポットライトを当てる。球体が破裂すると、現像液はポジとネガのシートの間に平らに広がり、写真の像を再現する。彼らは、各現像液が同じ成分、同じ量でできているのになぜそんなにバラツキが出るのかわからず窮地に追い込まれていた。最終的にその専門家たちは、その現像液をつくる際のプロセスの各段階を描いた詳細ロードマップを作成するように頼まれた。

　驚くことに、そのプロセスに統計的な分析を適用することもなく、彼らはそれぞれのロードマップが決定的な情報を示していたことを発見した。というのも、粉状のDA56と呼ばれる物質を液体の入った容器の中に直接加えていたことを発見したのである。化学物質が投入される過程では、少量のものは換気システムに吸い込まれてしまい、繊細な化学薄膜は容器のへりにくっついてしまう。それがプロセスで加えられる化学物質の量を減らすことになっていた。ある者は、粉状の物質を同量使用して先にペースト状のものをつくってから残りの液体に加えていた。全員が同じ公式に従っていたものの、ほとんど無害に思えるバラツキでさえ、同じ成分が混合される順番と方法によっては最終製品に悪影響を与えていた。粉状の化学物質が現像液に十分に入れられなければ、フィルムは適正に現像されない。また、粉状の化学物質をまとめて入れすぎると、工場はその物質を浪費してしまう。

　ハワード・ウォルツェルはプロセスをマッピングすることについて次のようにまとめている。

> 　我々がサプライヤーによってもたらされた化学物質の問題を、使用する前に把握することができれば、2セントしか失わなくてすむ。残りの溶液に加えるまで化学物質の問題に気づかなければ、戻って問題を直すための時間と材料に10ドルもコストがかかってしまうことになる。しかし、もし我々がその問題を現像液がフィルムに入れられ、梱包されて、顧客に出荷される準備が整うまでに把握できなければ、修正費用はその製品を製造するのにかかる総コストを超えてしまうかもしれない。

ブラックベルト・チームは知識と実践が共有されるように実際にそのフロアで仕事をしている人々、理論に基づいてプロセスをつくっている設計の人間、そして製造の人間によって結成されなければならないということを教えられた。人々がお互いに話をして、知っていること（そして知らないこと）を共有することはシックスシグマの方法論の成功にとってきわめて重要である。

　ブラックベルトのエンジニア、マイク・ハートは、シックスシグマ測定プロセスが実験室から実験室、工場から工場で首尾一貫して実行されているか監視することに責任を持っていたが、彼は、シックスシグマ・ブレイクスルー戦略について次のように述べている。

> 　ブレイクスルー戦略によって我々は既存のツールに新しい枠組みを与えることができる。枠組みとは、ポラロイドの品質を向上させるためには不足していた要素であった。私は、部下にブレイクスルー戦略のクッキング・ブックは、歴史的試練を経た要素を新しい方法でどう料理するのかを教えてくれるものだと言い続けている。これは我々が何年にもわたって使用してきたものと同じ要素を使うが、違う結果を得るためにそれらを新しい方法で混合するのである。今、卵、砂糖、チョコレート、牛乳をボウルに入れてチョコレートプリンをつくる代わりに、同じ材料で卵の黄身を白身と分け、白身を泡立て、特定の順番で混ぜ、正確な温度で焼き、チョコレートケーキをつくることができる。我々にとって、ブレイクスルー戦略はとても速く、パワフルなものである。

●……ストロボ露出のバラツキ

　短期間に絶大な結果をもたらしたシックスシグマのプロジェクトにもう一つ、Polaroid 600シリーズのストロボの露出精度改善がある。リチャード・ジェームズ、デビッド・スプロール、アラスター・マクドナックの3人は、ストロボ露出不良を解決するためにコンシューマー・ハー

ドウェア部門選りすぐりの20人のチームを率いていた。というのも、ポラロイドカメラで撮影された大多数の写真は室内の光の弱いところで撮られるので、ストロボの使用は適正に露出された写真を撮るには非常に重要なのである。600シリーズのカメラはポラロイドの最低価格モデルであり、その人気はポラロイドカメラの売上げの90％になる。これまでの品質対策はカメラの内部露出システムを3.5σレベルにまで上昇させた。しかし、ブレイクスルー戦略を適用して18か月以内に、その製品の品質は5σレベルにまで飛躍的に向上したのだった。

　顧客が何を望んでいるのかを知るために、ポラロイドは外部のリサーチ会社、ホーム・テスティング・インスティテュートを雇い、ブレイクスルー戦略を製品に適用する前に顧客に関する調査を行った。ホーム・テスティング・インスティテュートの役割は、公平な立場で現在の600シリーズカメラのユーザーと接触し、彼らにフィルムを提供しながらカメラとフィルムの満足度を評価してもらうことであった。ポラロイドは、どの形態だとユーザーにとって喜ばしいものか、どの形態だとユーザーを満足させられないのかを知りたがっていた。このリサーチ会社は「何をユーザーは探しているのですか？　どのようにユーザーが望んでいるものを提供することができるのでしょうか？」と聞くものだと思っていた。というのも、この調査の結果から、ユーザーが競合からカメラやフィルムを購入するのを防げるかもしれないし、より多くのユーザーがポラロイドの製品を使用するようになるかもしれないからである。

　しかし、ホーム・テスティング・インスティテュートへの調査依頼は、600シリーズのカメラとフィルムのユーザーに対するある特別なCTQ特性4つについてであった。

- ■　フィルムの露出は、明るすぎないか、あるいは暗すぎないか？
- ■　色のバランスはどうか、色合いは適正か？
- ■　写真は、クリアに写っているか？
- ■　カメラはうまく作動するか？

特に、露出はユーザーにとって重要なCTQ特性であったことがわかった。インスタント写真の性質上、ポラロイドカメラは典型的なカメラとフィルムよりも精密で適正な露出を要求される。特に、伝統的な35mmフィルムには後で現像やプリントのときに調整するチャンスがあるが、これにはそれがない。

デビッド・スプロールたちは特にカメラの露出計測システムに注目した。露出計測システムは、ポラロイドのインスタントカメラ内でどの程度フィルムが露出されているかを測定する。彼のチームはカメラ内部の露出システムを改良して、若干明るめの露出に調整できるようにしたので、ユーザーは完璧に露出調整されたスナップショットを確実に手にできるようになった。

正確で首尾一貫した試験装置がなければ、露出効果を改善できないのだと600シリーズカメラに取り組んでいた人々はすぐに認識した。彼らは、最初に試験装置をグレードアップし、その装置を標準化し、最終的には世界の各工場で新しい標準レベルを実践した。

600シリーズカメラが梱包されて出荷される前に、この露出能力を測定し、必要なら各カメラが同じ露出能力で出荷できるように調整した。標準試験装置は、すべてのカメラを同じ試験条件下で確実に試験するためには非常に重要である。測定システムにおけるバラツキは、カメラ間の品質にバラツキがあることを意味する。スコットランドのベール・オブ・レベン工場のアラスター・マクドナックのチームは、測定・目盛合わせシステムの精度を改善し、すべての組み立て寸法にわたって統一した測定システムを導入した。ブレイクスルー戦略ツールを、ワールドワイドで使用したことによって、工場内の試験のバラツキと工場間のバラツキが著しく削減されたのである。

ポラロイドは、各写真の露出品質を改善することで顧客満足が増加し、確実にユーザーにポラロイド・フィルムを購入させることができると知った。3.5σレベルとは、およそ100万機会に2万2750の欠陥があることを示す。ポラロイド600シリーズカメラを毎年500万台製造すると考えると、10万台以上ものカメラは完全に露出されていない写真をユーザーに

与えてしまうことになる。3.5σから5σにプロセスを向上させていくことで、部品の欠陥は100万個に233個になる。だから、このバラツキ削減チームは「再購入の意志」を増加させたことで彼らの部門に年間100万ドルの売上げを保証したのである。言い換えれば、ユーザーを満足させることで、彼らは消費者がポラロイドカメラとフィルムを購入する可能性を増加させたのである。リチャード・ジェームズは次のように説明している。

> 多くの消費者は、家庭の引き出しにすでに数種類のブランドのカメラを持っている。その彼らに、我々のカメラはいつも一定の品質の写真を提供し、1分未満で適正に露出された写真を手にすることができるとわかってもらえれば、競合のカメラよりも我々のカメラとフィルムを使用してくれるようになるだろう。しかし、期待したとおりの写真を我々が提供できない可能性が少しでもあれば、競合製品に手を伸ばしてしまうかもしれない。だから、製品の観点から見れば、ブレイクスルー戦略は我々の品質を改善した。そして、ユーザーは写真が明るすぎたり暗すぎたりすることが少なくなったといっている。製造の面から見れば、従業員はもう毎日製造開始前に試験装置の目盛合わせをいちいち行うことはなくなったのである。

バラツキ削減チームは、顧客満足を保証するだけでなく、経費——この場合、修正作業(隠れた工場)のコストや精密さが首尾一貫しているために従業員に継続して測定システムをチェックさせるためのコスト——を、(1)試験装置のアップグレード、(2)製品のマイナーチェンジ、(3)製造プロセスの改善という、ジェームズが強調するところの最小限の投資で年間20万ドル削減している。

ジェームズ、スプロール、マクドナック、そして彼らのチームは、調整能力を上げたよりよい露出測定システムを使用することで製品を改善しただけでなく、試験装置の目盛合わせのプロセスを改善することで(よりよい露出状態の写真を手にする)ユーザーと(毎日操業前に装置の目盛

合わせをするために時間と労力を費やす必要がなくなった）ポラロイドの製造部門にとってwin-win（両者にとって利益のある結果）状況をもたらしたのである。それゆえ、コストが下がり、顧客満足が保証されたのである。

　このストーリーには、おもしろいおまけがある。リチャード・ジェームズはポラロイドに入社したての頃、一人でSX-70カメラの露出改善の仕事を任されたことがあった。ジェームズは、カメラの露出システムにいくつかの改善を行ったものの、決してブレイクスルー戦略を適用したことによって達成したほどには成功できなかったと証言する。そして彼は今日、さまざまな専門知識を持ち、問題解決のために包括的ツールを集中して適用することができるチームの実証例として、自分一人で行った露出システム改善結果とシックスシグマ・ブレイクスルー戦略による成功との違いを引き合いに出す。ジェームズの経験によって、シックスシグマ・プロジェクトがチームによる仕事であり、ユーザーにより良い製品を提供し、経費を削減し、利益を押し上げるためにチーム全員の才能を同時に活用するものであるという信念がさらに強められたのだった。

◉……今後の見通し

　特にポラロイドが、シックスシグマによってもたらされた変化を快く受け入れたことは注目すべきことである。シックスシグマはポラロイドの文化に前向きな変化を生み出し、そのビジネスは何千もの別々の機能ではなく、絡み合う一連のプロセスだと見なすようになるための最後の手段であった。

　活動分野が違うためにお互いの製品や手順を批判し、部門同士が本質的に「対立する部族」となってしまう企業とは違い、ポラロイドはシックスシグマをよく油の注された機械として動かし、共通語で理解し合うために使用してきた。そして今日では、製品アイディアをその発端から市場に出すまでに必要な時間を50％削減するための方法として考えており、実際すでにその結果を出し始めている。

　ポラロイドの人間は、過去の栄光に浸るという贅沢を市場の競争が許

さないとわかっており、エドウィン・ランドが半世紀前に始めた仕事の当然の結果としてシックスシグマを評価している。ランドはできないことを認めることを拒んだ。問題解決の90％は正確に問題を問うことにあると信じていた。問題を正しく問うことができれば、問題は解決できる、と彼はいった。ランドは、プロセスを挙げ、それを基本にまでブレイクダウンし、どの部分が最も重要か把握し、それらを改善するために実験するという行為の誠意ある提唱者であったはずだ。ポラロイドは、きわめて重要なプロセスの管理を始めるにつれて、最もやりがいのあるゴールを認識し始めている。究極的には、ポラロイドのゴールとはユーザーの見地から品質を徹底的に理解し、それを定義し、その品質をすぐ製品に反映できるようにすることである。

　ポラロイドは、シックスシグマ哲学を熱心に導入してきた。これが製品開発、製造、顧客サービスの橋渡しをする最善の戦略であり、またこの周囲には、組織内の全レベルでの共通語が生まれると信じている。

第7章

ブレイクスルー戦略のステップ

プロセス、部門、あるいは企業においてシックスシグマ・パフォーマンスを達成するためにブレイクスルー戦略を適用するうえで、8つの基本的なステップあるいはフェーズがある。認識(Recognize)、定義(Define)、測定(Measure)、分析(Analyze)、改善(Improve)、管理(Control)、標準化(Standardize)、統合(Integrate)である。それぞれのフェーズは、(1)ブレイクスルー戦略を統制された方法で適用する、(2)シックスシグマ・プロジェクトを正確に定義し、遂行する、(3)これらのプロジェクトの結果を日々の業務に組み入れる、といったことが確実に行われるように設計されている。

　ほとんどすべての組織は3つの基本的なレベルに分類できる。最高レベルは、ビジネスレベルである。第2レベルは業務レベルである。そして第3レベルはプロセスレベルである。ブレイクスルー戦略は企業の各レベルに適用されるが、各レベルでは異なる結果に到達する。シックスシグマの成功とは、その組織の全体的品質と利益を改善するため、組織の各レベルを変換させてしまうことだと定義できる。本質的にブレイクスルー戦略は、組織の階層の下から上の方向でも、上から下の方向でも機能する流動的な方法論である。このことが、他の品質管理手法と違ってシックスシグマを組織のあらゆるレベルで理解し、調和させる必要があり、さらに長期的には会社全般にわたる改善がなされる理由の一つである。

　ブレイクスルー戦略がどのように組織のさまざまなレベルで機能するのか理解するための方法として、歯車が動く図を描くというのがある。歯車は回転する部分があるほとんどすべてのもの(時計から自動車エンジン、ビデオ装置にまで)に存在する。これらの製品では、さまざまなサイズの歯車がいくつも同時に違うスピードで動く。例えば、アナログ時計はその文字盤にいくつか針があり、時、分、秒、そしてときには月齢を表している。時、分、秒の針は、歯車のサイズや形の違いによって違う

スピードで動く。歯車を動かす軸は、一列に並び流動的な動きを出している。歯車、軸、ばねの一つでも故障すれば、全体のメカニズムが崩れ、効果が出なくなる。

　ブレイクスルー戦略が組織の異なるレベルに影響するというのは、「歯車」が同時に違うスピードで動く現象に似ている。例えば、ビジネスレベルでブレイクスルー戦略の全8フェーズを完全に実行、展開するには3年から5年かかるかもしれない。業務レベルでは、プロジェクト・チャンピオンが8フェーズを一通りこなすのに12か月から18か月かかるだろう。しかしプロセスレベルでは、ブラックベルトが6週間から8週間でブレイクスルー戦略を一通り行うことができる。これを特定のプロジェクトに適用し、即時に収益を生み出すのである。時計内の数多くの歯車がそれぞれに連結しているように、報酬や評価というゼンマイ仕掛けによってより大きな共通の目的に向かって、企業の各レベルでブレイクスルー戦略を、自主的に違うスピードで適用するのである。

　ビジネスレベルの経営幹部は、マーケットシェアの改善、利益増加、企業の長期的成長を保証するためにシックスシグマを利用する。業務レベルの管理職は、直行率改善、隠れた工場の排除、労務費や材料費の削減にシックスシグマを利用する。プロセスレベルのブラックベルトは、ビジネスと業務上のゴールを結びつける方法で、欠陥やバラツキの削減、プロセス能力の改善にシックスシグマを活用し、収益性改善と顧客満足に導く。ブレイクスルー戦略を組織の各レベルに別々に適用しても、全体的戦略ビジネスゴールは達成される。だから経営幹部からブラックベルトまでのあらゆる人がR（認識）、D（定義）、M（測定）、A（分析）、I（改善）、C（管理）、S（標準化）、I（統合）の各フェーズに取り組む一方で、それぞれ違う視点で、違う時間の枠組みを持って行う。

　例えば、ビジネスレベルのMフェーズでは、経営者は業務利益や全体利益の測定に関心を持つ。業務の管理職は、労務費の測定や材料費や間接費の管理に責任を負う。ブラックベルトは、サイクル時間、直行率、ユニットごとの欠陥等を測定する。そして各レベルの測定結果が、連動するのである。

同様に、Ｉフェーズでは、経営者のゴールはシックスシグマを会社全体で展開することかもしれない。一方、業務レベルの管理職は、ブラックベルト・トレーニングやプロジェクトの選択に注目するかもしれない。そして、ブラックベルトは実験計画法（DOE：変数を直接掛けてそれらがCTQ特性にどう影響するのかを見る）を導入するかもしれない。

Ｃフェーズでは、経営幹部はシックスシグマの利益を確実につなぎとめるためのステップを踏むかもしれない。業務レベルでは、管理職がブラックベルトを確実に維持するための報奨や認知システムを考案するかもしれない。そして、プロセスレベルでは、ブラックベルトはプロセス・パフォーマンスの改善が維持できるように手順を文書化するかもしれない。繰り返すが、各レベルからスムーズに次のレベルにつながるのである。

だから、収益性の向上には企業の最も基本的なレベルでのプロセス改善が要求される。一方で、シックスシグマの長期的なゴールは、全社的「σ」パフォーマンスを向上させるためにあらゆるレベルでのシステム改善を統合し標準化することである。アライドシグナル、デュポン、GEのような企業は、シックスシグマ単独の人的、財務的資源によってのみシックスシグマの利益が促進されてきたと理解している。つまり、シックスシグマが経営手法すべてをまとめる元締めだと認識している。シックスシグマを通して、彼らはどの手法が利益ある変化を生み出すのかを発見したのである。シックスシグマは、最大限の効果を得るために全体的改善努力を集約する。

●……ブレイクスルー戦略の統合範囲

ブレイクスルー戦略の主な８つのフェーズはそれぞれ、４つのステージに収まる。ＲフェーズとＤフェーズは**明確化**というステージに入る。ここでは、シックスシグマの根本的なコンセプトを理解し、一連の独特なツールで問題を解決するブレイクスルー戦略の意味を理解する。管理職や従業員たちは単に顧客に届けられる最終製品やサービスを検査する

図表9◆シックスシグマ・ロードマップ

	ステージ	ブレイクスルー戦略 フェーズ	目的	
ブレイクスルー戦略	明確化	認識　R 定義　D	キー・ビジネスの問題点の明確化	
	特性抽出	測定　M 分析　A	現状のパフォーマンス・レベルの理解	ブラックベルト・プロジェクト
	最大活用	改善　I 管理　C	ブレイクスルー改善の達成	
	制度化	標準化S 統合　I	日々のビジネスがどう管理されているかに変換	

よりも、むしろインプット(製品やサービスを創造するプロセス)について疑問を抱き始める。そして、変化のための機会や環境をつくり出すことができる。Dフェーズでは、ブラックベルトは製品やプロセスのベンチマーキングによって特定のシックスシグマ・プロジェクトを明確化する。トップダウンの製品やプロセスのベンチマーキングを通して、上級管理職はどの分野がシックスシグマ・プロジェクトで最初に取り上げるものとして最善なのかを考える。

　MフェーズとAフェーズは**特性抽出**のステージに入る。ここではプロセスのCTQ特性を測定し、説明する。IフェーズとCフェーズは**最大活用**のステージに入る。なぜなら、これらの2つのフェーズでは、高められたプロセス能力を最大限に活用し、それを維持するからである。そして最後に、SフェーズとIフェーズは**制度化**のステージに入る。ここでは、全体的にブレイクスルー戦略を適用した結果を企業文化に織り込む。

明確化のステージ

　ビジネスの成長は、品質、価格、納期という点でいかにうまく企業が顧客の期待に沿うことができるかによる。これらのニーズを満たす能力は、プロセス能力とプロセス(これらのプロセスは管理部門、営業、製造にわたる範囲のどの種類のプロセスでもよい)のバラツキ具合によってコント

ロールされている。バラツキは、顧客の満足度に影響するコスト、サイクル時間、欠陥数という点でビジネスの結果に直接影響する。だから、これらを明確にすることによって、企業はいかに彼らのプロセスが収益性に影響するのかを認識し、何がビジネスにとって致命的となるプロセスなのかを定義するのである。

特性抽出のステージ

　特性抽出とは、プロセスが測定された時点でそれを評価し、達成すべきゴールを設定するのに役立つ。これによってベースラインを設定でき、改善を測定するためのスタート点を決めることができる。そして特性抽出をするMフェーズやAフェーズに従って、現在そのプロセスが機能している状態と、ある特別の製品やサービスのゴールを達成するために機能する状態との間の「ギャップ」を埋めるために行動計画が立てられる。特性抽出では、ブラックベルトは1つあるいはそれ以上の製品の特性を選び、プロセスの各段階の詳細を描く。そして、ブラックベルトは必要な測定を行い、プロセス管理カードにその結果を記録し、短期的プロセス能力と長期的プロセス能力はどうなるかを推測するのである。

最大活用のステージ

　最大活用のステージでは、どのプロセスを改善し、バラツキの主要因を管理するために何が必要なのかを明確にする。プロセスのバラツキは、統計的に設計された実験を通して明確にできる。それからブラックベルトはプロセス改善のためにどの「バルブ」を調整するのかを知るためのデータを使用する。最大活用では、最大の効果をもたらす「バイタル・フュー（特に重要な要因）」を特定するために多くのバラツキに注目する。さまざまな分析を用いて、ブラックベルトはどのバラツキが最大の影響を及ぼすのかを特定する。このステージにおけるゴールは、プロセスを改善し、管理するために得た知識を用いるということである。そしてその結果は、より良いプロセス範囲を広げたり、プロセスの各段階が確実に行われるよう修正したり、あるいはより良い材料や装置を選ぶために

利用できるかもしれない。最大活用とは製品特性に最大の影響を及ぼす変数を改善し管理することだ。これによって、組織は株主にとっての価値を高めるとともに、収益性と顧客満足を究極的に改善する手段をすべて行うことができる。

制度化のステージ

　制度化を行うSフェーズとIフェーズでは、日常の中で行われているビジネスにシックスシグマを統合していく。シックスシグマとは、プロジェクトの各フェーズを完成していくことを意味する。これはまた、ステップを逆戻りして、いかにして小さいプロジェクトの結果を集めたものが大きなプロジェクト、つまり日々のビジネスを行うハイレベルのプロセスに影響を与えるのかを確認する方法である。改善するためにどのような測定やメトリクスが必要なのかを学ぶにつれて、これらの洞察というのは経営者の考え方や知的資本に統合されていかなければならないのである。

　Sフェーズでは、ビジネスの中から多くのベスト・プラクティスを明確にしたり、これらのプラクティスをさまざまなビジネスにわたって標準化させるために結びつける。そしてプロセスの成果を改善していくにつれて、これらのプロセスを実行、管理する方法を標準化していかなければならない。標準化によって、企業は、その成功を証明してきた既存のプロセス、構成要素、方法、材料を使用しながらそれらのプロセスをより効果的に機能させるよう設計できるようになる。

　Iフェーズでは、シックスシグマ全体をサポートするためのベスト・プラクティスを利用して、組織の経営プロセスを修正する。例えば、直接あるいは間接的なシックスシグマの利益を探るためだけでなく、うまく「隠れた工場」やCOPQ（Cost of Poor Quality：低品質によるコスト）を探るためには、既存のコスト計算方法を変更する必要があるとわかるようになる。

　ベスト・プラクティスを明確にし、ある特定の方針や実践、あるいはプロセスを標準化する意味があるのかを判断し、新しい基準を組織のい

たるところに広める必要がある。本質的に、組織とは自らの経験を共有し、お互いに学び合うことができるものである。これらの新しい実践や方針は適切な経営プロセスとビジネス哲学の中に統合していくべきだ。シックスシグマとは個々のプロジェクトをうまく成功させていく以上のものである。そのためにこれらのプロジェクトを企業経営の実践、方針、手順に統合する。これまで、何百ものシックスシグマ・プロジェクトが完結し、経営に融合されてきた。例えばシックスシグマ・プロジェクトではプロセスを特定し最大活用するにつれて、組織はベスト・プラクティスを一通り展開し、それらを標準化する。企業が新しい基準を明確にし、それを設定するにつれて、彼らはそれらを日々のビジネスに統合していく。系統的にキー・プロセスを明確にし、これらのプロセス能力を改善することで、ブレイクスルー戦略は圧倒的多数の問題を攻略して、取り除くことができるのである。

　ブレイクスルー戦略の長所は組織の各レベルの相互作用にある。ブレイクスルー戦略の各フェーズは、企業がブレイクスルー戦略を組織中に系統的で統制された方法で確実に適用できるように設計されている。縦方向の全レベルにおいてこれほどまでに徹底することで、「成功」が保証される。ブレイクスルー戦略がいつもその基本形態と目的を維持する一方で、この構造によっていかなるフェーズにおいてもフレキシブルに対応できるのである。

◉……ブレイクスルー戦略：ビジネスレベル

　ブレイクスルー戦略をビジネスレベルで適用する場合、主にビジネスの舵をとるために使用される情報、経営システムに重要な改善を行う。ビジネスに影響を与えるレベルのシステムの例として、顧客のフィードバックとサプライヤーの品質を測定するシステムがある。顧客のフィードバックやサプライヤーの評価システムがなければ、ブレイクスルー・パフォーマンスを効果的に達成するのは不可能である。ビジネスレベルでブレイクスルーを達成するには、3年から5年にわたってビジネス・

システムにブレイクスルー戦略を首尾一貫して適用することが必要となる。ブレイクスルー戦略を適用するにあたっての経営幹部の役割は、以下のようなものである。

ブレイクスルー戦略のビジネスレベルでの考え方

R　ビジネスの真の状況を認識する。
D　それぞれの状況の改善を実現するためにどの計画を行うか特定する。
M　計画をサポートするビジネス・システムを測定する。
A　システム・パフォーマンスのベンチマーキングのギャップを分析する。
I　パフォーマンス目標を達成するためのシステム要素を改善する。
C　価値にとって重要なシステム・レベルの特性を管理する。
S　ベスト・イン・クラスを証明するためのシステムを標準化する。
I　ベスト・イン・クラスのシステムを戦略的計画の枠組みに統合する。

ビジネスの真の状況を認識する。ビジネスの「状況」とは、ビジネスを先導し、管理してきたシステムによってつくり出されたグローバルな状況を表す。これらの潜在的なシステムは独立して、相互的にビジネスの売上げと収益に影響を与える力がある。いったん経営層が彼らのビジネス状況を測定し始めると、改善は可能になる。繰り返すが、企業は測定しないものを改善することはできない。測定が「ファジー」な場合、改善努力も曖昧になってしまう。企業は最初にビジネスのさまざまな状況を明確化し、それから測定する必要がある。

先に述べたように、顧客満足はビジネスの状況を反映し、次の3要素に集約される。(1)無欠陥の製品やサービスを届ける、(2)製品やサービスをスケジュールどおり届ける、(3)製品やサービスを最低コストで届ける。これらの3要素を「システム」に変換するのである。例えば、無欠陥の製品やサービスの納入は、いかに企業が品質を測定するかにかかってい

る。製品やサービスを時間どおりに納入するには、信頼できる納期管理システムと堅実な材料調達システムを必要とする。製品やサービスを最低コストで納入するには、優秀な会計システムや経営システムが必要である。言い換えれば、ほとんどのビジネスの状況は、実際のビジネス・システムと切り離して考えることができないのである。

　多くの組織は顧客満足度調査を行い、各質問によってどの選択肢が一番頻繁に選ばれるかをひと目でわかるように表示する頻度表や単純な棒グラフをつくるためにその情報を利用している。この種の分析で、企業は顧客の「状況」——彼らの製品やサービスでいかに顧客が喜んでいるか——を目で見ることができるようになり、得点の低いものをいかに改善するかについて最小限理解でき、高得点の背後に隠された成功の要因を「移植」することができるようになるのである。データを調査して分析する能力が欠けている企業は、行間を読んでしまったり、表面的で時に不正確な結論へ導いてしまう。なぜなら、彼らは適切にデータを「採掘」できないし、彼らの製品やサービスを創造、納入、サポートしていたビジネス・システムにどのように関係しているかを見ることができないのである。つまり、彼らが使用する調査は顧客データとビジネス・システムの相互相関を制限してしまうのである。彼らはシステム能力の真の状況を十分に特定できないため、顧客満足改善能力を予測することができない。

　例えば、ある会社は注意深く製品やサービスの顧客調査を行い、その調査によって1つかそれ以上のビジネス・システムで統計的に満足のレベルを追うことができた。データを徹底的に分析することで、顧客満足が低い場合はシステムのある側面にその原因があることを発見するかもしれない。このことがわかれば、わかりにくい「総顧客満足」の状況を発見するために、経営努力とビジネス資源を費やすことができるのである。

　改善のためには、どの計画を行わなければならないか？　企業はビジネスのさまざまな状況を明確にして特性を抽出してしまいさえすれば、高レベルのパフォーマンスをどのように達成するか独自に考え始める。

(統計的にも、実質的にも)顧客の満足がビジネス・システムにどのように関係しているのか知らなかったことを認識すると、それを見つけるため、計画を立て始める。

「顧客の経験は、我々の製造能力、設計能力、あるいはサービス能力に関係しているのだろうか？」と問うかもしれない。企業はその問いを追求するための正確な質問状をつくり、戦略的計画を策定しなければならない。例えば、ある会社Xが総顧客満足を希望していて、顧客満足にとってはそのエンジニアリング・システムが重要であることを知っているとする。顧客満足のスコアが低いとわかると、この会社はそのエンジニアリング・システムの能力を上げるために戦略的計画を立案する必要が出てくる。正確な質問を投げかけ、戦略的計画を立てるためには、各システムがきちんと特定され、説明できる状態にある必要がある。

計画をサポートするビジネス・システムを測定する。このステップは実際よりも簡単に思える場合がよくある。測定の考え方は驚くほど単純ではあるが、企業が測定を試みるときにはいつも３つの障害に突き当たることがわかっている。最初の障害とは、何を測定するのかを知ることである。２つ目の障害とは、どのように測定するのかである。３つ目の(そしておそらく最も手強い)障害は、正しい測定の後に経営者の公約を得ることである。

製造業を例にとると、「エンジニアリング・システム能力」の１つの側面である「製品設計能力」がある。製品設計能力とは、顧客の要求に沿う製品やプロセスを設計する能力であり、社内コスト規定や出荷タイミングの制約に従い、現在のプロセス・テクノロジーを使用して「製造しやすい」、「エラーに強い(ロバスト：robust*)」ものに設計する能力のことである。例えば、製品設計能力を確立するために５つのキー要素を測らなければならないことがわかったとしよう。それは、(1)顧客要求と

---

*robust
　ロバスト設計とは、製品やサービスのあらゆるキー特性において著しい変化なしに、プロセスの「しゃっくり」(一時的な発作)に耐える設計能力のことである。

期待に沿う、あるいはそれを超える、(2)「厳しい」コストのターゲットに合わせる、あるいはそれ以下にする、(3)設定したエンジニアリング・スケジュールに間に合う、あるいはそれより早く行う、(4)プロセス直行率を常に高く保つ、(5)製造プロセスにおける通常のバラツキに耐える、である。

　企業は、いったん何を測定するのかを理解すると、それらの要素をどのように測定するのかを検討する。「顧客要求と期待に沿う、あるいはそれを超える」という最初の要素に注目してみよう。この製品設計能力を測定するには、あるパフォーマンス・メトリクスを設定しなければならない。この場合、(1)CTQが明確になっているエンジニアリング図面の割合、(2)シックスシグマ手法を用いて分析されたCTQの割合、(3)分析され、統計的に最大限活用されたCTQの割合、(4)5σ、あるいはそれ以上の成果があり最大限活用されたCTQの割合、(5)プロセスの偏差値において通常のバラツキに強く(robust)、5σであるCTQの割合を特定することになる。

　これら5つのパフォーマンス・メトリクスは階層的につながり、測定の「σ」尺度に変換される。先に述べたように、これらの測定結果に基づく設定目標に対する経営者の公約を得ることが最後の障害である。おそらく、このサポートを得るための最善の方法とは、実例を用いて説明することであろう。例えば、ベンチマーキングによって新しい段階を設定することができ、そのことによって逆に、経営者に共通の行動に向けてのモチベーションを与えることができるのである。

　システム・パフォーマンスのベンチマーキングのギャップを分析する。企業は、そのビジネス・システムを測定し、その能力を知り、その測定した能力をビジネスのさまざまな状況にリンクさせてしまえば、パフォーマンスのギャップを評価する準備はできたことになる。例えば、製品やサービスの典型的な顧客要求は3.4σレベルで行われ、一方他のビジネスから生まれた同じような製品やサービスでは4.6σで行われることだとわかると、3.4σのプロセスのビジネスが4.6σのプロセスのビジネスとどう違うのかを知るために、そのギャップを分析するだろう。なぜ、

片方がもう片方よりもパフォーマンスが良いのだろうか？　この秘密が明らかにされれば、企業は知識とテクノロジーをそのビジネスに投入することができるのである。

　変電装置を製造するある大企業が、顧客調査を通じて、顧客がその企業の苦情処理のスピードとその内容に不満を抱いていると認識したとする。それに対しての会社の対応は、顧客サービス・システム内の苦情処理プロセスを変更することによって、顧客満足を改善するという戦略的計画を立てることであった。この会社は顧客サービス・システムを測定し、それが平均3.9σレベルで行われており、システムの苦情処理プロセスが3.7σレベルであることを発見した。そしていうまでもなく、「苦情処理時間」と呼ぶCTQが3.2σレベル（平均以下）であることも発見した。

　もしこの会社が全体システムの改善を行うつもりならば、苦情処理プロセスに関してのギャップを埋めなければならない。結局、それが苦情処理プロセスのσレベルを実質上改善することになる。しかし、これが規模の小さい変電装置製造会社だとする。会社は「苦情処理時間」と呼ぶCTQが高い——4.3σの能力と知る。この場合、この会社は同じCTQに関して他社よりもずっと良いビジネスを1つ持っていることになる。例えば、いくつか社外のビジネスの、同じようなシステム、サブシステム、あるいはプロセスをベンチマーキングし、これらの社外ビジネスのうち1つでは、苦情プロセスが5.3σで行われているとわかったとする。

　これによって、この会社はエンタイトルメント（到達すべきレベル）が少なくとも4.3σで、5.3σまでは実現できるということを認識するのである。明らかに、この会社の次のステップは全体システム・パフォーマンスを限定するシステム要素を改善し、それゆえCTQのσレベルと「顧客満足」を改善することである。

　パフォーマンスのエンタイトルメントを達成するためのシステム要素を改善する。ビジネス・システムのあらゆる側面を改善することは、容易な仕事である。品質情報システム(QIS)に注目してみよう。このタイプのシステムは、組織内のすべてのプロセスから集められた欠陥に関するデータの保管場所として使用されている。企業が問題の根本的原因を理解

するためにはこのデータベースを調べなければならない。しかし不幸にも、ほとんどのシステムはこの能力に欠け、少なすぎ、あるいは遅すぎ、コストの高すぎるデータしか提供できない。

システムを改善する前に、その測定システムは特定されなければならない。まず、そのシステムが提供できる分析上、レポート上の要求事項のリストを作成する。そして、包括的スクリーニング・システムを使用した顧客満足調査のような測定方法をつくる。測定が行われ、必要なデータが収集されれば、データを分析してさまざまな改善努力に優先順位をつけることができる。ここでの最大の問題は、システムで財務データを間違うといかに材料計画システムに影響を与えるかという情報をデータベースから収集できないことにあると仮定しよう。

企業がこの問題を解決できれば、どのタイプの品質問題が最も労務費、遅延スケジュールの調整、出荷ミスに関係しているのかがわかるようになる。このタイプの問題は、ブラックベルトとそのチームが、チャンピオンやマスター・ブラックベルトに報告することで解決できる。

価値にとって重要なシステムレベルの特性を管理する。品質情報システムは、CTV（Critical to Value：価値を左右する）特性を簡単に利用できる方法でデータを収集するシステム能力の例である。しかし解決法を導き出すために使用される要素は、ある一定期間監視する必要がある。

ブラックベルトは、システムの特定の領域に「データ収集日」があるとわかっても、そのシステムが「抽出条件」を何も持たない場合、その計算される「期間」のデータを求めることができない。つまり、他のデータベース・システムとのファイル互換の構造が存在しないということである。

ブラックベルトが、比較分析が可能なデータベースを構築することができれば、そのデータベースが確実に他のデータベースと接続して機能するように何時間にもわたって監視、管理できる。これを行うためには、顧客が確実に継続してデータと情報を突き合わせられるように、定期的に再調査を実施しなければならない。言い換えれば、ブラックベルトの主な管理作業は、定期的な「システムレベルの監査」になる。

ベスト・イン・クラスを証明するためのシステムを標準化する。CTV特性が明確になり、抽出され、最大活用され、適切に管理されてしまうと、システムのパフォーマンスを同様のシステムと比較することができる。この場合、企業はブラックベルトの問題解決方法がとても効果的で他の戦略的ビジネスユニットもそれに倣うべきだと気づくかもしれない。その場合、ブラックベルトの試みによる潜在的節約の可能性を予算に組み入れるために、改善された品質情報システムを会社のいたるところで「標準化」するであろう。

標準化が多くの方法で行われる一方で、その共通項は、どのようにテクノロジーを変換するかということである。どのシステムがベストなのかを発見することと、それを採用することは全く別のことである。変更に時間と出費が必要である場合、特にその提案された変更に彼らのボーナスが影響を受ける場合、多くの経営者は行動をとるのが遅くなるのである。

最善のシステムを戦略的計画の枠組みに統合する。多くの場合、新しく改善されたシステムをその組織に採用させ、使用させるのは困難なことである。この行動心理については、第14章で詳しく述べるが、ここでは、変更への抵抗を和らげるために経営陣が踏むことのできるいくつかのステップに注目してみよう。

最初に経営者は、新しい、短期あるいは長期的なビジネスのねらい、ゴール、目的、ターゲットを達成することが中心となる方法で、改善されたシステムをビジネスの戦略計画に織り込まなければならない。それが行われると、組織の考え方は前向きになり、社内で論議が発生するようになる。その変更を適切に制度化するためには、ある妥当な期間討議することが絶対的に重要である。

第2に、シックスシグマの成功は、企業の報酬と強く結びついていなければならない。ボーナスやストックオプションがシックスシグマの功績に基づいていれば、それが展開している間、そしてその後の変更はうまく管理できる。

また、使用された手法にかかわらず、責任をきちんと設定し、変更を

促進するための資源をタイムリーに確実に引き当てるため、シックスシグマを戦略的計画の枠組みに取り入れなければならない。

　批判的な考え方やシステム診断は、シックスシグマをビジネスレベルで実行するキーとなる。経営幹部は、ビジネスレベルでブレイクスルーをつくり出すために統計的に推論することから始めなければならない。もはや経済指標、直観、経験に基づいて自分の企業を先導する余裕などない。シックスシグマはブラックベルトだけのものではないのである。これは仕事の方法を再調査する助けとなるビジネス・プロセスなのである。だから、システムをひねって調整するよりもむしろ、ビジネスがどのようにシステムの機能をサポートし、他のシステムとどのように情報交換するのかを調査するのである。

◉……ブレイクスルー戦略：業務レベル

　我々の多くは、業務マネジャーが「それについて問題点がある」というのを聞いたことがある。一般に、そのマネジャーが何を意味しているのかがわかっても、「問題点」という言葉が使用されると、より深く入り組んだものを覆い隠してしまうものである。そして、「業務上の問題点」(例えば品質の問題点)は、単純に高レベルの問題(そして潜在的解決策)が複合したものだと信じている。その問題点が、実は相互に関係し合う問題の集合だと認識できれば、企業はその「問題点」をさらにその要素に分解することができる。これができて初めて適切に問題を特定することができるようになるのである。マネジャーあるいはプロジェクト・チャンピオンがブレイクスルー戦略を適用するうえでの役割とは、以下のようなものである。

業務上の観点から見たブレイクスルー戦略

　R　キー・ビジネスのシステムにリンクする業務上の問題点を認識する。

　D　業務上の問題点を解決するためにシックスシグマ・プロジェクト

を特定する。
- M シックスシグマ・プロジェクトの成果を測定する。
- A プロジェクトの成果を業務上のゴールと関連づけて分析する。
- I シックスシグマ・プロジェクト経営システムを改善する。
- C プロジェクト経営システムのインプットを管理する。
- S ベスト・イン・クラスの経営システムの実践を標準化する。
- I 標準化したシックスシグマの実践を政策や手順に統合する。

　ビジネス・システムにリンクする業務上の問題点を認識する。業務上の問題点に対する戦術的な解決法というのは、潜在的なサポート・システムに隠れていることがよくある。システム自体が企業の、持続的で予測可能な業務上の問題点を目隠ししてしまうのである。持続的で予測可能な問題というのは、構造上、業務上の制約や、サポート・システムの性質上、簡単に隠してしまうことができる。企業というのは、突発的に起こる問題の消火活動や、低いところになる実をとるのが得意な場合が多い。しかしながら、一番甘い実というのは、いつも木の一番上になるのである。そのような実に手が届くようにするには、業務上の問題点を2つの領域に分類しなければならない。つまり、システム次第なのか、そうではないのか。そして初めて企業はビジネスに降りかかる、突発的な業務問題数を減らすことができるのである。

　これについてさらによく理解するためには、「ライン終了時」に直行率が低い工場あるいはサービスを考えなければならない。そこで、「問題点に対処する」には基本的な4つの選択肢がある。第1に、その問題点を無視し、自然に解決するのを助ける――あまりないと思うが。第2に、品質上の問題点を消してしまうビジネスに偶然出会うことを祈りながら、「バルブを回すのでなく、ひねり潰してしまう」いわゆる「自己流」の行動をとる。第3は、戦術的でツールに駆り立てられるというよりもむしろ統計的なアプローチ。つまり、うまく確立された品質問題解決手法とツール、例えばパレート図、FMEA（故障モード影響解析）、実験計画法（DOE）、統計的プロセス管理（SPC）図、等による。しかしなが

ら、このようなアプローチは本来後続するもの、つまり問題発生後にくるものである。これらのものは欠陥を減らすことを目的とし、まずそれらが発生するのを待って初めて決定的な行動をとるための十分なデータや情報を手にすることができる。しかし、企業は「その時間や場所」にはもはや存在しない問題点を解決しようとしているのである。品質情報システムの説明に戻ると、企業の問題解決手法とツールの効力は、QISが提供できる関連データの限界に大きく左右される。この場合、品質情報システムでは先行するもの、つまり問題発生の前にくるものを分析するのに必要なデータへのアクセスはできない。ツールを適用すれば問題が並行して発生するのを防止できるかもしれないが、問題は性質的にも時間的にも散発的なので、きっと再発するであろう。だから、改善して特定の問題を解決できても、本質は未だ懸案事項で、業務上の全体的 σ レベルは変わらないのである。

　品質の問題点を解決するための第4の選択肢は、さらに戦術的である。品質情報システムの説明で、品質問題が再現するという性質は、ライン終了時にリンクするプロセス内の品質測定システムを導入することでうまく解決できる。これを結びつけることで、ラインの終了時点で欠陥が起こる前に、それをずっとうまく予測する（続けて防ぐ）ことができる全体的品質システムをビジネスに提供できるのである。またこのことにより、プロセスと現象をライン終了時点での結果に統計的に関連づけられるようになる。

　ビジネスにおいて、ある特定の欠陥をいつも予測できるというわけではないものの、そのゴールは品質問題の兆候を予測することにある。これにより、ビジネスはその問題点の「前にいる」ことができる。また、さらに統計的ツールの本来の力を効果的に活用し、よりうまく回帰分析に基づく知識を利用する方法を与えることができるのである。このアプローチにより、潜在的問題は摘発され、「その時間や場所」で処理することができる。ビジネスは製品やサービスにおいて行動をとるよりもむしろ、プロセスで行動をとるものと位置づけられる。繰り返すが、我々はこのことを「先行」行動、つまり問題発生前の行動と呼ぶ。あまり重

要でない改善は、問題発生の後に行動をとることで実現できるが、ブレイクスルー戦略ではプロセスが始まる前の行動を必要とするのである。

　業務上の問題点を解決するためにシックスシグマ・プロジェクトを特定する。ブラックベルトという資源を最大限利用できるのが、このポイントである。第13章で説明するが、シックスシグマ・プロジェクトは、ある特定の範疇、例えば、(1)コストの節約が認識される程度、(2)業務上の問題点がより大きなCTQ問題に結びつく程度、(3)業務上の問題点が効率的で効果的なビジネス・サポート・システムに結びつく程度、(4)ある特定の問題を解決するために必要と推測される時間、を明確化したうえで、選択される。ビジネス管理者は、シックスシグマのゴールと目的達成に向けての勢いを維持するためにプロジェクトを注意深く選択しなければならない。

　「モデル」という範疇はないが、共通の因子の一つとしては「収益」——特別「ハードな」財務上のターゲット——を設定することがある。ほとんどの場合、財務上のターゲットには、必然的に業務上の問題とビジネス・システムを巻き込むことになる。欠陥の削減に着目して、品質を改善するだけでは、実質的にはビジネス・サポート・システムを改善することはできない。シックスシグマ・プロジェクトは業務上の問題点を解決することに着目しなければならない。なぜなら、これらの問題点は、直接的にせよ間接的にせよ、収益に必然的に影響を与えることになるからである。

　多くの場合、組織の指導者はその最大で最も困難な問題に着手したがるものである。これらの問題に「プロジェクト」というラベルを貼ると、魅惑的に感じられる。しかし、問題の範囲が広ければ広いほど、問題が深ければ深いほど、ブレイクスルー戦略を適切に適用するために必要となるブラックベルト、資源、時間は増える。ブラックベルトが適切に教育されていない、その仕事に適切に取り組むには少なすぎる、資源が不足しているという場合、ブラックベルトはやる気を失い、経営層は失望し、問題だけが存続することになる。こういった種類のプロジェクトを長期的なプロジェクトとして扱い、より大きな問題を小さく、管理可能

なプロジェクトにブレイクダウンすることが、より現実的なことなのである。

シックスシグマ・プロジェクトの成果を測定する。絶対的、相対的の双方において、いかにうまくプロジェクトが行われているかを測らなければならない。これらの利益が企業の業績ゴールに匹敵するかだけでなく、（個別、集合的な）プロジェクトによってもたらされた利益に注目しなければならない。また、プロジェクトの進行を定期的に再検討、あるいは監視し、いかにうまくいっているか評価しなければならない。このようなことを行うためには、プロジェクト・メトリクスと、特定の業績ゴールを設定する必要がある。このことは、さらに高いレベルのパフォーマンスを行うにあたってどのような制限をしているのかを特定するだけでなく、ブラックベルト間のモラールを定期的に評価するために標準調査を利用することで可能となる。進行中のプロジェクト総数と、それぞれのプロジェクトがどのフェーズにあるのかについてもまた測定し探ることができるかもしれないし、ブラックベルトとグリーンベルトのプロジェクトの「直行率」あるいは、その予測が達成された割合も示されるかもしれない。この意味では、ロールド・スループット・イールドはすべてのプロジェクトがそれぞれのターゲットに達する可能性を表す。測定すべきもののリストは終わりがなく、それはビジネスのニーズやクリエイティブな考え方にのみ左右されるのである。

プロジェクト・パフォーマンスを測定するには、データの収集と分析が必要である。これを行うためには、さまざまな方法で「スライスし、角切り」にすることのできるプロジェクト追跡システムが必要となる。そして適切なビジネスレベルから階層的にデータを共有できなければならない。

プロジェクトの成果を業務レベルで分析する。プロジェクトの成果を評価するというのは、実際よりも単純に見えるかもしれない。しかしながら、ブラックベルト・プロジェクトに注目したり、実際の節約と計画された節約を比較したりするときよりもさらにずっと困難とされることである。それを行うことは、またいくつものブラックベルト・プロジェク

トの成果とビジネスの業務上のゴールを比較することにもなる。例えば、業務上のゴールがサイクル時間を全体で10％削減することである場合、経営陣はブラックベルト・プロジェクトが業務上のゴールを何％超えたのか知りたがるものである。

　経営陣は、サイクル時間と品質の関係もまた調査したいと考えるかもしれない。「欠陥削減プロジェクトによって、どの程度のサイクル時間改善が説明できるのか？」と尋ねるかもしれない。業務上のゴールがサイクル時間を減らすことであり、サイクル時間改善の多くが欠陥削減によって説明できる場合、経営陣はこれらに対する見方をサイクル時間短縮プロジェクトから欠陥削減プロジェクトに移してしまうかもしれない。

　シックスシグマ・プロジェクト経営システムを改善する。経営陣は業務問題をプロジェクトにうまく変換し、プロジェクト管理追跡システムを制定さえしてしまえば、そのシステムを改善し、磨きをかける準備ができたことになる。この時点では、プロジェクト・コスト予測と実際のプロジェクト・コストを連動させたいと思うかもしれない。正味節約額、プロジェクト範囲、プロジェクト完了時期等の変数を追跡したいと思うかもしれない。そして正しいデータを追跡することで、その結果を最大限にするためのプロジェクト選定を調整できる、統計を基本にした予測モデルを設定することができる。

　プロジェクト管理システムには、改善したいと思うその他多くの要素がある。例えば、経験によってシックスシグマを追求する組織には、ブラックベルトにとって小さいが重要な好まれざる副産物があることがわかっている。適切に計画し分析することで、この副産物の結果がわかり、この副産物を削減するためにシステムレベルの変更を実施することができる。組織がシックスシグマを実施し、展開する方向に進むと、このようにシステム改善を明確にして認識する行為が自然に発生するものである。

　プロジェクト管理システムのインプットを管理する。ビジネスが効果的で効率的なプロジェクト管理システムに対するキー・インプットを発見すると、定期的なシステム審査を設定しなければならない。標準を設定

し、首尾一貫してそれに合わせなければならないのである。改善にもっていくことも難しいが、それを維持することはさらに一層難しく、入念さを必要とすることが多い。

ベスト・イン・クラスの経営システムの実践を標準化する。業務レベルの標準化はビジネスレベルの標準化と変わらない。ベスト・イン・クラスの経営実践をはっきりさせてしまったら、それを標準化し、知識をビジネス内の全関連領域に変換する。

ある１つのビジネスでのσレベルが4.6σで、他のビジネスでは4.0σに落ちてしまった場合、4.6σのビジネスで関係する実践や政策を研究し、もう一方のビジネスに適用するだろう。そのビジネス外のあまり似ていない仕事では5.2σになるかもしれない。他のビジネスにおける実践を調査して適用することもできるのである。ある特定のシックスシグマ実践を標準化してしまったら、その実践を業務の構造の中に統合し、報酬、評価のシステムを通して補強していかなければならない。

標準化したシックスシグマの実践を政策や手順に統合する。業務レベルにおける統合は、ビジネスレベルで行われることと変わらない。シックスシグマの実践が標準化されてしまえば、業務構造の中に統合されなければならない。それらの相互適用性が業務政策や手順に織り込まれると実践は制度化され、報酬や認知システムを通して補強されるのである。

◉……ブレイクスルー戦略：プロセスレベル

ブラックベルトは、結果として保証問題、機能上の問題、高い労働コスト、サプライヤー品質、形・調節・機能上のエラーや欠陥になる低品質を認識するために働き、プロセスに着目する。ビジネスレベル、業務レベルと同様、ブラックベルトはどの方法が問題を修正するのかを発見し、それらの問題が再発生しないと保証するための方法を標準化する。その方法が確立してしまえば、それは組織内部で共有され、組織を越えても共有される。

ブレイクスルー戦略を適用するにあたってのブラックベルトの役割は

図表10 ◆ ブラックベルトの観点でのブレイクスルー戦略

ブラックベルト・アプリケーション・プロジェクト

		ブレイクスルー・クッキング・ブック	1	2	3	4	5	6	7
M (測定)	1	CTQ特性を選択する							
	2	パフォーマンス基準を特定する							
	3	測定システムの有効性を確認する							
A (分析)	4	製品能力を確定する							
	5	パフォーマンス目的を特定する							
	6	バラツキのもとを明確化する							
I (改善)	7	潜在的原因をふるいわける							
	8	変数の関係を発見する							
	9	作業公差を設定する							
C (管理)	10	測定システムの有効性を確認する							
	11	プロセス能力を決定する							
	12	プロセス管理を実行する							

備考：ほとんどのブラックベルト・プロジェクトがこのブレイクスルー戦略の全12ステップで完了する。しかしながら、使用するツールのタイプや、このマトリックス内のセルのアプリケーション順序は、プロジェクトによって異なることがある。

次のようなものである。

R 業務上の問題点につながる機能上の問題を認識する。
D 機能上の問題の原因となるプロセスを特定する。
M 業務を利用する各プロセス能力を測定する。
A 一般に行われているパターンや傾向を評価するためのデータを分析する。
I キー・プロセスによってつくられた製品やサービスの特性を改善する。
C 著しく影響を及ぼすプロセスの変数を管理する。
S ベスト・イン・クラスの成果を生み出す手法やプロセスを標準化する。
I 標準手法やプロセスを設計サイクルに統合する。

業務上の問題点につながる機能上の問題を認識する。例えば請求プロセスを実行している従業員が、ある顧客の請求サイクルにかかわる問題に遭遇したとする。さらにその部門はその請求書をスケジュールどおりに郵送していなかったとする。この問題には、さまざまな独立した、しかし関連する問題が含まれている。問題の1つは請求書の正確さにかかわっているかもしれない。そうだとすると、エラーのある請求書を訂正しなければならない。これはその部門にエラーを検出、分析するための追加の手続き時間が必要となることを意味し、このことがサイクル時間を増やし、請求書を常に遅れて送付するというネックを生み出すのである。

プロセス問題の本質を理解することは非常に重要である。プロセス問題は業務上の問題点に内部でつながっていて、それは、最終的に顧客満足、収益性、株主への価値といったビジネス問題にリンクするサポートシステムにつながる。

機能上の問題の原因となるプロセスを特定する。機能上の問題は基本的に3つのタイプに分類することができる。つまり(1)製品問題、(2)サービスに関連する問題、(3)業務上の処理に関する問題である。これらの3つ

の問題は製品、サービス、業務上の処理を創造するための1つ、あるいはそれ以上のプロセスにおいて発生している。

　すべてのプロセスは一連のステップ、あるいは活動によって構成されている。個別にはこれらのステップは成果を出すことはできない。ほとんどの場合、これらは本質的に繰り返すもので、労働力と材料は、製品やサービスを納めるための使用方法の効率と効果を最大限にするように設計されている。

　ところで、プロセスを比較することに自己満足している組織が多すぎる。しかも、プロセスそのものよりも成果に注目する傾向がある。あなたの組織はそのプロセスをどのくらいの頻度で「マッピング」しているだろうか？　どのくらいの頻度でこのようなプロセスを共通の業務問題にリンクさせて考えているだろうか？　決してマッピングされず、リンクされない危機的な状況のプロセスが多すぎる。プロセスを定期的にブレイクダウンすれば、チームが問題を修正することはできる。しかし、プロセスをマッピングしなければ、問題は認識すらされないままなのである。

　製品やサービスのプロセスをマッピングすることで、企業は「データ・フロー」図を作成することができる。それからこの情報が例えばどのように会計、材料取得、工程に影響するのかを見ることができる。「プロセスをマッピングする」という行動そのものが、まさに改善をもたらすのである。繰り返すが、我々は知らないものを知ることはできないのである。そして、調査して初めてそれがわかるのである。だから、効果的に行うためには、マッピングが必要なのである。

　業務上の力を利用する各プロセス能力を測定する。ほとんどの組織は各プロセスを測定することの重要性を認識していない。主なプロセスの能力を知らずに、目に見えない、舞台裏のサポート・システムを知ることなど到底できない。測定していかにうまくプロセスが機能しているのかを表すことができない企業は、そのプロセスを理解することなどできない。そのプロセス能力を本当に知らないのであれば、ビジネスの能力など知ることもできない。

プロセス能力はビジネスのあらゆる側面に影響する。低レベルのプロセスは品質問題を招く。品質問題はサイクル時間と在庫に影響を与える。これらの問題はモラールの低下につながり、それ自体がプロセスの能力に影響することになる。プロセス能力を理解するためには、プロセスの要素を分解し、最重要特性を明確化し、関連するプロセスを定義し、マッピングしなければならない。そしてプロセスの能力を理解し、リンクの弱いところを見つけて、プロセスの能力を上げなければならない。これらのステップをとることによってのみ、その成果の最高水準を上げることができるのである。

　製品やサービスがさまざまな要素にブレイクダウンされれば、CTQ特性は明らかになる。CTQとは自動車のトランスミッション部分の寸法（製造アプリケーション）であったり、車が洗車機を通過した後の汚れた窓（サービス・アプリケーション）であったり、点検表の特定の「箱」に関連する情報の正確さ（業務処理上のアプリケーション）であったりする。そして、これらの各々は品質にとって非常に重要である。

　CTQの測定は、最初にブラックベルトがつまずく可能性がある。彼らは外から見ればたやすく見えるプロジェクトに任命されるかもしれない。しかし測定器具の使用年数や、予算制限のために、必要なプロセスを測定したり評価するのが難しくなったりするかもしれないのである。だから、ブレイクスルー戦略でのM（測定）フェーズは、最初に予測していたものより時間も資源もかかることがあることを認識しておくことが重要である。

　我々のいいたいことは単純である。ブラックベルトが「良い」データを回収することができなければ、データが「決断プロセス」の役に立つかどうか疑わしくなる。というのも、データ、情報、プロセス・メトリクス、経営判断間の重要なつながりが壊れてしまうのである。

　第5章で説明したように、プロセス・メトリクスはプロセスの成果と能力を理解するうえで必要不可欠である。スループット・イールド、ロールド・スループット・イールド、ユニットごとの欠陥といったメトリクスはすべてプロセス能力を測ることなのである。

データを分析する。A（分析）のフェーズでは、データが変数因子間の関係や改善の方向性を決定するために収集される。Aフェーズでは、いかにうまくプロセスが現状で成果をあげているのかを決定し、品質においてバラツキの可能性のある根本原因を明確化する。分析されたデータは、プロセスの基本的な動きを表し、ある時間内、あるいはそれを越えていかにプロセスに能力があり、それが安定しているかを示すことができる。これらのパフォーマンス・メトリクスはまた、あらゆることが完璧に行われた場合に、プロセス能力の物理的限界がどこなのかを示す。もともとの能力があまりに貧弱な場合、ブラックベルトは時間と費用を十分に保証できる改善ができないので、プロジェクトを終了すべきである。しかしながら、そのメトリクスが改善の潜在的可能性を示すならば、プロジェクトは次のステージに進むこともできる。

キー特性を改善する。製品の改善はプロセスの改善を意味すると認識してしまうと、質問の中心は、「プロセスにおけるキー要因はどのように明確化して、定義し、さらに最大活用し、管理するのだろうか？」になる。製品やサービスのCTQ特性に着目し、このような特性の能力を、プロセスに最大の影響があるバラツキを「ふるい分ける」ことによって改善するのはブラックベルトの仕事である。

平均的なCTQ対応能力が増加すると、対応するプロセスの能力は増加する。言い換えると、プロセス能力とはCTQ対応能力の一機能である。CTQのどれを改善するにも、ブラックベルトは変数を独立させ、許容可能なバラツキ範囲を設定し、これらの範囲に影響を与える要因を管理するのである。

いかなるCTQ対応能力もこのような機械能力、材料能力、人的能力、経営能力の結果なのである。例えば、どの機械能力も単純にその機械的、電子的能力の総合である。個人の能力は、その知的、物理的、感情的、精神的な能力の表れなのである。このような見方をすれば、ビジネスは内部相互関係にいかに影響されているのか、さらによくわかるようになる。

シックスシグマ・ブレイクスルー戦略では、「統計的推論」というワ

ザだけではなく、高度な問題解決方法で特にブラックベルトを訓練する。CTQの改善には頭脳と経験以上のものが必要になる。それには、現実の世界での強みとなる「思考のツール」が要求される。この種の知識がブレイクスルー戦略と一緒になると、ブレイクスルーを個別にも集合的にも実施することができるのである。

　いかなるCTQ対応能力を改善するにも、それを理解し、そのパフォーマンス目標を定義することが重要である。このことは、ブラックベルトが、(1)測定におけるCTQの単位を決定する(インチ、ミリメートル、グラム、ポンド等)、(2)パフォーマンス基準を明確にし、評価する(規格限界あるいは「公差帯域」)、(3)パラメータを変更し、望ましいゴールに到達するために調整領域を設定しなければならない、ということを意味している。これらのステップは、ブラックベルトがCTQ対応能力を改善するうえで、実践的な問題を統計的な問題に変換するのに役立つ。これらを行うことで、ブラックベルトはプロセスとCTQを統計量に変えることができるのである。

　次に、ブラックベルトはCTQのパラメータに影響を与える可能性のあるプロセスのバラツキの潜在的原因を明確にする。その後、傾向とパターンを探りながら限られた時間内のCTQの平均と標準偏差値を研究し始めることができる。

　ブラックベルトは、実験計画法(DOE)などの統計的で「論理に基づいた」ツールを用いて、影響を与えると思っていた変数のオリジナル・リストを確認する、あるいは否定するために「変数調査」を行う。一般に実験計画法では、結果データを測定する数学的に規定された一連のテスト条件を通して選択された変数を掛け合う。このような統計的分析結果を用いて、ブラックベルトはある「可能性に基づいた」発表、つまり(1)CTQのパフォーマンスにどの変数が働いたか、(2)CTQのパラメータに望ましい変更を行うには変数をどの方向に処理すべきかに関する発表ができるのである。

　ブラックベルトは、プロセス変数や、それぞれの「バルブ」をどの方向にひねっていくべきかということを明確化してしまえば、これらの変

数の「公差」を設定することができるようになる。言い換えれば、彼らは新しい「業務仕様」を確立することができるようになる。

キー・プロセス変数を管理する。プロセスが改善されてしまえば、ブラックベルトはある時間内に業務上の制限内で、変数を管理する測定を行わなければならない。プロセスを管理するという考え方は、このプロセスのコンセプトと同様である。しかしながら、プロセス改善方法や、管理方法は、考え方とテクノロジーという観点で展開してきた。多くの組織は、統計的プロセス管理(SPC)として知られる監視システムを共通に使用している場合、現実は単にプロセスの結果を監視しているだけであっても、プロセスを管理していると思いこんでいる。統計的プロセス管理はもともと先行管理の力を利用するためにつくられたものである。しかしながら、不幸にも、ほとんどの組織は統計的プロセス監視と統計的プロセス管理を混同し、先行管理(事実の前)よりもむしろ後続管理(事実の後)になってしまっている。

ベスト・イン・クラスのパフォーマンスを生み出す手法やプロセスを標準化する。ブラックベルトは、ターゲットCTQの能力を改善した後、そしてプロジェクト・ゴールに到達した後、最高結果を生み出したこれらのシックスシグマ手法を展開し、標準化しなければならない。

ベスト・イン・クラスのパフォーマンスを標準化することは、多くの企業のゴールや目的にとって必要不可欠である。例えば、ある特定の仕事を成し遂げるためには異なる12通りの方法が効果的であるかもしれない。しかし、それがいつも効率的であるとは限らない。だから、仕事を成し遂げるための12通りの方法を測定し、特性を抽出することによって、潜在的に「高い能力」を持つものを「バイタル・フュー」として標準化するのである。

標準手法やプロセスを設計サイクルに統合する。エンジニアというのは、既存のデザインを新しく設計したり、あるいは展開したりするために新しいプロセスを創造する必要があると感じるものである。しかし、それはコストがかかるだけではなく、効率的ではないかもしれない。実際、プロセスに同様の変更をするよりも、設計そのものを変更する方がより

簡単で生産的であることが多いものである。DFSS（シックスシグマのための設計）のキーとなる原則の一つに、超一流になると証明された既存の構成物、プロセス、実践の再利用というのがある。

このようなことを理解すると、経営者にとって設計エンジニアをどのように評価し、報奨を与えるかに関して再評価することが重要になる。設計エンジニアは、製品の生産性よりも製品の性能で報奨を得ることが多い。例えば、シックスシグマ導入以前のモトローラでは、電子設計エンジニアの成果はいかにその製品がうまく機能するかに基づいていた。その設計が「優秀」で原理の証明の評価が良ければ、エンジニアはヒーローだった。だから製品製造において問題があれば、技術部長ではなく、製造部長が責められたのだった。シックスシグマ導入に伴い、モトローラの経営者は、どのエンジニアも「ヒーロー」となるためには、設計が「優秀」であるだけでなく、超一流の成果がなければならず、製造コストと製造サイクル時間が最小限で「製造できる」ものでなければならないと理解し始めた。これは、ハードルの高い注文のように思えるが、正しいリーダーシップが発揮されることで可能となる。

このゴールと目的を達成しようとする組織にとって、超一流のプロセスの成果を標準化することは必要不可欠である。なぜならば、これによって収益性を増加させるだけでなく、全体効率を高められるのである。

●……まとめ

シックスシグマを制度化するカギとは、ブレイクスルー戦略を実行し、展開するために組織のビジネス、業務、プロセスのレベルに適切な人物を配置するということである。組織を編成し、解体してシックスシグマを組み立てなければ、その創造性はそれ自体を維持するために必要な速度やメリットを得ることはないだろう。

組織の各レベルでブレイクスルー戦略を実行する企業は、ブラックベルトをプロセスを改善する立役者と見なし、彼らの努力が業務レベルに反映され、そこで事業部長は直行率の改善を目にする。そして労務費や

材料費を削減できるようになる。業務レベルにおける品質コストを改善すると、それはビジネスレベルに反映され、そこでは業務コストの改善や全体の収益性向上を目にすることができるのである。

　シックスシグマ・ブレイクスルー戦略は根本的に日々のあらゆるビジネスを変えてしまう。シックスシグマが組織を越えて実行されるにつれて、ビジネスレベルにいる人間と、業務やプロセスのレベルにいる人間とが新しい方法でコミュニケーションをとるようになる。シックスシグマは企業に一歩下がって全体的に眺める方法を与え、多くの小規模ビジネスを収集した結果が、毎日ビジネスを行うハイレベルのプロセスにどのように影響を与えるのかを見せることになる。どの種類の測定とメトリクスがプロセスを改善するために必要なのかを学ぶにつれて、新しい洞察を得られるようになり、新しい実践を展開できるようになる。結局、これらの「学んだこと」を標準化することができ、続いて経営陣の考え方や組織の知的資本の中に統合することができるのだ。

第 8 章

バイタル・フュー（最重要課題）は何か？

●……突発的な問題 vs. 継続的な問題

　製造プロセス、管理プロセスの途中で発生する欠陥は、ある能力レベルで維持されるはずのプロセス内の突発的あるいは継続的な突然変異の中で起こったものである。ほとんどのプロセスは予想した範囲内で機能するが、時として製品の製造あるいは管理が、通常の状態から外れて、欠陥リストの中に示されることがある。ある時点で欠陥率が２％だったプロセスが、ある瞬間突然５％に跳ね上がるのは、突発的な問題と考えられ、企業内のさまざまな警報システムを間違いなく混乱させる。管理職たちはその事件に注目し、製品やサービスが通常の欠陥率２％に戻るまで、問題解決のためのチームを結成する。しかし、突発的な問題をうまく解決しても、それが企業の平均欠陥率を下げ、σレベルを上げる役には立たない。ほとんどの企業は突発的な問題にうまく対応しているものの、その注目を逃れ、利益を蝕むのは、実は継続的で慢性的な「隠れた」問題なのである。特にブレイクスルー戦略は、継続的な問題に取り組むために設計されている。

　例を挙げてみよう。全体的な欠陥率と比較した場合に、欠陥率が相対的に低いために隠れている継続的な問題を考えてみる。エンジンのシリンダー・ブロックをアルミニウムで製造している自動車工場がある。鋼鉄よりもアルミニウムを使用することで、企業は製造コストを下げることができ、車体の総重量を減らし、燃費を向上させることができる。しかし残念ながら、アルミニウムのブロックは鋼鉄のブロックほどストレスに耐えられないことがわかった。表面の加工部分が常に汚れていることが原因で、工場の技術者が知らないうちにごく小さいヒビがアルミニウムに発生していた。運転手が一定時間車を動かし、それが隠れたヒビを悪化させてしまうと、温度と圧力によるダメージのために、部品が壊れるか、早々に摩耗してしまう。このようにして損傷したエンジンは修理のためにディーラーに戻され、会社はその修理を保証し、著しく利益を失うことになる。しかし、この会社の技術者は自分の頭を掻きながら、

問題がエンジン設計にあるのか、材料にあるのか、エンジンを組み立てるために開発したプロセスにあるのかさえ判断できない。特に、このような問題に関連している欠陥率が全体の欠陥率よりかなり低い場合、多くの会社はある程度の数の欠陥は我慢するしかないと思っている。この意味でも、欠陥は「隠れた」ことになる。製品あるいはプロセスを再設計するよりも、彼らは欠陥製品が散発的に発生した時点で必死にそれを修理するのである。シックスシグマは、全体的欠陥レベルを下げる努力をし、実質的に隠れている問題発生システムを統一した方法で分析、修正する手助けをする。

　ほとんどの欠陥は本質的に継続的なものだ。これらは執拗で、潜伏しているため、それを明確にして修正するのは難しい。それらは、アラームもホイッスルも鳴らさない。結果としてビジネス上のコストとして片付けられることも多い。競合もおそらく同じような損失に苦しんでいるとわかっているので、材料費や労務費をカバーするために製品の価格を上げて埋め合わせをする。しかしGE、アライドシグナル、ポラロイド、ボンバルディアは、ブレイクスルー戦略で継続的な問題に取り組むことで何十億ドルも削減した。これらの企業が発見したものは、継続的な問題には年間売上げの30～40％も費用がかかり、長期的な成長に悪影響を与えているということである。ブレイクスルー戦略を継続的な問題に適用することで、彼らは売上げを増やさなくとも年間コストを少なくとも6％も減らすことができた。

　継続的な欠陥とは、通常、隠れた設計上の欠陥、不適切な公差、不適切なツールのメンテナンス、サプライヤーの低品質、従業員の訓練不足、不十分な検査フィードバック等によって発生する。さらに、継続的な問題は、市場では正常に機能している製品やサービスにも存在しうる。そのため、経営陣はその製品を再設計するために時間と資源を引き当てるのを拒んでしまう。時としてこのような欠陥の本当のコストを認識せず、プロセスを修正して再設計するのは非経済的だと思いこみ、それによってもっと収益性を伸ばす可能性のある製品を見殺しにしてしまう。経営陣は隠れた継続的な問題が存在することに気づいていないことさえある。

企業によっては、材料、プロセス、製品を単純に企業の規格内にとどめ、不良率、顧客苦情、保証返還、そして他の社外的パフォーマンスを前もって設定したレベルに保つことで、このような継続的な問題を隠しておけると信じているところもある。検査、試験、スクラップ、修正作業のコストに関する状況を維持することで、自分ができる限りのことをしていると思ってしまうのである。継続的な問題は、長引く癌のようなものだ。そのままにしておくと知らぬ間に広がり、健全な会社であっても、ダメージを受けてしまう。

◉……トリビアル・メニーとバイタル・フュー

多種多様な問題が必ずしも同じような悪影響を及ぼすわけではない。しかし、企業収益と顧客利益を同時に生み出すプロセスに注目するのは重要なことである。品質を向上させ、欠陥レベルを削減したいと考えている企業は、「避けることのできる」コストを出してしまう慢性的なプロセスを明確にするために、その傾向を分析しなければならない。18世紀のイタリアのエコノミスト、V・パレートは、ヨーロッパの富の分布を研究していて、80％の富は人口の20％から生み出されていることを発見した。彼は同じ80/20原則が他のことにも当てはまると考えた。例えば、企業では20％の従業員が総収入の80％を創出する傾向がある、あるいは顧客の20％がその利益の80％をもたらしているなどである。今日パレートの法則は、全体の80％の欠陥が、考えうる原因のうちの20％だけで引き起こされると教えてくれる。こうしたタイプの欠陥要因は、「バイタル・フュー（Vital Few：特に重要な要因）」と呼ばれ、それ以外の要因は「トリビアル・メニー（Trivial Many：雑魚）」と呼ばれる。こういわれれば、確かに突発的な問題はパレート分布になると理解できる。しかし、最大の頭痛のタネは、バイタル・フューとなる継続的な問題なのである。企業は最大のコストを発生させる「バイタル・フュー」因子を正確に指摘できるようになる必要がある。しかも「トリビアル・メニー」から切り離したうえで、ブレイクスルー戦略によってどのプロセスが最大の節

約に貢献するのかを判断しなければならない。「バイタル・フュー」に着目し、これらをより少ない労力で取り除くことで最大の結果を生み出すのだ。

◉……長期的能力 vs. 短期的能力

シックスシグマ・アプローチの長所の一つとして、ある一定期間にプロセスが多様化するという事実を理解でき、またその事実の説明ができることが挙げられる。

例えば、顧客の電話照会への対応時間というCTQ特性について説明する場合、その照会に対応するための最大許容時間が、USL(Upper Specification Limit:上方規格限界)になる。CTQによっては、最小限の対応時間、つまりLSL(Lower Specification Limit:下方規格限界)もあるかもしれない。電話照会の場合、「事実をストレートに」伝えるための適切な調査時間が得られるように、LSLが設定されることもあるかもしれない。さらに、通常はターゲット時間(T)、つまりUSLとLSLの中央に設定される値がある。USLとLSLは許容範囲としての「帯域幅」を設定するのである。

バラツキの性質から、さまざまな電話の対応にかかる時間の分布は、設定された帯域幅内になると予測するかもしれない。しかし、実際のプロセスの分布(プロセス帯域幅)とUSLとLSLで挟まれた範囲(設計帯域幅)を比較することによって、プロセス能力を量的に比べることができる。プロセス帯域幅が設計帯域幅より狭まると、プロセス能力は向上する。

ある一定期間では、プロセスが正規分布的に振れるために、プロセス帯域幅は広がる。言い換えると、長期間ではプロセスの中央値(平均値)は目標値どおりになる。しかし短期間では、プロセスの平均値はさまざまな理由で目標値を外れてしまう。プロセスの平均値のシフトによる影響で、プロセス帯域幅は広がってしまう。こうなると、欠陥を発見する可能性が飛躍的に増える。要するに、プロセスの正規分布的シフトとはプロセス能力が低下していることであり、欠陥の可能性が増加している

ことを意味する。その結果、直行率は落ち、コストは上がるのである。

「典型的な」プロセスにおいて、ある時間と時間の間の平均的な正規分布的シフトは、約1.5σになる。通常のプロセスが長い目で見ると、その設計ターゲット値(T)から約1.5σ振れる傾向があるということだ。このシフトの1.5σの意味は、典型的なプロセスのσレベル、つまり4σで割ると、0.375になるということである。言い換えれば、ある一定時間では正規分布的シフトのために本来の短期的能力の38%が「損失」してしまうのである。これは短期的能力が4.0σのプロセスは、長期間そのプロセスが繰り返されると約2.5σで行われることを意味する。何年にもわたってこの主題に関して理論的、経験的に調査したことで、これは真実だと証明されている。どうしてもこの程度のシフトは避けられないため、このことをプロセスサイクル、製品、あるいはサービスの設計の際に考慮しておかなくてはならない。だから、企業が自分たちのプロセスは6σだと主張しても、実際彼らが述べているのはプロセスの短期的能力が6σであるということであって、正規分布的シフトのためにプロセスの長期的能力は4.5σなのである。

このシフト現象に対処するために、いかなる設計でもCTQ特性の標準偏差の分布表において、少なくとも1.5σのシフトではパフォーマンスや直行率で実質上変化が起きないよう「ロバスト」と呼ぶ状態にしなければならない。これを達成するための手法がDFSS(Design for Six Sigma:シックスシグマのための設計)に組み入れられている。

シックスシグマ・ブレイクスルー戦略では、「シフト」の重要性を認識させ、プロセス能力を評価する際にこれを考慮に入れられるようになっている。

プロセスの知られざる分布を正確に表現するためには、プロセス全体のバラツキを短期的構成要素と長期的構成要素とに細分化しなければならない。短期的σレベルとはトリビアル・メニーのためのメトリクスで、長期的σレベルとはバイタル・フューとトリビアル・メニーの両方の効果を測定する。さらに我々はデータの連続性と不連続性にまで言及する。

◉……シフトの要因を理解する

　車1台分の車庫を建てるために建築士を雇った場合を想像してみよう。設計が進むにつれて、その建築士は車庫の間口を決定しなくてはならなくなる。さまざまな車の幅（キャデラックやリンカーン・コンチネンタルはスポーツカーよりも余裕が必要だろう）を考えて、建築士は車庫の構造上の強度を保ちながら、どの大きさの車も収納できる十分な間口を設計する必要がある。考えられるアプローチの一つとしては、あらゆる自動車とトラックの車幅を測定し、平均値をとるというのがある。あるいは、製造されている車の中で最も幅の広いものだけを考えて、それが収納できる車庫を建てることも考えられる。

　さて、車庫の中心線を扉から後ろの壁まで引いてみよう。自分がいつも車を停めるときの車の中心線と全く同じにその中心線を描くことができれば、その車庫に出入りするのに常にスペースが十分あることになる（運転者が車を適当な位置に停められるよう車庫の天井からテニスボールがぶら下がっているのを見たことがあると思う）。しかし、いかにその設計者が気を使って正確な幅で車庫の扉を設計しても、その経験と専門知識にもかかわらず、16歳の少年が車の位置を気にせず勢いよく車庫に入ったり、夜遅くに運転者が飲みすぎた状態で停めるといった要因まで管理することはできない。設計者にわかっているのは、運転者がめったに車庫の中心に正確に駐車することはないということだけである。だから、その設計には作業者（車の運転者）のエラーを考慮に入れ、幅に十分なゆとりをとり、車体も車庫の壁もどちらも傷つけることのないようにしなければならない。設計者が本質的にしていることとは、車を車庫に出し入れする際に中心がシフトしてもいいようにすることである。

　要するに、上記の例では、プロセスの（正規分布に対する）位置合わせの結果を補正できることが重要なのだと説明しているのである。正規分布を両側で1.5σ分スライドさせることによって、多くの製造サイクルのあらゆるプロセス——車庫と車の例の場合では、車を車庫に何度も入

れる――で起こることを考慮した調整ができる。単純にいえば、シフトに対応するということは、「誤差」あるいはある期間に発生する予測していなかったエラーあるいは変動を許容する方法なのである。

シフト分として1.5σを使用することは、製造プロセスや設計の品質改善にとって強力な利点となるばかりでなく、管理プロセスでも同様である。これによってバラツキに対して、影響を受けにくい「ロバスト」な製品やサービスを設計できるようになる。次の表は、不良数やDPMOの点でシフトが何を意味しているのかを表している。

第１章のカーペットの例では、σレベルと品質の違いを説明した。この例を利用して、さらに「平均のシフト」が何を意味するのか、これがどうDPMOに関係するのかを説明することができる。カーペットをクリーニングしている人間が、一睡もせずに疲れた様子で現れたとする。その結果、掃除機をまっすぐに押せずフロアを蛇行するようにクリーニングしてしまった。これによって、カーペットがどの程度クリーニングされなかったと思うだろうか？　休養十分であれば通常3σレベルでク

図表11◆平均におけるシグマ（σ）品質レベルのシフトの有無

シグマ（σ）レベル	DPMO*	
	シフトなし	シフトあり
1	317,400	697,700
2	45,400	308,537
3	2,700	66,807
4	63	6,210
5	0.57	233
6	0.002	3.4

プロセスの正規分布的シフトに関連している振れを考慮して、分布の平均を1.5σずらす。この調整によって、プロセスサイクルを繰り返した場合にその能力がどうなるのかについて、より現実的に考えられる。
*Defects per Million Opportunities

リーニングできるとすると、その仕事が完了した時点で100平方フィート（リクライニングチェアのスペースではなく、寝室程度の大きさ）が汚れていると予測するだろう。これがよく休んだ状態で通常6σの働きをする人間を雇ったとすれば、そのとき全く疲れた状態であっても、針の穴まではいかないものの、椅子の下くらいのスペース分だけが汚れていると予測できる。つまり6σのプロセス能力であれば、睡眠不足のために「プロセス」が多少蛇行しても、クリーニングの結果は非常によくなるのである。

◉……どのようにバラツキは発生するのか？

バラツキの原因には主に3つある。第1に、設計公差が不適切な場合。我々はどのように公差を設定するのか、バラツキを容認できる製品やプロセスを設計する場合、どの程度が許容範囲なのか未だ学んでいる状態である。第2のバラツキの原因は、ベンダーやサプライヤーから供給される部品や材料が不適切なことである。第3には、不十分なプロセス能力、あるいはプロセス自体が顧客の要求するCTQ特性の規格限界に合わないことである。

シックスシグマのゴールは、これら3つのバラツキ原因が重なる領域に対処することである。

◉……規格限界

規格限界は、顧客ニーズと文字どおり欠陥に対する「ゴールポスト」を表す。プロセスがある特定の範囲内で機能しない場合、欠陥がよく起こる。規格限界は技術者によって決定され、製品をつくり出している従業員は、このパラメータ内に確実に収まるように作業している。製品（あるいはプロセスのアウトプット）がLSL(Lower Specification Limit：下方規格限界)未満、あるいはUSL(Upper Specification Limit：上方規格限界)より上にある場合、欠陥が発生する。しかしながら、「欠陥」が発生しただ

けで、製品が必ずしも不良品であるとは限らない。逆に、欠陥が見られないからといって、製品が必ず機能するとは限らない。規格自体が間違っている、あるいは不適切な場合もありうる。

　ここで、仕事での規格限界あるいは能力限界の例を挙げてみよう。ブラックベルトは顧客情報パッケージを出荷するのにかかる時間を減らすように要求されている。顧客ベンチマーキングやインタビューを通じてブラックベルトは、ジャーナリストや証券アナリストが名門企業の社長スピーチ、ニュース・リリース、財務報告書のコンピュータで読み取ることのできる写しを欲しがっていることを知っている。インターネットでアクセスするには必要量が多すぎるため、求められた資料の写しを郵送する必要があった。

　ブラックベルトが現状プロセスのベンチマーキング、σ値の評価をする前にやらなければならないのは、欠陥の概念と情報請求を関連づけることである。ブラックベルトはこのプロセスが潜在的な顧客の情報請求で始まり、その情報を顧客の手にできるだけ早く届けることがゴールだとわかっている。届けるまでに48時間以上かけられない場合、その48時間がUSL（上方規格限界）になる。（このプロセスにはサイクル時間を含むのでLSLはない。）この情報が48時間以内に届かなければ、納入時間に対して欠陥が発生したことになる。

　注文した人たちにこの情報を早く届けたいと思う一方で、コストの効

図表12◆新しいプロセスを定義する

製品コンセプト	早いサービスのコンセプト	早いプロセスのコンセプト
最近6か月間のキー・アイテムのCD－ROM	無料電話で請求	留守番電話で請求
封筒郵送	速達で回答	ディスクをつくり、メールリストをつくる
標準の伝達方法	請求者には無料	詰め合わせ、梱包、出荷
	企業にも低価格	顧客が製品をインストール
	過去6か月間の正式リリース分が入手可能	
	週ごとにアップデート	

率も考慮しながら、ブラックベルト・チームはプロセスを定義した。

　顧客のCTQを特定した後、チームは顧客にとっての重要度に従って4つのマトリックスを展開させた。そのマトリックスとは、(1)製品やサービスの貢献度、(2)製品やサービスの構成要素の形態、(3)プロセスの貢献度、(4)プロセス管理である。図表13に見られるように、各マトリックスの分析に顧客のCTQ特性が現れる。

　プロセス管理が実施されれば、顧客担当部長は顧客に回答しやすくなる。最終的には、さらに完全で正確な注文、顧客知識と満足の増加、生産性の改善、顧客の期待に沿ったより効果的で収益性の高い方法をもたらすのである。

図表13◆品質機能展開

CTQ	製品やサービスの貢献度	製品やサービスの構成要素の形態	プロセスの貢献度	プロセス管理
早い	一晩	24時間電話サービス	すぐに電話に応対	8秒内に電話応対
使用しやすい	軽い	封筒に入る	宅配便の期限に間に合う	翌日5時までに届く
コスト効果	直観的	説明の必要なし	収集、梱包、出荷が35セント未満	20セント未満で集まる
快適性	安い 入手可能 小さい	ポケットに入る	あらゆる情報がディスクに入っている	受け取って5秒以内に使用可能

◉……5σの壁を越える

　シックスシグマでは、プロセスのバラツキが製品の品質をどのように決定しているのかを見るのは簡単である。この結果、最適の関係は直接最小限のバラツキで製品を開発するという設計コンセプトがあるかどう

かの組織の能力にたどりつく。シックスシグマを採用した組織は、品質レベルをおよそ5σに到達させてしまうと、5σの壁を越える唯一の方法が、DFSS（Design for Six Sigma：シックスシグマのための設計）を使用して彼らの製品やサービスを再設計することしかないと学ぶのである。DFSSは製品やサービスを設計するための厳密なアプローチである。そして顧客の期待に確実に沿うように初期の段階からプロセスを設計するためのものでもある。

　DFSSの第一の目的は単純である。その設計は、(1)資源効率、(2)複雑さや量にかかわらない高い直行率、(3)プロセスのバラツキに対して影響を受けにくい「ロバスト」、を意図している。これは直観的に思えるが、つかまえどころがないことが多い。DFSSはシックスシグマの原理と(統計的、非統計的)手法のシステムであり、製品、プロセス、サービスの設計者にとって以下のことが可能となる。

①業務、部品、構成要素を、すでに最適化され、標準化されたプロセスに組み入れる。例えば、新規サービスのプロセスが、現在すでに高σレベルで実績のある伝達システムに統合する。このことは、全CTQに超一流の能力を確実に反映させ、ロールド・スループット・イールドに対してよい影響を与える。例えば、プロセスが20段階で成り立っており、すべての段階が3σの能力である場合、ロールド・スループット・イールドは25％になると推定される。しかしDFSSの実践によって段階ごとの平均能力を3.5σに改善できるのであれば、ロールド・スループット・イールドは63％になる。各段階を0.5σ改善させることで、直行率は倍以上に向上する。

②システム・パフォーマンスの複雑さを最小限にし、その影響を最小限にする。繰り返すが、プロセスが20段階で、各段階が3σの能力である場合、ロールド・スループット・イールドは25％であると推定できる。しかし、プロセスの複雑さを15段階まで減らせるならば、ロールド・スループット・イールドは35％に増加する。簡単にいえば、プロセスを25％削減することによって、直行率は30％改善できる。

図表14a◆各プロセス段階の能力分布

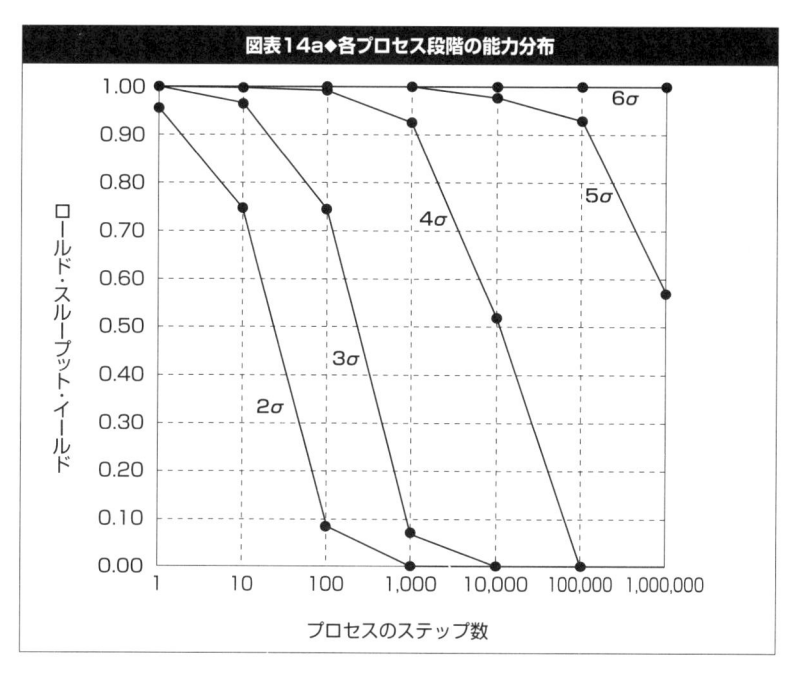

図表14b◆各プロセス段階の能力を1.5σシフトさせた

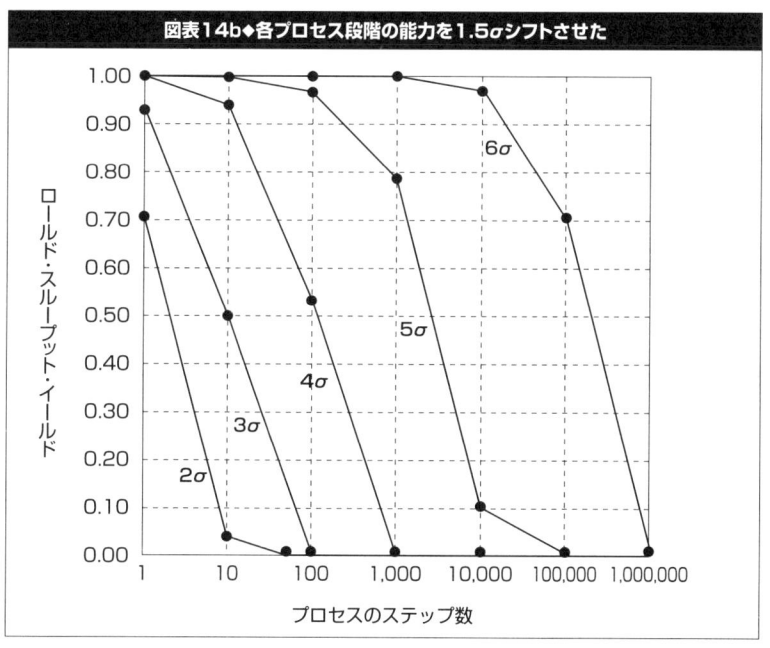

第8章 ❖ バイタル・フュー《最重要課題》は何か？

上記の原理を同時に実践する場合、結果は劇的なものになる。図表14aは、プロセス能力とロールド・スループット・イールドの関係を表している。図表14bでは、同じデータに対して、プロセスの長期的バラツキを考慮に入れて、プロセス能力が各段階で1.5σずつ落ちると推定している。この２つのグラフから、1000段階ある4σのプロセスは短期的には効果的であるが(図表14a参照)、長期的(図表14b参照)には、ロールド・スループット・イールドはほとんどゼロである。しかし6σのプロセスは、1000段階あっても短期でも長期でもロールド・スループット・イールドは高く、プロセスの正規分布的シフトに対してロバストで、ほとんど管理の必要がないことを示している。複雑さが増した場合でも回復力が高い。組織がシックスシグマを導入すれば、DFSSと、その重要性について学ぶことになるのである。

製品やサービスのプロセス設計に対する伝統的なアプローチでは、一般的にいくつかの職務部門が手を取り合って協力する必要があった。また、プロセス開発期間を延長し、プロセスの各段階における欠陥の可能性を増加させる傾向があった。グループ間のコミュニケーションは、技術と工程の連続性という性質のために全社的にはほとんど影響しない。修正作業を行っても、それが標準的な状態と容認されてしまう。社内に常駐する「消防士」がその日のヒーローとして登場する。この際、短期的調整ですばやく解決しなければならない。そして根本的原因は、難しすぎて明確にできないか、この時点で費用がかかりすぎるため、遂行されずに終わってしまう。

DFSSは、並行して行うプロセス設計で、すべてクロス・ファンクショナル・チーム(職務を越えて活動するチーム)で行われる。職務グループ内で課題を行うのと、クロス・ファンクショナル・チームのメンバーとして行うのとでは、心理的に大きな違いがある。関連性のある全知識、情報、データによってチームは、判断力をもとにする伝統的な決定ではなく、「データをベースにした」決定ができるようになる。製品・サー

ビスの設計と業務処理のプロセスを同時に開発するのである。つまり、製品やプロセスをお互いに最適の関係で開発することで設計変更することもなく、製造サイクル時間の削減、製品品質と信頼性の向上、総コストの削減が可能なのである。

長期的プロセスがシフトするという知識は、CTQを基本とするシックスシグマ品質の公差設計を満たすための適正プロセス選択には、非常に重要である。

すでに指摘したように、製品やプロセスの複雑さは直行率やDPMOに影響する。プロセスや製品が複雑であればあるほど、欠陥の機会数は大きくなる。「製造性」とは、製品のシンプルさをその基本理念とする。これまでも、プロセス段階、部品数、ネジ数、特別な工具、教育、フォーマット等を追求するためにDFSS方法論を使用して厳密に行われてきた。DFSSによって、できる限りシンプルでコスト効果を維持した方法で新製品、新サービス、サポートプロセスを設計できるようになるのである。

◉……製品にDFSSを利用する

あるマスター・ブラックベルトは、「DFSSを展開し、採用することが、なぜそれほどまでに重要なのか？」と尋ねられた。そして、その質問に対して図表15を用いて説明した。

「設計は、一般的に製品の実際コストでは最小の要素であるが、コストへの影響力は最大である」とマスター・ブラックベルトは返答した。「もし、バイタル・フュー要因の上位項目を明確にしなければならないとしたら、DFSSがそれだ」。さらにマスター・ブラックベルトは続ける。「DFSSを使用すると、このグラフからわかるように、設計改善によるコストに対する直接的影響はますます大きくなる。例えば、設計をシンプルにすることで30％削減できれば、総コストは21％の削減になる。しかし、同じ30％の削減を労務費あるいは間接費に単独で適用しても、単なる1.5％の削減にしかならない」。

プロセスの品質を改善することでそのコストを削減し、顧客満足を増加する一方で、DFSSはある部分のプロセスを一度に取り除いてしまうか、少なくともそれをシンプルにする潜在能力を持っている。この簡素化とは、間接費の削減の結果、材料費と労務費の削減になることが多い。

次のケース・スタディでは、DFSSを含むブレイクスルー戦略が、GEのメディカル・システム部門で、どのように適用されたのかを説明する。

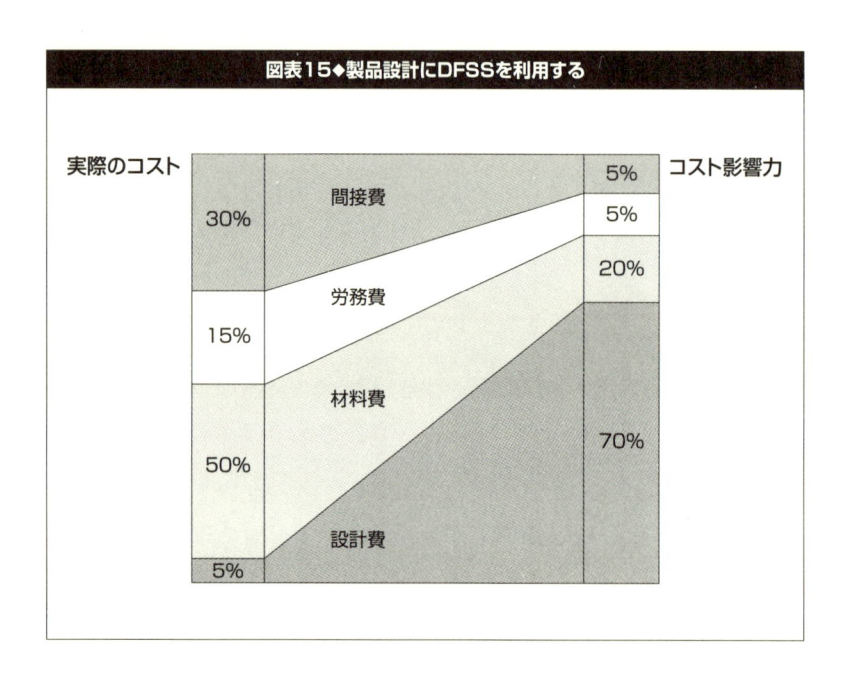

図表15◆製品設計にDFSSを利用する

実際のコスト		コスト影響力
間接費 30%		5%
労務費 15%		5%
		20%
材料費 50%		70%
設計費 5%		

ケース・スタディ

製品設計のパラダイムシフト
――GE CTスキャナ開発物語

多くの企業がシックスシグマの重要性を説く。しかし、そこにたどりつく手段を持っていない。ブレイクスルー戦略は、シックスシグマに到達するための手段なのである。

おそらくGEほど徹底的にシックスシグマをその業務に統合させてしまった企業はないだろう。GEの1997年度アニュアル・レポートによると、「品質、スピード、効率を向上させながら、顧客の生産性を改善し、彼らの支出を削減する」プロジェクトを実行するためにシックスシグマを使用している。すでに述べたように、最初の24か月間でシックスシグマはGE内の数多くの部門の生産性に劇的な変化をもたらした。この章では、ブレイクスルー戦略が主要製品を改善するためにどう適用されたのかをより良く理解するために、GEのメディカル・システム部門(GEMS)での難問解決に使用されたブレイクスルー戦略を紹介したい。

　GEMSの主力製品は、高速CTスキャナである。これは高額の装置で、約120万ドルするが、例えば脳、肺、肝臓といった柔組織のX線断面像をコンピュータによって描くことができる。放射線を患者の身体に当て、柔組織の吸収するエネルギー量の違いを読み取るのである。さまざまな組織や臓器によって放射線の透過率が異なるため、ターゲット部分を透過した放射線によって柔組織の構造に関する信頼できる画像を作成することができる。ハイレベルな医療技術提供が病院収入の主な要素であった時代に、CTスキャナは必要であっても、病院や医療施設にとって負担の大きい投資である。医療施設がCTスキャナに代表される大きな投資を少額ずつ償却するためには、その機械を非常に高い頻度で使用し、メンテナンスや操作コストを最小限に抑えなければならなかった。そして病院は、その欠陥によって診断が中断することによる莫大な損失に苦しんでいた。

　1995年当時、GEMSはすでにマーケットリーダーであったが、スキャナのスピード、信頼性、撮像数を増やすために全面的に改良することを決定した。GEの新しいCTスキャナは、その操作スピードにちなんでLightSpeedと命名された。これが設計開始から終了までシックスシグマの方法論を使用した、GEで最初のプロジェクトだった。

GEMSはそのスキャナを市場に投入したものの、競合数社もさらに先端を行く、性能の高いCTスキャナを開発中であることがわかっていた。そこでFDA（米国食品医薬品局）の認可を得て、一層速いスキャナを開発することで競合から一歩抜きんでようと考えた。その製品を、医療関係者の集まる医療器具メーカーの大規模な展示会——1998年12月に開催されるRSNA（Radiology Society of North America：北米放射線学会）に間に合うよう、市場に出そうと考えた。

　この非侵襲性（器具などを生体内に挿入しない）の診断プロセスによってつくられる画像は、身体のあらゆる断面を撮影するために、短時間撮像が不可欠である（患者にとっても、X線で撮られている間トンネルのような閉所の中央部に完全に静止した状態でいなければならないので、速い方がよい）。

　彼らの顧客にとって最も望ましいCTQ特性を抽出した後、GEMSは、CTQを決定する社内業務プロセスを明確化するためにシックスシグマを利用した。そして、製品の品質をシックスシグマによって明確にし、顧客を満足させるはずの基準に持っていくためにある特定のプロセスにブレイクスルー戦略を適用した。キャロル・デューチェは『ニューヨーク・タイムズ』紙のスキャナに関する記事の中でこう述べている。「シックスシグマによって、GEメディカルは医師が認める妥協案を先読みすることができた」。

　1995年にプロジェクトが開始された当時、16億ドルというスキャナの世界市場の30％を支配していたGEは、200人余りの技術者がスキャナに取り組んでいることを明らかにした。その技術者たちは3つのグループに分けられ、『ニューヨーク・タイムズ』紙によると、「シックスシグマの分析を250回行うために、約3年間、約5000万ドル費やした」のである。1チームが測定器のキャリブレーション（目盛合わせ）や、スキャナを製造するために使用した測定装置の信頼性を検査している間、もう1チームはどの要因がスキャナの寿命に影響するのか追究し、そしてさらにもう1チームは画像の品質やスピードに影響する要因を分析した。ブレイクスルー戦略でのM（測定）フェーズでは、プロセスと材料の関係を

より理解するために部品ツリーを作成し、バラツキを明確にできるようにした。GEMSはプロセスマップを作成し、パフォーマンスのバラツキを測定した。最終的に、チームはスキャナのパフォーマンスを確定したのである。

◉……ゾウを測定する

　手探りでゾウを測定した話を知っている人は、GEMSがシックスシグマ以前の、旧式でランダムで、行き当たりばったりな方法によるアプローチで取り組んでいたならば、どんなに不幸な目にあったか想像できると思う。もしそうであったならば、その結果としての事実は歪曲されていたかもしれない。ある人にとって、ゾウは「まさに壁のよう」であっても、他の人はゾウの鼻を握り、ヘビのようなものだと思ってしまうかもしれない。あるいはGEMSはゾウの足をつかんでいたかもしれない。それでは、決してゾウの全体像はわからなかっただろう。

　そのスキャナを1998年に市場に投入する準備を整えるために、GEMSはのっぴきならない状況に陥った。ところがシックスシグマのA(分析)フェーズで、見込みがほとんどないにもかかわらず、かなり良いアイディアが浮かんだ。彼らが努力して追求しようとしていたパフォーマンスのバラツキには、後にGEMSのCTビジネスのゼネラル・マネジャーであったビベック・ポールが技術の「飛躍的改善」と表現したものが必要だった。

　GEMSはプロジェクト開始当初からマーケットリーダーだったので、彼らの製品はすでに超一流であった。しかし、新しいスキャナのために設定しようと思っていたベンチマーキングは、次世代の超一流スキャナのためだった。

　GEのいちかばちかの時間競争は、困難をともなっていた。『ニューヨーク・タイムズ』紙がレポートしているように、LightSpeedにとっての最も重要な構成部品は、X線を照射するためのチューブ(X線発生器)とディテクター(X線検出器)で、放射線を患者に照射した後、その情報

を画像に変換するのである。これらの構成部品はブレイクスルー戦略が対象にすべきものとして明確化された。

現在市場にあるGEMSのスキャナに使用されているチューブを交換するには5万9000ドルかかる。そのため現行のチューブよりもずっと長寿命の(少なくとも1日12時間で6か月使える)ものを要望している、というのが顧客のCTQであった。当時のチューブの動作寿命はその半分だった。さらに、GEMSは「出荷前検査において不良になるため毎年約2000万本のチューブを廃棄していた」。そして、このような出荷前検査をしても、かなりの数のスキャナが病院に着いた時点で、GE用語を用いるならば「DOA(Dead on Arrival:納品時不良)」であった。だから、低コストで、より信頼性の高いスキャナを製造するためのもう1つの要素は、製造のバラツキを改善することであった。

シックスシグマ方法論では、チューブの部分変更あるいは再設計を要求する。チューブの動作寿命延長に取り組んでいるチームは、チューブだけを切り離して考えている。どのような部品でチューブが製造されているかという分析を(プロセスのあらゆる段階を考慮して)行うと、継続的で重要な欠陥を警戒するようになる。X線を放射するあらゆるCRT(Cathode Ray Tube:陽電極管)と同様、ショートを避けるためプラスに電荷された陽極とマイナスに電荷された陰極の電極板を、オイルに浸しておく必要がある。

シックスシグマ・ツールと方法論を使用することで、チームはある理由でこのオイルが分解していたことを発見した。その結果、チューブの寿命が極端に短くなっていたのだ。これは、サプライヤーの問題だったのだろうか？ あるいは、オイルの分解原因になる何か設計上の欠陥があったのだろうか？ チューブを製造している間にオイルを汚す環境的な要因があったのだろうか？

ついにこのチームは、チューブの内部に塗られた鉛ベースのコーティング剤がオイルを汚す要因であったと確認した。そのコーティング剤が化学反応を引き起こしてオイルを分解し、それが絶縁不良を発生させていた。コーティング剤を変更することで、その欠陥はなくなった。

CTスキャナは、電子を金属板に衝突させることで発生するX線を使って画像をつくる。チューブが有効に機能するには、真空中で機能させなければならない。というのも、空気のわずかな分子でさえ画像を妨害してしまうからである。チューブ内部を真空に保てないと周囲の空気が侵入し、チューブを破壊してしまう。シックスシグマ・ブレイクスルー戦略を使用した最終検査において、小さな「ビーズ」あるいは周囲の空気が入ってしまう無数の穴がチューブの金属とガラスの接合部にあることがわかった。

　それからA（分析）フェーズで、GEMSの技術者は、真空を保つべきチューブの不良要因を統計的に分析することができた。なかでも、使用したガラスの長さとタイプが原因と考えられた。これを欠陥の要因と考えて取り除いた。結局、Aフェーズではチューブに流す電流が流れる金属のコネクターが酸化して、それがシール部の欠陥の原因になっていたことがわかった。さらにチームは、チューブ内部に入れるガスによってガラスの焼きなましの際に発生する膨張が（熱処理炉を通過した後の冷却スピードによる）バラツキの原因であることを発見した。

　すでにチューブの欠陥原因は明確になったので、チームは、他に可能性のあるあらゆる要因と相互作用している製造プロセスの、どの段階が変更を必要とするかを決定するために、シックスシグマ・ツールをAフェーズとⅠ（改善）フェーズで適用した。彼らは金属のピンを先に酸化させ、ガラスに付着しやすくすることにした。また、処理に使っていた水素ガスを窒素ガスに変更し、チューブの熱処理プロセスを改良した。「シックスシグマによって、ある要因の変更が他の変更にどう相互作用するのかを系統的に試験できるようになった」と、プロジェクトを率いた技術者、ベス・ハルスは述べている。さらに品質を改善する余地がまだあったものの、時間が少なくなっていた。チームはスキャナを予定通り、予算内で市場に投入するためには、どのバラツキ、あるいは欠陥に耐えるべきか決定しなければならない一方、どのようにCTQ特性を維持するのかを決定しなければならなかった。スケジュールを守り、予算オーバーを避けるためGEMSは、『ニューヨーク・タイムズ』紙による

ところの、「出荷前廃棄率を40％カットするプロセス」を設定した。またスキャナがDOA（最初に据え付けた段階で動かない状態）で納入されないようにした。新しいチューブの価格は8万5000ドルで、以前のチューブより40％も高くなったが、顧客の要求より6か月も長い丸1年の保証期間を提供できるようになったのだった。

◉……「単なること」では決してない

　CTスキャナ用チューブの構成部品、材料、設計を「変更」するというのは、シックスシグマ3チームのうちの1チームが達成したことである。他の2チームはスキャナの別の側面に取り組み、製品のバラツキに影響する要因を分析していた。LightSpeedは他のCTスキャナと同様、作動中にかなりの熱を発生させていた。X線は身体に照射後、その少量のエネルギーだけが画像をつくるために使用されていたが、ほとんどのエネルギーは画像の品質を劣化させる熱に転換されていた。

　『ニューヨーク・タイムズ』紙によれば、シックスシグマ・ブレイクスルー戦略によって、10万ドルの抵抗器を追加すれば、温度をコントロールでき、画像の品質を改善できることがわかっていた。しかし、シックスシグマ・ブレイクスルー戦略のプロセスによって、チューブ内のあまり価格の高くないコンデンサをいくつか変更し、ケーブルの絶縁方法を再設計すれば、同じような結果になることがわかった。

　診断上の読み取りが正確であるようにするためのもう1つの方法は、相当な費用がかかるが、身体のより小さい部分をより正確にねらうことができるようチューブを完全に再設計してしまうことだとわかった。しかし、GEが設定した期限に間に合わせるようにチューブを再設計する方法がなかった。そして、1997年4月、シックスシグマ・チームは、「検波器プレートの『X線』受光素子を覆うタングステン線を広げることで、ターゲットを広げることができ、ビームの軌道がわずかに不正確であってもそれを補うことができる」ことを発見した。その変更は、患者に降りかかるX線がわずかに増えることを意味していたものの、それ

でも医療上の許容限界内に収まる程度であった。「データ収集プロセスの効率性を減らすことで、スキャナを全体としては効率的にした」と、LightSpeedの設計者、ゲーリー・ストロングはいっている。

　さらに、画像の品質も改善できたかもしれない。しかし、それにはディテクター・プレート(X線検出板)の部品を再設計しなければならない。しかも単にそれを実行し、新しい製品をスケジュール通りに出すにはもう時間がなかった。GEMSの技術者たちは、シックスシグマの分析を使用し、画像に影を発生させていたプリアンプ・チップ(増幅器)で放出されたエネルギーを埋め合わせるためのコンピュータ・ソフトウェアを再プログラミングすることで、CTQ特性を満たすことができたのだった。

　シックスシグマの分析によって設計方法に驚くほどの選択肢がもたらされた。シックスシグマの力強いツールがなければ、その選択肢の本当の品質とさまざまなプロセスの相互関係は明確にできなかっただろう。そして、コンピュータ・テクノロジーによって非常に大きな数の組み合わせや置換え処理が可能になった。製造プロセスのどの要因がCTQなのか分析するためにシックスシグマを使用することで、最終的にLightSpeedをスケジュールどおりに市場に投入することができたのである。シックスシグマのおかげで、GEMSは「CTスキャナのX線チューブの寿命を10倍伸ばした——つまりこれらの機械の『作動時間』と収益性、そして病院や医療施設の患者管理レベルを向上させた」。1998年9月に市場に紹介されたとき、LightSpeedはいくつもの画像を同時につくり出すことができた。『ニューヨーク・タイムズ』紙によると、「身体中をスキャンするのにかつて3分かかったものが20秒ですむ」のである。さらにLightSpeedは競合他社のスキャナよりも効率的に機械の作動中に発生する熱の処理ができるようになったのだった。その結果、1つの作動時間から次の作動時間までの間、より短い時間で装置が冷却するようになった。シックスシグマは、顧客が要求するCTQ特性をもたらしただけでなく、スキャナの寿命を延ばし、廃棄率を減らし、スキャナの品質を改善したのである。新しいスキャナにはコストがかかったが、顧客は喜んでそのスピードと信頼性にお金を払った。品質が改善された

ことによって、材料や製造プロセスの変更による値上げも埋め合わされたのだった。製品の売上数はほとんど同じであったが、総収入は大きく上昇したのだった。

●……C（管理）フェーズ
──新たにシックスシグマ・ブレイクスルー戦略を実施する前にこれまでのことを完了させる

より速く、休止時間を少なく、寿命を長くできた新しいスキャナをリリースできたことで、GEMSはマーケットリーダーとしての地位をより確実にするための一歩を踏み出した。Cフェーズでは、AフェーズやIフェーズで学んだことにともない、ブラックベルトは品質改善を継続するためのデータを収集した。この競争に勝ってすぐに、GEMSの製品が超一流としてのステータスを維持し、21世紀の市場支配を保証するために、再び全体的シックスシグマ・ブレイクスルー戦略を適用する準備を整えた。

プロジェクトを完了させるには、6σを達成することが必要であるが、GEはブレイクスルー戦略がそのゴールに到達させる以上のものであることを理解していた。それは継続して自分を発見するための道に企業を導き、従業員に個人的成長や学習の機会を与える、決して終わりのない旅なのだ。LightSpeedのプロジェクトには、プロジェクトが成功することを保証するためだけでなく、その結果がビジネスの将来に組み入れられるために、経営者の公約や関与が必要だった。ジャック・ウェルチの言葉を借りれば、GEにとってシックスシグマは「将来の経営幹部の遺伝子コードの一部」となったのである。

図表16◆シックスシグマはどのように機能するか

キーとなる問題領域を選択する	適切な人々を選び、訓練する	改善を展開し、実行する	プロジェクトを管理する	獲得したものを維持する
顧客満足が高い	チャンピオン	■定義 プロセスの測定 (M) - CTQ特性の選択 - パフォーマンス基準の設定	焦点を絞った取り組みを行う	効果的な管理計画を実施する
成功に非常に重要	マスター・ブラックベルト	- 測定システムの確認 ■プロセスの分析 (A) - 製品能力の設計	プロセスを頻繁に見直し、バリアを取り除く	企業の隅々までシックスシグマを強化するために定期的にシックスシグマ・トレーニングを行う
最短、あるいは最大のリターン	ブラックベルト	- パフォーマンスの定義 - バラツキの原因の明確化	現実のビジネスへのインパクトをチェックする	
	グリーンベルト	■プロセスの改善 (I) - 潜在的な原因のふるい落とし		プロジェクトの効果を、設定した期間をあけて定期的に見直す
	分析能力が高い	- 変数間の関係発見 - 作業公差の設計 ■プロセスの管理 (C)	経営幹部や、プロジェクトにかかわる人間に継続的にその進行を伝達する	
	問題解決能力が高い	- 測定システムの確認 - プロセス能力の決定		新しいシックスシグマを継続的に明確化し開始する
	人間性、リーダーシップ	- プロセス管理実施		

第9章

ブレイクスルー戦略の実施と展開

シックスシグマを達成するには、ビジネスの優先順位を決定し、戦略上の問題点に取り組めるようにブレイクスルー戦略の展開方法を決定しなければならない。ある企業は、最近の実質的な損失(製品を市場に出すのが遅れる、マーケット・シェアの縮小、顧客の不満足、あるいは新たな受注をとるよりもむしろ顧客の苦情対応や保証業務に費やされる営業戦力といった、本来は生産能力に転換できるはずの修正作業の多大な労務費)の対策として、短期のコスト削減を目標にするかもしれない。大きな利益を享受している企業は、全社的品質と顧客満足を改善することでそのビジネスを伸ばす長期プロジェクトを決定するかもしれない。また、他の企業はその製品設計の品質を革新、改善しようとするかもしれない。あるいはそのサイクル時間の削減によってコストを削減しようとするかもしれない。

これらの選択肢が対立することはない。欠陥を削減することによって、信頼性を改善するだけでなく、サイクル時間の削減や能力アップに役立つのである。サービスあるいは情報収集プロセスも、シックスシグマ・ツールを使って製造プロセスの改善と同じ方法で実施できる。特定の領域にシックスシグマを展開するからといって、後のシックスシグマ・プロジェクトで他の領域に適用しないということではない。これは最初の展開目的として対象とする製品、プロセス、部門を選択したということを意味し、顧客満足に非常に重要となるプロセスとプロジェクトを含めるほど、シックスシグマを拡大することができるということである。各ビジネスユニットが全体的なテーマを維持しながらシックスシグマの目標を決定できるよう、その展開を分散する場合もあるかもしれない。しかしながら、実施、展開の全戦略は、経営者から下されなければならない。シックスシグマは草の根的な活動ではない。簡単には水面に向かって「泡は上らない」のである。

成功するかどうかは、次の原理の相互作用にかかっている。

- 活動に対してトップダウンの経営公約が非常に明確。従業員は彼らの積極的なリーダーシップを感じなければならない。
- 進歩の経過をたどるための測定システム(メトリクス)。これにより、活動に責任を与え、その組織の試みの実像を描かせる。
- 組織の製品、サービス、プロセスの社内と社外のベンチマーキング。組織が「現実の」マーケット・ポジションを理解し、話し合いを始めると必ず、「重要な情報」になる。この経験により、組織はブレイクスルー哲学に自然に引き寄せられる。
- 現状のプロセスを「ひねる」よりも、むしろ仕事のプロセスを変更するためにゴールをストレッチする。
- 組織の全レベルを教育する。トレーニングなしには、ブレイクスルー戦略は効果を発揮しない。
- ブレイクスルー戦略がどのように適用され、その結果がどうだったのかを説明するためのサクセス・ストーリー。
- チャンピオンとブラックベルトが活動を促進し、必要な計画、教育、指導、コンサルティングを組織の全レベルに提供する。

◉……シックスシグマ・フォーカスの創造

プロジェクトにどう取り組むのかを決定することが、シックスシグマの展開に大きく影響する。ここにシックスシグマの試みに対する着目方法をいくつか挙げる。

- **コストの節約になるプロジェクトに着目する。** コストの節約になるプロジェクトに着目することで、企業はある特定額を節約するために必要なプロジェクト数を決定することができる(COPQの削減経過をたどる必要がある)。プロジェクトは、固定費・変動費の潜在的削減可能性によって選択されるので、プロセス能力を根本的に変える力の効果によって選ばれるのではない。品質に関する新しい考え方を確立しようとしている場合、このアプローチの限界を理解している必要がある。これは、制

限されたアプローチであり、シックスシグマを組織中に広げにくい。

■ 問題をもたらすものに着目する。ブレイクスルー戦略の試みを取り上げるもう1つの方法として、企業の全体戦略に重要となる顧客満足が乏しい製品ファミリーあるいはサービスを明確にする。例えば高額な保証費というのは、ブレイクスルー戦略によって利益になりうる収穫物であるかもしれない。しかし、製品やサービスに貢献しているプロセスの数を調べる必要がある。製品のみに着目するプロジェクトは慎重に選択しなければならない。高額な保証費の返還や、顧客の苦情のような問題に着目することで、その現象を発生させるプロセスではなく現象自体に注目することになる。しかし、製品をつくるプロセスやシステムよりも欠陥に着目するのは、先見の明がない。

■ プロセスに着目する。ブレイクスルー戦略でプロセスに着目するのは、根本的原因や顧客満足の関心事を取り上げるのに最善の方法である。この戦略を適用する際のキーとは、企業価値に非常に重要で、かつ低σレベルのプロセスを明確にすることである。伝統的に多くのプロセスには部門間に境界線があるため、このアプローチには、強力なクロス・ファンクショナル（部門を越えた）の共同作業が必要である。製品を越えてプロセスに着目する企業ならば、ある部門でプロセスを修正しようとするとほとんどいつも社内の他部門への協力要請がともなうと知ることになる。ボンバルディアは、製品に最大の影響を与えているプロセスをターゲットにしているときに最も収益性が高いとシックスシグマから学んだ。そして、Ski-Doo（スノーモービル）のハンドル・バーのヒーターで頻発する欠陥にブレイクスルー戦略を適用した後、他の製品にもその結果が適用できることを発見した。ブレイクスルー戦略のおかげで、ボンバルディアはハンドルを再設計する必要がなくなり、顧客の苦情を取り除くことができ、さらに社内の他の領域にそれを応用することができたのである。

■ 問題に着目する。シックスシグマは「アウトプット」より「インプット」に、問題や現象より根本原因に着目するよう設計されている。ボンバルディアで行った最初のプロジェクトが、問題着目の良い例となる

だろう。利益と顧客調査によってユーザーが、パーソナル・ジェットスキーSea-DooとスノーモービルSki-Dooの高性能エンジンには満足しているものの、さらに斬新でスマートな外観を求めていることがわかった。シックスシグマ・チームは、製品を再デザインし、よりスマートでより洗練された外観のマシンをつくるためのデザイン革新に着手した。このプロジェクトは、プロセスに着目していなかったにもかかわらず、売上げや顧客満足に影響している問題に取り組んだのだ。

シックスシグマ・ブレイクスルー戦略
―――プロジェクトに着目する追加方法

プロジェクト・フォーカスの点での橋渡しとなるものがいくつかある。プロセスの品質に着目するプロジェクトでは、まず主要製品ラインに着目する。ここにシックスシグマを展開するための追加方法を5つ挙げたい。

■ **地理的ロケーションを考慮する。**部門や工場の地理を基本にシックスシグマを展開させたいと思う企業もあるだろう。例えば、カナダの工場での試みに着目するかもしれない。このアプローチは、個別にはシックスシグマ活動を実施できない小さな業務が数多くある場合にうまく機能する。例えば、あるビジネスにかかわる施設が10か所あり、各施設にはたった100人の従業員しかいない場合、これらの施設をチャンピオンやブラックベルトで共同管理することが、アプローチの成功をもたらす。

■ **DFSSを使用する。**6σレベルの品質を達成するには、無欠陥の製品をつくるよう製品設計の改善に努力するのと同様、プロセスの特性抽出(測定と分析)とプロセスの最大活用(改善と管理)のコンビネーションが必要である。組織によっては、プロセス、製品、システムの設計を改善するための最初の試みにDFSSを使用するかもしれない。プロセス、製品、システムを再設計するというのは、シックスシグマ活動の一部であり、製品開発と設計プロセスに着目することも考えなければならない。

■ **社内のプロセスに着目する。**組織は将来のDFSSプロジェクトを定義

するために収集したデータを使用して、社内プロセスを最大活用すると決定する。

■　サプライヤーのプロセスに着目する。我々は、社外のサプライヤーにシックスシグマの実行を要求する前に、自身のプロセスを改善する必要があると強く感じている。社外のサプライヤーにシックスシグマの実施を要求しようと試みている企業は、かなりの資源を費やす準備をしておく必要がある。また、サプライヤーとの関係を注意深く管理しなければならない。企業はまず、どのサプライヤーのプロセスが自分の製品やサービスにとって非常に重要なのか決定しなければならない。そして、サプライヤーに着目するというのは、最も難しい選択で、シックスシグマの経験を多く積んでいることが要求される。

■　顧客に着目する。シックスシグマの心とは、顧客にとって有益となる製品やサービスを改善することにある。顧客が品質をどのように測定するのかを理解し、顧客の期待に応える製品やサービスをつくる必要がある。シックスシグマによって、顧客満足に非常に重要な問題点を製品やサービスの品質にとって非常に重要な問題点に変換することができる。顧客ニーズに常に合わせるための能力を改善する企業が、ビジネスにプラスの収益結果をもたらすのである。

◉……組織の構成要素

　シックスシグマを少しずつ展開するほとんどの企業は、定期的に4～5のビジネスユニットあるいは工場から選出された従業員を訓練する。その間、ブラックベルトは、シックスシグマの範囲を工場あるいは部門の他のプロセスに広め、その活動を強化する。従業員がブレイクスルー戦略を訓練されるにつれ、シックスシグマにかかわる人数は増える。だから、シックスシグマの実践をその方針や手順に組み入れることで日々の業務を標準化し、活動を維持できるのである。

　企業がシックスシグマ・プロジェクトに従事している人々をどのように組織するかは、⑴シックスシグマの展開にどのように着目するか。そ

れはある特定の地域で始めるのか、設計と技術プロセスに着目するのか。
(2)「日常のビジネス」を気にして、シックスシグマの資源が失われないようにするには、どのようにシックスシグマを組織に統合するかにかかっている。そのため、シックスシグマ・プロジェクトを始める前に打ち合わせなければならない関心事はいくつもある。それらを挙げると次のようになる。

■　誰がブラックベルト選考を監督するのか？　どのような範疇で選考するのか？　この会社の給料、評価、報酬に関する方針の何がシックスシグマのパフォーマンスに関連しているのか？　現在の製品とプロセスの品質や会社の戦略ゴールを考慮すると、何人のブラックベルトがどの分野に必要なのか？

■　プロジェクト選択プロセスはどう行わなければならないのか？　そのプロジェクトを開始し、終了するためにはどの範疇に置かなければならないのか？　社内の誰がそのプロジェクトにサインするのか？　どのようなガイドラインを使用するのか？　経過をどのように記録するのか？　そしてさまざまなカテゴリーをどのように扱うのか？

■　どのような品質メトリクスを使用するのか？　どのメトリクスが社内での標準になるのか？　どのような改善ゴールを設定するのか？　改善率を設定するために学習曲線は考慮するのか？

■　どのようにシックスシグマを適用するのか？　例を挙げれば、新製品開発、MRP(Materials Requirement Planning：材料調達計画)、JIT(Just-In-Time：ジャスト・イン・タイム)と、いった活動やシステムと、これをどのように調和させるのか？

■　ブラックベルトの給料は、直接費あるいは間接費に分類するのかといった、予算の問題をどのように取り扱うのか？

■　マスター・ブラックベルトが、ブラックベルト・トレーニングを行う際にはどう教育するのか？　選出されたマスター・ブラックベルトのバックグラウンドとスキルのレベルを考慮すると現実的なトレーニング期限はどうなるのか？

◉……**シックスシグマにおける役割と責任**

　シックスシグマを展開するにあたって、その役割と責任を明確に定義することは不可欠である。全従業員がシックスシグマのビジョンを理解し、最終的にはシックスシグマ・ツールのいくつかを自分自身の仕事の改善に適用できるようになる必要がある一方で、それを実行し、展開するための10の役割がある。

■　**エグゼクティブ・マネジメント**：エグゼクティブ・マネジメントは、グループとしてシックスシグマ活動を鼓舞し、経営資源を与えて、駆り立てなければならない。このグループは会社レベルのゴールと目標を設定し、推定される成果の時間枠を決定しなければならない。そして、シックスシグマ活動を最初にどのように展開するのかを決めなければならない。彼らの最初のステップによって、成功の可能性をはっきりとさせることができるのである。「困難な再出発」ほど人をがっかりさせ、いらだたせるものはないということを覚えておかなければならない。前もってこのことを正しく理解しておくことが、成功へのパスポートとなる。

■　**シニア・チャンピオン**：これは、戦略的な、会社レベルのポジションである。経営陣より選出された強力な経営幹部である必要があり、たいてい社長に直接報告する。この人物は、日々の会社レベルのシックスシグマ管理に全責任を負う。そして、「正しいことをすぐに実行する」能力のある強力なリーダーでなければならない。シニア・チャンピオンは、ビジネスユニットのリーダーと同様に、シックスシグマ・プロジェクトの成功という点では社長に対しても責任がある。経営者に特別の財務ゴールと業績のターゲットを設定させるため、シニア・チャンピオンはしばしばビジネスユニットのリーダーを任命する。シニア・チャンピオンは通常無期限にこのポジションを継続する。シックスシグマの展開が進むにつれて、シニア・チャンピオンは専任から兼任になる。

■　**ディプロイメント・チャンピオン**：これは戦略的ビジネスユニット・

レベルのポジションである。シックスシグマの展開、遂行、そして各々のビジネスユニットでの展開計画に責任を負う。さらにシックスシグマのサポート・システムの効果と効率にも責任を負う。ディプロイメント・チャンピオンはほとんどの場合、ビジネスユニットの社長あるいはそのエリアの副社長だけでなく、シニア・チャンピオンにも報告する。最初、そのポジションは専任である。シックスシグマの展開が進むにつれて専任から兼任になる。

■ **プロジェクト・チャンピオン**：これは戦術的なビジネスユニット・レベルのポジションで、ほとんどの場合約2年間専任となる。この人物はシックスシグマ・プロジェクトの明確化、選択、実施、継続に責任を負う。プロジェクト・チャンピオンは、シックスシグマを駆り立てる「トレール・ボス」(預かった牛の群れを市場や駅まで追って移送する人)のようなものである。彼らは、健全で、強力で、言行一致した指導者でなければならず、ブラックベルトを指導するためにも優秀でなければならない。さらに、実施計画や展開計画にかかわる多くの詳細事項を発展させ、監督する。

■ **ディプロイメント・マスター・ブラックベルト**：これは専任で、高い技術を志向した戦略的ポジションである。そして、通常ビジネスユニット・レベルで任命する。これらの人々は、シックスシグマの広範囲にわたる技術的ビジョンに対して責任を負う。テクノロジー・ロードマップの展開や、機能的な分野やビジネスにわたって技術的なアドバイスを与えることに責任がある。また、新しく先進的なシックスシグマのテクノロジー、手法、手順、ツールを追求し、それを変換する。そして、この知識がトレーニング資料やマニュアルに変換されるようにするのである。このポジションの「在任期間」は組織で異なる。彼らは、シックスシグマの「ジョニー・アップルシード」(米国の開拓者が、リンゴの種子や苗木を辺境に配って歩いたという伝説がある)なのである。彼らがシックスシグマの種をまく一方で、ブラックベルトが実を収穫できるよう、水をやるのである。

■ **プロジェクト・マスター・ブラックベルト**：これは専任で、高い技術

を志向した戦術的なポジションである。プロジェクト・マスター・ブラックベルトはビジネスユニット・レベルで通常このポジションを2年間遂行する。シックスシグマの知識をブラックベルトに授ける責任がある。彼らは、シックスシグマの教師であり、生徒にとって仕事上の良き指導者なのである。彼らには、健全なテクニカル・スキル、各段階での強い存在感、信頼できるリーダーシップが必要である。

■ **プロジェクト・ブラックベルト**：これは2年間専任で専門的にビジネスユニットにシックスシグマを適用するポジションである。この人物はプロジェクトを実施し、そのターゲットから得られるものを認識することに責任がある。ブラックベルトは、企業の各ビジネスユニット内のシックスシグマ・エキスパートとして現場で育てられ、教え込まれる。これらの現場のエキスパートは「シックスシグマ・ブラックベルト」と呼ばれている。ブラックベルトは、(1)クロス・ファンクショナルなプロセス改善チームを効果的に展開し導く、(2)メンターとともに取り組み、中間管理職に対しこれを組織立て、プロセス改善計画を継続して実施するようアドバイスする、(3)シックスシグマのツールと手法を利用し、それを広める、(4)世界中のブラックベルトとネットワークをつくり、そのビジネスの利益を享受する能力がある。ブレイクスルー戦略の4つのフェーズを利用することで、信頼度の高いサクセス・ストーリーをつくり、この適用手法、テクニック、手順、ツールを彼らの仲間やプロセス改善チームに渡すことを目的とする。その中心は、厳密なシックスシグマ哲学、その理論、戦術、ブレイクスルー戦略、そしてそのツールの知識を展開することにある。その中で特に強調されているのは、ブレイクスルー戦略(統計、定量的なベンチマーキング、プロセス管理テクニック、プロセスの診断手法、実験計画法)である。P-T-A-R(Plan-Train-Apply-Review：計画―訓練―適用―見直し)の学習サイクルを通して、ブラックベルトは製造、技術、サービス、管理上の重要な問題を解決するための科学的で反復可能なプロセスを形成するには、ツールをどう融合し、継続していけばよいのかを学ぶ。

■ **プロセス・オーナー**：ラインの管理者は、特別なビジネス・プロセ

スを「所有」し、プロセスの改善が理解され、維持されていると保証するポジションにいる。プロセスが組織的な境界線を越える場合、数人のライン管理者がその資源を調整するために一緒に働く必要がある。

■　シックスシグマ・グリーンベルト：これらの人々は、特定の領域にパートタイムとしてかかわる。ブラックベルトがシックスシグマ・プロジェクトを達成するのを助け、小さいプロジェクトを自身で受け持つ。

■　プロジェクトチーム・メンバー：プロジェクトのチームメンバーは、プロジェクトに特有のプロセスと、業務を越えたサポートを提供できるよう、シックスシグマ・トレーニングを基本から受けなければならない。ブラックベルトの指導のもと、シックスシグマ・プロジェクトから得た利益を維持する手伝いをするとともに、データを収集、分析する。プロジェクトチームのメンバーは、プロジェクトにパートタイムでかかわり、プロセスに直接的あるいは間接的にかかわる領域に対する専門知識を提供する。大きなプロジェクトの場合、チームメンバーはそのプロジェクトに専念することもある。

◉……財務利益を監視する

　購買、財務会計システム、在庫計画、その他オラクル、SAP、バーンなどのマルチシステムを導入する途上にある企業は、シックスシグマが社内にしっかりと根づくまでそのシステムを保留にしなければならない。3σあるいは4σの企業にはシステム化の利益はない。シックスシグマによるコスト改善を実感し始めると、導入したプログラムやシステムの多くがもはや必要ないことに気づくのである。4σ以上でプロセスが機能するまで、こういったメジャーなシステム導入を延期した企業は、これらのシステムを導入する時間が50％削減され、導入コストが60％も下がることを知るだろう。

　また、需要生産数に合わせるために新しい工場を設立するなどの追加資本の支出を延期することを考えなければならない。1σずつシフトすると、組織の能力を12〜18％も向上させ、資本の流出を避けることがで

きる。

　各プロジェクトの財務利益は、シックスシグマ・プロジェクトに参加した財務の代表者によって個別に評価されなければならない。しかもプロジェクトの推定額ではなく、実際の財務利益を勘定し、経営者に報告しなければならない。そして各プロジェクトは財務的に審査され、書面での報告によってサポートされなければならないのである。通常、管理職が他のプロセスの不備を埋めるためにプロジェクトの利益を引き当てるような企業に我々は在籍しているものである。しかし、たとえ上級管理職と財務部が資金をこのように使用することを認めたとしても、シックスシグマの成果による収益性を測れるよう、その改善を決算書の収益欄に反映させなければならない。

　シックスシグマ・プロジェクトによる節約の経過を記録するように命じられた財務の代表者は、下記のことに責任を持つことを勧める。

- 各プロジェクトの財務メトリクスと潜在的財務影響力を明確にするために、ブラックベルトとともに仕事をする。
- 各プロジェクトで計画した節約額が正式に承認されるように、プロジェクト・チャンピオンとともに仕事をする。
- プロジェクトが徐々に進展すると仮説が変化するため、プロジェクトの財務的な節約額を調整するためにブラックベルトとともに仕事をする。
- プロジェクトが完了間近になったらブラックベルトから財務的責任を引き継ぎ、1年間の実際の財務節約額を記録する。
- シックスシグマ・プロジェクトの優先順位をつけるためにチャンピオンとともに仕事をする。

● ……展開のケース・スタディ

　シックスシグマを展開した組織の例によって、シックスシグマを始めるための展開原理とガイドラインをどのように使用してきたのか、説明したい。この概略ステップは、どのようなビジネスにも適用することが

でき、典型モデルとして役に立つはずである。

X社では、経営者がシックスシグマを導入することに決定すると、経営陣はシックスシグマが、特定のビジネスに対してどのように改善を行うのか上級管理職に説明するため、実施説明会のスケジュールを立てた。ビジネスユニットのリーダーたちは、1日「シックスシグマ実施説明会」に出席し、プロジェクト選択の範囲を決め、個々のビジネスユニットで何を達成することができるのか──つまり、どれだけコストがかかるのか、どのように実施するのか、どれくらいの期間がかかるのか、その結果の利益をどのように維持するのか──に関してのディスカッションを行った。それらを簡単にまとめると次のようになる。

- シックスシグマとDFSSの本質を探求する
- シックスシグマ・リーダーシップ・チームを結成し、責任を定義する
- キー・ビジネスと組織の価値を定義する
- キー・ビジネスの問題点を明確化し、その価値との相反性に注目する
- 積極的なシックスシグマ・ゴールと改善度を設定する
- 実施、展開のガイドラインを設定する

経営者は、ブラックベルトやブレイクスルー戦略を適用しようとしている他の従業員に対し、責任をもって時間、資金、人的資源を引き当て、これら個人を報奨金や、昇給で納得させたうえで、シックスシグマに参加させる必要があると認識した。また、彼らは財務部にシックスシグマの利益を記録させ、これらの利益が会社の収益に確実に還元されるよう責任を持たせることの重要性を理解した。

上級管理職が、シックスシグマ・トレーニングに参加し、プロジェクトにブラックベルトを任命するだけでは十分ではない。すべての経営幹部がシックスシグマにその時間を100％費やす必要はないが(誰かが現状のビジネスを管理しなければならない)、1人の上級管理職(ビジネスの大きさや範囲次第で部長クラス)がそれを展開し、その努力を日々サポートする必要はある。

次に、シックスシグマの「シニア・チャンピオン」として主要幹部を任命することで、経営陣からシックスシグマは重要なゴールという明らかなメッセージを送った。このシニア・チャンピオンと任命された「ディプロイメント・チャンピオン」は集中的なトレーニングを受け、ブレイクスルー戦略の中で認証された。そしてこのグループはシックスシグマ活動全体を監督し、指導した。シックスシグマ・アカデミーのトレーニング中、そのグループに対して、シックスシグマをどう実行するかに関する詳細が説明された。各チャンピオンはシックスシグマに関連するあらゆることを実施し、適用するための訓練を受けた。彼らはメトリクス、トレーニング、人材育成、コミュニケーションを展開した。組織の経営幹部はそれらの計画を見直し、承認した。

指定された人数の従業員がシックスシグマ専任のポジションに異動させられた。これは、シニア・チャンピオンが準備した場所、日程、そして各役割に専念する人数を明確にする書類による展開計画に従って行われた。最初に始める場所はビジネスの必要性と成功の可能性に基づいて選ばれた。

この時点で、各ビジネスユニットは、任命された実行プロセスがスムーズに流れ、ブラックベルト・プロジェクトが完全にサポートされたことを確かめるパイプのような役割を果たす「プロジェクト・チャンピオン」を任命する。5日間の講習会2回の間、プロジェクト・チャンピオンはシックスシグマの実行と適用に関連する戦略、戦術、ツールを学んだ。彼らはまた、「シックスシグマ・プロジェクトをどう管理するのか」や「シックスシグマをどう動かし続けるか」について学んだ。

ブレイクスルー戦略を学び適用することは、シナジー効果のあるプロセスなので、異なるビジネスユニットからのチャンピオンがお互いに影響し合えるのである。そして、その実施にかかるコストと時間を合理化するために彼らは資源の共同管理方法を見つけた。チャンピオンは各自のビジネスユニットに戻り、トレーニングに従って計画をカスタマイズしたうえで実践し始めた。そしてマスター・ブラックベルトはそれに参加するビジネスユニットが「同時進行」を確実に保つよう見直しを行う

図表17◆シックスシグマ実施段階

発見	シックスシグマの必要性の認識とその潜在的影響力の調査
決定	経営者によるシックスシグマ活動の承認の後、シックスシグマの目的と範囲の定義
組織化	財務目標、期間の設定、そしてシニア・エグゼクティブ・チームとディプロイメント・チャンピオンの訓練
開始	メトリクス、コミュニケーション、人材、ブラックベルト・トレーニング、ブラックベルト・プロジェクト資金のための実施計画作成
実施	プロジェクト・チャンピオンとブラックベルトの訓練
維持	シックスシグマ・グリーンベルトとプロセス改善チームリーダーの訓練

ためのスケジュールを立てた。「レッスン」はリアルタイムの環境で共有された。ブラックベルト・トレーニングがビジネスユニット間で調整されることで、より短期間にそれを会社中で実施することができ、さらにより広い範囲での節約、効率的なトレーニング資源の使用が可能になった。マスター・ブラックベルトは見直し期間の間、それぞれのビジネスユニットのチャンピオンに実施の指導とフィードバックを提供した。時折、パートナー組織からゲスト・スピーカーを招いたり、専門的なトレーニングのための時間が費やされた。

◉……シックスシグマの報酬

　ビジネスユニットのリーダーたちは、シックスシグマが生産性を計画

より平均6～8％増加させることに気づくだろう。経営幹部が年間ビジネス目標を達成したことに対して報奨を与えなければ、企業に進んで貢献してくれる従業員を失うことになる。株主や経営者がシックスシグマによって達成された財務的利益の受益者であってはならない。企業の副社長やビジネスユニットのリーダーたちにも計画された所得を超えるような財務的動機が必要である。ビジネスユニットの収益力に重要な改善をもたらした人たちは、その報奨としての報酬金を得るに値する。同様に、100万ドル、あるいはそれ以上の収益を毎年もたらしたブラックベルトは、その努力に対し報奨を得る必要がある。

シックスシグマの報酬は、さまざまな形で与えられる。我々は、CEOや役員クラスは最低30％のボーナスをシックスシグマと結びつけるべきだと勧めている。ビジネスユニットのリーダーたちも、彼らの年間利益の2倍が彼らの努力に償われると期待している。ボーナスにかかわらず、シックスシグマの目標に到達しなかったビジネスリーダーたちは、彼らがシックスシグマを真剣にとらえるような方法でペナルティーを与えられなければならない。この意味で、シックスシグマは強いもののみが生き残るというダーウィンの学説に似ている。それゆえ、最高の者だけがリーダーシップのポジションに立つことができるのである。非常に報酬が高い一方で、シックスシグマへの努力はまぎれもなく、革新と順応性のある思考を必要とする挑戦と経験への試練なのである。

◉……ブラックベルトの報酬

ブラックベルトの報酬を考慮することは、シックスシグマを実施し、展開する場合に重要である。ブラックベルトの給料は、彼らの社内での役割と市場内の競争的立場を認める方法で決められなければならない。さらに、企業は3年間にわたって毎年特定数のストックオプションの権利を得ることも含んだインセンティブ・プランを作成しなければならない。例えば、最初の年の終わりに20％のストックオプション、2年目の終わりに40％、3年目の終わりに40％というように。これによって、ブ

ラックベルトに投資している企業は、彼らを企業にとどめることができるのである。

ストックオプションのない企業、あるいはブラックベルトにストックオプションを与えられない状況にある企業は、ブラックベルトに「ダミー」ストックを与えることもできる。この株は、節約額に基づくダミーストック価値相当の金額をブラックベルトに与えられる。

シックスシグマ・プロジェクトの成功がチームメンバーによる場合、先に述べた方法でブラックベルトに報酬を与えるだけでなく、総節約額の20％はチームメンバーに配分すべきである。シックスシグマを導入したときに競争的な財務報酬パッケージを実施していない企業は、ブラックベルトを失うだけでなく、シックスシグマの潜在的可能性が最大限発揮されることを体験できないだろう。

◉……シックスシグマ・コンサルタントを選ぶ

1995年には、シックスシグマの方法論を教えていたのは2社だけであった。モトローラ大学は、幹部に対しシックスシグマの企業レベルでの働きの概略を提供していたが、シックスシグマ・アカデミーでは、幹部のオリエンテーションとブラックベルトのトレーニングを含む、より包括的なトレーニングを提供していた。それ以来、ウォール街の強い関心やメディアの注目を集めたため、一連のシックスシグマ・トレーニングを提供する教育機関が大量に生まれたのである。

シックスシグマをうまく実施、展開するには、適切なコンサルティング会社と契約する必要がある。

後述の表の問題への答えは、下記の4つのカテゴリーに分けられる。

- ■ 第三者の出版物から認められている
- ■ 十分経験を積んでいる
- ■ 少々の経験
- ■ 未経験

			図表18◆シックスシグマ・コンサルタント選択のガイドライン
			コンサルティング会社のメンバーは、これまでにフォーチュン100企業の経営幹部に就いたことがあるか？
			そのコンサルティング会社は、フォーチュン100企業のCEOを何人挙げられるか？
			そのコンサルティング会社のメンバーは、これまでに最高責任者に就いたことがあるか？
			そのコンサルティング会社のメンバーは、これまでに第一線のマネジャーに就いたことがあるか？
			そのコンサルティング会社のメンバーは、これまでに業種転向に携わったことがあるか？
			そのコンサルティング会社のメンバーは、これまでに何社のシックスシグマ導入と展開を成功に導いたか？
			そのコンサルティング会社のメンバーは、政府のコンサルティングをしたことがあるか？
			そのコンサルティング会社のメンバーは、企業戦略を促進し、実施したことがあるか？
			そのコンサルティング会社のメンバーは、同業者にとっての実質的な貢献という意味で、どの程度認められているか？
			そのコンサルティング会社のメンバーは、定評のある専門誌にどの程度掲載されているか？
			そのコンサルティング会社のメンバーは、定評のあるマネジメント雑誌やビジネス誌に掲載されているか？
			そのコンサルタントは、品質のリーダーとして世界中で認められているか？
			そのコンサルティング会社のメンバーは、これまでにマルコム・ボルドリッジ国家品質賞のような品質に関する賞を広め、その賞の審査員をしたことがあるか？
			そのコンサルティング会社は、正式に米国品質管理協会に認知されているか？　そして／あるいは、米国品質管理協会の承認があるか？

シックスシグマのコンサルティング会社は、全社的なシックスシグマの実施と展開の経験を十分に有しているべきである。その会社は、組織の経営幹部と気持ちよく働かなければならないし、会議中に主導権をとれるようでなければならない。それにもまして、経営者の言葉を話せなければならない。ブラックベルト・トレーニングを手に入れるのは簡単であるが、シックスシグマの深さとその守備範囲を理解しているコンサルティング会社を見つけるのは、ずっと難しい。適切なコンサルティング会社を選ぶことは、心臓手術をするために外科医を選ぶようなものである──つまり、ほとんどの外科医はメスを使うことはできるが、明らかに他の外科医よりも技能の高い外科医がいる。経験豊かなコンサルタントは、シックスシグマの実施と展開にはブラックベルトの訓練以上のことが含まれていることを知っているのである。

●……シックスシグマとサプライヤー

　組織のσレベルを上げることに関連する課題の一つに、サプライヤーの問題がある。企業は、商品やサービスをつくっている。しかし、ほとんどの企業は、その構成部品をすべて自社でつくっているわけではない。むしろ、他の企業がつくった多くの違う部品やプロセスからつくられた製品を組み立てたり、サービスを届けたりしている。その結果、製品やサービスの品質は外部の管理に頼っている。

　サプライヤーは組織の収益性を損なわせるだけではなく、時間や人的資源を検査、返却、修正作業、在庫保有コスト等で消耗させる。多くの企業は、少々厳しくいったり、遅延や低品質に対するペナルティーで脅せば、サプライヤーの品質を改善できると信じている。しかし、サプライヤーを脅しても、彼らのσレベルを0.5ポイント上げさせるだけである。望ましい答えは、主要サプライヤーにトレーニングを受けさせることだろう。

　企業が自らのプロセスを管理できるようになるのに約2年かかるので、それ以前にサプライヤーのトレーニングを始めることは勧めない。サプ

ライヤーのエラーの多くは、彼らの受け取る不完全な図面や仕様書によって起こされる。ブレイクスルー戦略を自らのプロセス、製品、そしてサービスに適用していない組織は、より正確なデータと情報を得ない限り、サプライヤーのプロセス、製品、サービス改善を期待できない。しかしながら、DFSSとツールを使用すれば4σの構成部品から5〜6σの製品をつくることは可能なのである。例えば、1200の部品からなる製品のその部品全部が全体的な品質に影響しているわけではない。CTQ部品のσレベルを上げるだけで、企業は製品の全体σレベルを上げることができる。CTQではない部品を使うようにするだけで、コストは大きく削減できる。バラツキを減らし、あらゆるものが6σのパフォーマンス・レベルに到達する必要はないということを覚えておこう。CTQではない部品や業務の帯域幅を広げるだけで6σに到達することができることも多い。

　慣例的に、企業はサプライヤーを価格競争力のもとに選ぶ。この慣例は最低価格の製品が最高品質の製造者であるというシックスシグマ哲学に反するものである。シックスシグマの用語でコミュニケーションをとれば、サプライヤーはシックスシグマの追求と収益性のブレイクスルーにおけるパートナーになる。良いサプライヤーは、顧客のように製品を気にしており、喜んで従業員をトレーニングに専念させ、ブラックベルトあるいはグリーンベルトとして働かせることができる。サプライヤーは通常シックスシグマの哲学、戦略、そしてツールの導入に不安を抱いている。しかし、サプライヤーのブラックベルトもまた、彼らの製品やサービスが顧客満足に集中することを理解することになるのである。

　シックスシグマの方法論は主要サプライヤーだけに訓練する必要がある。日々の業務に統合されないサプライヤーもある。それでも、彼らはあなたの製品やサービスに影響を与えているのも事実である。サプライヤーはあなたの企業がその製品の性能を測定していることを悟り、その問題を自身で修正し始めることも多い。サプライヤーは、顧客との安定した関係を経験してしまうと、そのキーパーソンをブラックベルトに訓練することに関心を持つようになる。サプライヤーがトレーニングを始

めれば、サプライヤーのブラックベルトが製品やサービスの品質と性能を最高レベルで維持できるようにこちらから助言を与えることができる。

　喜んで自分たちを満足させようとしてくれるサプライヤーの努力に感謝することは重要である。彼らが進んでビジネスプロセスを調査し、シックスシグマの方法論を習得し、品質の良い製品やサービスを届けるために必要な変更を実施することによって、お互いに強い絆を築くことができる。

　繰り返すが、企業は、自身の理解があるレベルまで達し、自身のプロセスがあるレベルまで改善しなければ、サプライヤーのプロセスをサプライヤー自身に改善させることは期待できない。

　シックスシグマを実施し、展開するために企業がとる最初のステップは、次のようなものである。

　ステップ１　　経営者が興味を持つ
　ステップ２　　経営幹部に対するシックスシグマ説明会の開催
　ステップ３　　シックスシグマの実施開始の決定
　ステップ４　　シックスシグマ・チャンピオンのトレーニング開始
　ステップ５　　シックスシグマを実施する最初のビジネスを選択
　ステップ６　　ブラックベルト・トレーニングの候補者を決定
　ステップ７　　シックスシグマ・ブラックベルト・トレーニング開始
　ステップ８　　標準シックスシグマ・プロセスの見直し
　ステップ９　　実施に関する２回目の評価
　ステップ10　　活動拡大に関する決定
　ステップ11　　シックスシグマ展開スケジュールの修正
　ステップ12　　学んだレッスンを戦略に統合

　単一のビジネスユニットにシックスシグマを展開するには、約６か月かかる。そのスケジュールは、次の図表19のようになる。

図表19◆シックスシグマ展開スケジュール	
1週目	オリエンテーションと計画
2週目〜5週目	チャンピオンのトレーニング
6週目	チャンピオンの見直し
7週目	ブラックベルトの最初のウェーブは、ブレイクスルー戦略のM（測定）フェーズが講義される5日間の講習でスタートする。
8週目〜10週目	ブラックベルトは、Mフェーズのトレーニングで学んだ知識をプロジェクトに適用する。
11週目	ブラックベルトの最初のウェーブは、2回目の5日間講習に戻り、Mフェーズを見直しブレイクスルー戦略のA（分析）フェーズを学ぶ。
12週目〜14週目	ブラックベルトはAフェーズで学んだ知識をプロジェクトに適用する。
15週目	ブラックベルトの最初のウェーブは、3回目の5日間講習に戻り、Aフェーズを見直し、ブレイクスルー戦略のI（改善）フェーズを学ぶ。
16週目〜18週目	ブラックベルトは、Iフェーズで学んだ知識をプロジェクトに適用する。
19週目	ブラックベルトの最初のウェーブは、最後となる4回目の5日間講習に戻り、Iフェーズを見直し、ブレイクスルー戦略のC（管理）フェーズを学ぶ。
20週目〜22週目	ブラックベルトは、Cフェーズで学んだ知識をプロジェクトに適用する。
23週目と24週目	ブラックベルトの最初のウェーブは、Cフェーズの見直しのために戻り、ブレイクスルー戦略全体の見直しも行う。
22週目〜24週目	シックスシグマ・プロジェクトを成功させられなかったブラックベルトを確認し、交代させるための対応計画が展開する。経験上、トレーニング参加者の8％未満がブラックベルトとして成功できないことがわかっている。

第10章 シックスシグマの担い手

　最高の指導者とは、自分が行ってほしいと思う事柄を実行できる適切な人材を選ぶ十分なセンスがあり、かつその人がそれを行っている最中に干渉しない十分な自制心を備えている人物のことである。

—— セオドア・ルーズベルト

シックスシグマの品質は、顧客によって確立される。あらゆることが、顧客に始まり、顧客に終わるのである。彼らは品質を定義し、期待レベルを設定する。そのパフォーマンス、信頼性、価格、納期、サービス、正確な業務処理を非常に期待しているものである。顧客は優秀さを期待し、それを得ることのできる場所でビジネスを展開していくだろう。つまり、顧客が満足と価値の投票権を握っているともいえる。

それゆえ顧客こそが、企業がシックスシグマ・ブレイクスルー戦略を導入する理由となる。しかし、顧客は、どこかの企業がシックスシグマを導入したと、ただ耳にしたり目にしたいと思っているわけではない。彼らは、その結果を実際に感じたいと思っているのである。それには、シックスシグマ・ブレイクスルー戦略を従業員に訓練することこそが、顧客に届くプロセスを改善できる唯一の方法なのである。

図表20◆組織の逆ピラミッド

顧客
グリーンベルト
ブラックベルト
マスター・ブラックベルト
チャンピオン
経営幹部

◉……従業員は会社の価値とビジョンを理解しているのだろうか？

　この逆ピラミッドは、シックスシグマが成功するために必要なサポー

トに関するメタファー(たとえ)である。この逆ピラミッドで表された関係は、組織にシックスシグマを浸透させる方法に深い意味を持っている。この構造を支え、バランスをとっているピラミッドの最下位に位置しているのが経営幹部である。人数は少なくても、彼らの意思と公約はその成功の基礎となる。シックスシグマは経営幹部の公約なしには、上級管理職や中級管理職のサポートが受けられない。どこかの連結部分でサポートが途切れてしまうと、この構造は崩壊し、シックスシグマは失敗してしまう。

　成功する企業とは、その指導者たちのビジョンと価値によって支えられている。シックスシグマは、企業のビジョンを達成したいという欲求を駆り立てる。だから経営幹部は、ビジョンが明確に組織全体で理解されるようにしなければならない。このビジョンは、従業員の精神の中にしっかりと浸透し、あらゆる従業員に対してそれが何を意味し、どのように企業の方針に駆り立てるのか理解できるようにしておくべきだ。

　その会社にとって「シックスシグマなら、必ず達成できるのだ」という強いビジョンがあれば、経営者は従業員に新しいアイディアやコンセプトを追究する自由と、変化を実行するための力と資源を与えることができる。それによって従業員は100％シックスシグマに追従すると約束するだろう。

　ボンバルディア、GE、ポラロイド、そしてシーゲートは、シックスシグマ活動を監督し、前に進めるために、経営幹部をフルタイムのポジションに任命した。シックスシグマに責任を持つ幹部は、この活動を始めるために包括的な計画を会社中に展開していった。実施、展開するためのトレーニングを行い、上級管理職やチャンピオンとともに会社の目的や、ゴール、ベース、そして進歩に関してコミュニケーションをとった。また、シックスシグマ・プロジェクトによる財務利益の経過も記録したのだった。

●……チャンピオン

　シニア・チャンピオンは、組織内からシックスシグマを文字どおり「チャンピオン」にすることのできる人物を選出する。これによってキーとなる組織のあらゆる機能がシックスシグマにつながっていることを確実にする。チャンピオンには、2つのタイプがある。ディプロイメント・チャンピオンとプロジェクト・チャンピオンである。どちらも、業務上で経営幹部の役割を持っていなければならない。専門用語でいえば、彼らは通常SBU（Strategic Business Unit：戦略的事業単位）のリーダー、その地域の経営チームのリーダー、メジャーな職務機能のトップである。チャンピオンはその業務地域における機能的グループに従事している副社長でもよい。

　ディプロイメント・チャンピオンは、リーダーシップと公約という意味では、社長や副社長と同様の役割を果たす。しかし、シックスシグマの成功を育むために必要な付加的な責任も負う。ディプロイメント・チャンピオンは、それぞれのビジネスの隅々までシックスシグマを実施するために動く。それゆえ、ディプロイメント・チャンピオンには、戦略的、戦術的なレベルで確固としたビジネスの経験があり、大規模改革の活動をリードした経験や職務を越えたチームを率いた経験があり、シックスシグマの成果について財務的な判断ができる人物を薦める。

　一方プロジェクト・チャンピオンは、ブラックベルトを監督し、プロジェクト・レベルでシックスシグマに貢献することでその役割を果たす。彼らは企業の文化的障害を取り除き、サポートシステムをつくり、財務的資源が確実に使えるようにすることで、この改善プロジェクトを明確化していく。また、彼らは組織の能力を評価し、組織の製品やサービスをベンチマーキングし、詳細なギャップ分析を行う。さらに、業務ビジョンを創造し、シックスシグマの業務を越えた展開計画を立て、マスター・ブラックベルトとブラックベルトに対し、管理上、専門上のリーダーシップを発揮していく。プロジェクト・チャンピオンは、シックスシ

グマの方法論とツールを現状の仕事に統合していかなければならない。そのため彼らは、この哲学を広める知識、理論をサポートする知識、実践知識、シックスシグマの戦略、戦術、そしてツールの知識が豊富でなければならない。彼らは業務がどう変化するのかを考え、マスター・ブラックベルトがシックスシグマの方法論を指導するのを直接サポートする。これらのチャンピオンは、ブラックベルトを選出し、見直しを行い、そして彼らを育成して、プロジェクトでキーとなる問題の解決方法を見つけるよう導いていく。彼らは通常職務グループの副社長か取締役で、彼らのビジネスユニットに有益となるプロジェクトを選択する。

ディプロイメント・チャンピオンとプロジェクト・チャンピオンは、シックスシグマ活動の開始、展開、実施を組織し、指導する。彼らは、シックスシグマの理論、原理、実践を経営的立場から理解しているが、効果的で効率的なコミュニケーションができる専門的な理解力も持っている。チャンピオンは、戦略的に仕事をし、前述の逆ピラミッドをサポートするための基礎講座の教授である。彼らはこの活動を前進させ続けるための各役割間の「接着剤」としての役目を果たしていく。

ところで、どの程度の統計的知識が経営幹部とチャンピオンには必要なのだろうか？　ここにボンバルディアのシニア・チャンピオン、ブルース・ミヤシタの言葉を挙げてみよう。

> 管理職が会計士である必要がないように、統計学者である必要もない。しかし、シックスシグマのコンセプトとツール、それを他のことに変換することに熟達している必要がある。管理職に、キャッシュフローの基本を理解していることが期待されるように、シックスシグマの計算方法、ロールド・スループット・イールドの概念、実験計画法の本質、そして仮説検証の実質的意味を知らなければならない。これらを実施すること自体が彼らの仕事である必要はないが、ブラックベルトに適切な質問をして、適切なサポートをするため、また、確実にシックスシグマ活動が適切に組織全体に展開できるよう、用語とコンセプトに十分に精通している必要がある。

図表21◆ハイレベルでの役割比較

	チャンピオン	マスター・ブラックベルト	ブラックベルト	グリーンベルト
資格	シニア・エグゼクティブとマネジャー、例えば副社長、あるいは製造かマーケティングの取締役 基本的統計ツールと上級統計ツールに詳しい	専門的学位 例えば技術主任や、顧客担当トップ等 基本的統計ツールと上級統計ツールに精通	専門的学位、あるいは導入教育 例えば5年以上の経験を持つ技術者や、請求書発行管理者等 基本的統計ツールと上級統計ツールに精通	専門とサポートのバックグラウンド 現在のポジションが解決の必要性のある問題に関連している 基本的統計ツールに詳しい
トレーニング	1週間のチャンピオン・トレーニング	1週間の訓練を2回 ブラックベルト・トレーニングを受けることが非常に好ましい	1週間の講習を4回 各講習の合間に任じられたプロジェクトに戦略を適用するための3週間 第2、3、4回の講習中にコアロジックの見直し	3日間の講習を2回 各講習の合間に任じられたプロジェクトに戦略を適用するための3週間 第2回の講習中にプロジェクトの見直し
トレーニングする人数	ビジネス・グループあるいは製造拠点にチャンピオン1人	ブラックベルト30人にマスター・ブラックベルト1人 マスター・ブラックベルトは現場にいる必要はないその部門を代表する	従業員100人にブラックベルト1人 従業員が10万人の場合はブラックベルトが1000人必要になる	従業員20人にグリーンベルト1人

◉……マスター・ブラックベルト

　ブレイクスルー戦略の知識を組織中に広めるための社内の専門家としての役割を果たすマスター・ブラックベルトは、チャンピオンとともにプロジェクト選択やトレーニングを支援する。マスター・ブラックベルトはシックスシグマに専従し、チャンピオンが改善プロジェクトを明確にするのをサポートする。彼らは、ブラックベルトとグリーンベルトを訓練、指導し、自分の専門領域あるいはビジネスのプロジェクトにおける全体的な進捗状況についてコミュニケーションをとる。マスター・ブラックベルトのトレーニングは広範囲にわたり、その中には統計的問題解決の訓練と同様、チャンピオンのトレーニングも含まれている。しかしながら、マスター・ブラックベルトの仕事の90%は、統計とは関係がない。マスター・ブラックベルトはかなりの時間をプロジェクトと会議の計画、調整、教授、指導、情報の体系化に費やす。彼らは、全従業員にシックスシグマのビジョンの見地から物事を考えさせながら、組織の文化にシックスシグマを植えつける手伝いと、組織に永続する変化を創造することに責任を負っている。また対象となるブラックベルト・プロジェクト、特に組織の境界線を越えるプロジェクトにブレイクスルー戦略を適用するための資源と明確な進路を確保する交渉を行う。

◉……ブラックベルト

　ブラックベルトは、マスター・ブラックベルトの下で働きながら、シックスシグマ・ブレイクスルー戦略のツールと知識をプロジェクトに適用していく。彼らもまたシックスシグマ・プロジェクトに100%専念する。

　何を行うのかを決定する経営幹部やチャンピオンとは異なり、マスター・ブラックベルトとブラックベルトはどのように行うのかを理解するために全時間を費やす。マスター・ブラックベルトのように、ブラック

ベルトは統計と問題解決テクニックの広範囲にわたるトレーニングを体得し、年間100人のグリーンベルトを訓練しなければならない。従業員のスキルを開発することにはあまり重点を置いていないものの、ブラックベルトは明らかにリーダーであり、管理的なスキルと専門的なスキルの両方を持たなければならない。

　ブレイクスルー戦略の大半はブラックベルトが実施するので、次の章では彼らの役割と責任について詳細に説明する。

◉……グリーンベルト

　グリーンベルトは、仕事の一部としてシックスシグマを実施する。シックスシグマにおける責任はブラックベルトより小さく、そのエネルギーは日々の仕事に直接かかわっているプロジェクトに向けられている。グリーンベルトは、承認されたプロジェクトに任命された後もトレーニングを受けることが必要とされるが、彼らが教わるのはブラックベルト・トレーニングよりもシンプルなものである。グリーンベルトには、主に2つの仕事がある。第1に、シックスシグマが成功するようサポートする。第2に、ブラックベルトのように、各自の領域内で小さな改善プロジェクトを率いる。彼らは、データを収集するために歩き回り、ブラックベルト・プロジェクトを実施することができる。だから彼らが熟練すれば、ブラックベルトの効果を増大させることができるのである。グリーンベルトはブラックベルトとともにシックスシグマの利益を得て、それを維持するライン管理者をサポートするのに役立つツールを実践的に適用することができる。

◉……GEにおけるグリーンベルト

　出張業務処理のためにGEが契約しているカールソン・ワゴンリット・トラベルでは、GE社員の出張手配に効果的に応えるため、ある上級管理職にGEのトレーニング・センターでチャンピオン・トレーニン

グを受けさせることにした。そしてこの管理職はGEのトラベル・センターで、GEのマスター・ブラックベルトと親しく働くことができた。カールソン・ワゴンリット・トラベルのブラックベルトは、旅行業務プロセスの専門家として働き、旅行のツール、レポート、プロセスなど、GEの従業員の手助けをした。また、GEのトラベル・センターにいる何十人もの従業員にグリーンベルトの訓練をした。今やこれらのグリーンベルトはプロジェクト・チームとして働くだけでなく、プロジェクトをリードしている。さらにブレイクスルー戦略を他の顧客にも適用することで、カールソン・ワゴンリット・トラベルは顧客満足レベルを向上させ、売上げを伸ばしたのであった。

GEはグリーンベルト・トレーニングをダブルツリー・ホテルズの総支配人にも提供した。ダブルツリー・ホテルズは、GEが従業員の出張に好んで使用するホテルの一つで、わざわざ専属支配人を1人、GEのために担当させていた。ブラックベルトと数人のグリーンベルトを任命したことで、この会社は社内プロセスを改善し、GEの従業員にとっても共に働きやすい会社となった。ダブルツリー・ホテルズは、何百ドル何千ドルも倹約したのだった。さらにそのプロセスを合理化し、GEとの経験を通して学んだツールとスキルを他の法人顧客にも応用している。

GEはまた、従業員の転勤引越しサービスを扱うコールドウェル・バンカーの従業員にグリーンベルト・トレーニングを提供した。コールドウェル・バンカーがサプライヤー・トレーニングを受ける以前、GEは従業員から転勤にともなう引越しの際に、家財が損傷しているという苦情を相当数受けていた。しかし、コールドウェル・バンカーの従業員を訓練し、指導した後、GEの従業員からの苦情は激減した。

◉……まとめ

シックスシグマの導入を成功させるには、逆ピラミッドの頂点が確固とした経営幹部の価値と行動の基礎とならなければならない。経営幹部がリップサービスを与えるだけでは、プログラムはその反抗の最初の山

でつまずいてしまうだろう。しかし、組織のリーダーがシックスシグマの価値がその企業文化の一部となると力説すれば、この逆ピラミッドが傾くことはないだろう。

図表22◆ハイレベルでの役割展開のガイドライン		
フェーズ1	ビジネスユニットでチャンピオンとマスター・ブラックベルトを選出する。この数はビジネスの優先順位によるが、経験から得た方法としてはビジネス・グループにチャンピオン1人、ブラックベルト30人にマスター・ブラックベルト1人である。	一般的な意識トレーニングとコミュニケーション
フェーズ2	チャンピオンとマスター・ブラックベルトにシックスシグマ・ブレイクスルー戦略を教える。展開計画は各ビジネス・グループで展開され、発表される。	
フェーズ3	チャンピオンとマスター・ブラックベルトは、プロジェクトの最初の「ウェーブ」を明確にし、ブラックベルトと、クロス・ファンクショナル・チームを選出する。	
フェーズ4	マスター・ブラックベルトは、追加トレーニングを受ける。彼らは、ブラックベルトとその他ブレイクスルー戦略を適用する予定の者を「訓練するために訓練を受ける」。	
フェーズ5	ブラックベルトがトレーニングを開始する。最初のプロジェクトのウェーブを開始。	
フェーズ6	経験のあるブラックベルトがグリーンベルトを訓練する。	

図表23a◆ブレイクスルー戦略の担い手の役割

チャンピオン	マスター・ブラックベルト
会社のためにシックスシグマのビジョンを立てる。 組織中にシックスシグマを導入するための道を定義する。 ブレイクスルー戦略を実行するための包括的トレーニング計画を展開する。 影響力の高いプロジェクトを慎重に選ぶ。 「統計的な考え方」の展開をサポートする。 目標とされていることを確実にするため、ブラックベルトに多くの質問をする。 シックスシグマ・プロジェクトをサポートすることで得た利益を認識し、資金を引き当て、障害物を取り除く。 ブラックベルトに勧告をすることで自分の立場を守る。 プロジェクトの機会が組織のリーダーシップと財務部によって適正かどうか確認する。 人々の努力を認める。 チャンピオンのトレーニングは1週間である。	大きなビジネスの全体像を理解する。 チャンピオンのパートナー。 マスター・ブラックベルトとして承認を受ける。 組織のさまざまなレベルにトレーニングを展開し、伝える。 プロジェクトの明確化をサポートする。 プロジェクトでのブラックベルトの働きを指導し、サポートする。 プロジェクトの見直しに参加し、専門的知識を伝授する。 ブラックベルトの任命と訓練を助ける。 大多数のプロジェクトでリーダーシップをとる。 全社でベスト・プラクティスを共有することを容易にする。 マスター・ブラックベルトのトレーニングは、1週間のトレーニングが2回で成り立っている。

図表23b◆ブレイクスルー戦略の担い手の役割

ブラックベルト	グリーンベルト
ブレイクスルー戦略の専門家として役割を果たし、ブレイクスルー戦略に熱心に取り組む。 チャンピオンの考えを鼓舞する。 障害を明確にする。 チームをプロジェクト遂行に導き、指導する。 進捗状況を適切なリーダーシップ・レベルの人々に報告する。 必要な場合はチャンピオンの援助を要請する。 直接的権威なしの影響力。 最も効果的な適用ツールを決定。 M（測定）フェーズ中に詳細なプロジェクト評価を準備する。 知識の豊富な作業者、第一線の監督者、チームリーダーから意見を得る。 ブレイクスルー戦略の手法とツールを教え、指導する。 プロジェクトのリスクを管理する。 結果を確実に維持する。	通常の職務を行いながらの、パートタイムを基本とするグリーンベルトとしての仕事。 現状の責任範囲でブラックベルト・プロジェクトチームに参加。 特定のプロジェクトに適用しながらシックスシグマ方法論を学ぶ。 プロジェクトの完了後もシックスシグマ手法とツールを継続して学び、実践する。 グリーンベルト・トレーニングは3日間の講習を、間に3週間あけて2回行う。

第11章

ブラックベルト

　我々は、最高の人材の中から彼らを選出し、4か月にわたる集中的な問題解決トレーニングを受けさせる。そして、チームを率い、最も難しい問題の解決に専念させる。この活動の結果によって、顧客満足をさらに高め、会社の業務上のパフォーマンスと財務上のパフォーマンスを劇的に改善することができるのである。

—— シーゲート

　ビジネスの成長を促すための適切な人材の発掘という問題にあらゆる企業が直面している。シックスシグマは人々に新しいスキルを学ぶ機会と、新しい事柄に挑戦する機会を与えてくれる。そしてブラックベルトは、プロジェクトに取り組むにつれて非常に独特な価値のある一連のスキルを展開していく。しかもその分析的なスキルと戦術を磨くだけではなく、実践的で現実的なリーダーシップも発達させていく。そして最終的に変革の請負人となるのである。

—— ブルース・ミヤシタ（ボンバルディア 企業戦略ディレクター）

組織というのは、哲学あるいはプログラムだけでなく、個人とその知識に根ざして編成されている。だから、ブレイクスルー戦略をうまく実施できるかどうかは、人材にかかっているといえる。戦略だけで良い会社を築くことはできない。しかし、戦略と適切な人材が一緒になればそれは可能である。結局、収益性を上げるのは人なのである。適切な人材を選び、組織を導くためにあらゆる階層でブレイクスルー戦略を利用して、その人物を育てる以外に重要な選択などあるだろうか。

　シックスシグマの方法論は個人をチャンピオン、マスター・ブラックベルト、ブラックベルト、グリーンベルトとして訓練するが、ブレイクスルー戦略の実践者はブラックベルトなのだ。ブラックベルトは、シックスシグマの実践、継続に必要で、対象にしているビジネス分野やビジネスユニット内でしっかりとシックスシグマ活動を導くために必要なシックスシグマの知識とスキルを持っている。ブレイクスルー戦略を人々に訓練することで、方法論と哲学が企業全体に広まり、6σ達成を助けるブレイクスルー戦略を実施するための専門知識を活用できるようになる。ブラックベルトはシックスシグマの中枢的な役割を果たすので、その役割について詳細に説明しようと思う。

●……ブラックベルトは何をするのか？

　ブラックベルトは、ビジネスの観点から大きな影響力を持つプロセスを分析し、最適化する。彼らは製品やサービスの提供プロセスのエラーや欠陥を削減するプロジェクトを特定、実施する。また労働力、材料、サイクル時間、そして在庫の削減を支援する。これらの改善は、シックスシグマの利益として財務部門が計算してくれる。このために、ブレイクスルー戦略の測定、分析、改善、管理（M-A-I-C）のフェーズを適用したうえで、根本的な因果関係の要因を明確にし、それに着目することで

問題を解決するのである。

◉……なぜ「ブラックベルト」というのか？

「ブラックベルト」という肩書きは、著者が1980年代中頃、ユタ州ソルトレークシティのユニシス・コーポレーションでプリント基板製造のコンサルティングを行っていたときにつくった。つまり、最初のブラックベルトはそこで訓練された。この肩書きは、プロジェクト・リーダーに統計的な問題解決方法を訓練するために与えられた。そのルーツは、空手とシックスシグマ・ブレイクスルー戦略実施との関係にある。空手もシックスシグマ・ブレイクスルー戦略も精神的な訓練と、系統的で厳しいトレーニングが重要だ。空手の黒帯にとって力、スピード、判断力が決め手であるように、ブラックベルトも背後にある企業の資源、自身の精神的な集中力、多様なプロジェクトを巧みに処理しそれを即座に完了させる機敏さが決め手なのである。重心を移動したらすぐに体勢を整

図表24◆ブラックベルトの仕事

助言	現場の組織、あるいはその拠点内でシックスシグマにかかわる個人のネットワークをつくる。
教育	この新しい戦略とツールに関する正式なトレーニングを現場の人間に行う。
指導	現場の人間をマン・ツー・マンでサポートする。
伝達	この新しい戦略とツールをトレーニング、ワークショップ、ケース・スタディ、発表会などで伝える。
発見	シックスシグマ戦略とツールを適用する機会を社内と社外に見つける。（例：サプライヤーと顧客）
明確化	ビジネスの機会を他の組織とのパートナーシップにより強調／表面化する。
影響	シックスシグマ戦略とツールの使用を促進する。

えなければならない空手の黒帯と同様に、ブラックベルトもプロジェクトからプロジェクトへ移行するときに、物理的にも精神的にも自らの体勢を整えなければならない。

◉……なぜ、ブラックベルトは重要なのか？

　ブラックベルトは財務利益を上げながら、組織のσレベルを劇的に向上させる。彼らは物事の新しい方法を提案して経営陣の考え方を刺激し、新しい方法論の適用成功例を示して慣習的な知識に挑戦する。さらに革新的な戦略を立て、その経過を記録するよう他の者を訓練する。彼らは、忍耐強く、説得力があり、想像力に富む、クリエイティブな集団でなければならない。また、第一線の従業員、監督の立場にある者から尊敬される必要もあるが、もしリスクを冒したり、方向性を定めたり、収益性のブレイクスルーへの道を敷くつもりなら、中間管理職あるいは上級管理職からも尊敬される必要がある。最も重要なことは、意図することを現実的なものに変換し、それを維持するようにしなければならないことである。組織の目的を明確にし、プロジェクトに取り込むのである。

　ブラックベルトとして成功するには、知的能力と先導力だけではなく、ビジネスを再検討し、再学習する欲求と粘り強さが求められる。ほとんどの組織は、変化を生み出す好機を喜んで受け入れ、新しいことへの挑戦を拒まない才能ある人材の宝庫のはずである。だからその人々にブラックベルトになる機会を与えることは、彼らの希望をかなえ、企業内で輝く機会を与えることになる。

　ブレイクスルー戦略ではブラックベルトに対して、プロジェクトをうまく管理する以上のことを要求する。これはまた、財務上かなり高い目標を達成させる責任を負うことも意味する。明けても暮れても、予期せぬバラツキを探し、先を見て適切な行動がとれるよう、継続してプロジェクトのパフォーマンスを測定し続けなくてはならない。彼らは「レーダー」を使用して潜在的な障害を検出しなければならない。また投資時期と目的を定め、投資することをためらってはいけないのである。第10

章で述べたように、経営陣とチャンピオンは何を行うかについて悩み、マスター・ブラックベルトとブラックベルトはどのように行うかについて悩むのである。また一方で、幹部はブラックベルト・プロジェクトを投資と顧客満足の観点でのみ測定し、ブラックベルトは投資金額だけでなく、欠陥、プロセス能力、そしてバラツキの観点で測定する。

シックスシグマ方法論を組織内に適用するためのスキルを確立するには、ブラックベルトに選出された人々がブレイクスルー戦略を学びたいと思うだけでなく、これを実践したいと思うことが必要である。

◉……ブラックベルトは、どんな結果を収益として還元できるのか？

企業はブラックベルトの1プロジェクト当たり少なくとも15万ドルから17万5000ドルの利益を見込むことが可能である。ほとんどのブラックベルト・プロジェクトごとの収入は、平均約23万ドルと見てよい。十分に訓練されたブラックベルトならば、年間4つから6つのプロジェクト、あるいは、2、3か月ごとに1つのプロジェクトを継続して完了させるので、毎年60万ドルから、うまくいくと100万ドル以上の直接費の節約と生産性の改善をもたらす。ブラックベルトがプロジェクトを完了させるまでにかかる時間は、プロジェクトの範囲やその複雑さ、適当な測定装置を入手できるかどうか、あるいはそのプロジェクトにいくらの予算がかけられるかによって異なる。さらにブラックベルトのトレーニング用プロジェクトでさえも、収益欄に計上することが求められている。ブラックベルトは経験を積むにつれ、グリーンベルトを活用することでプロジェクトを同時に進行することができるようになり、それゆえに収益を劇的に上昇させることができるようになる。

クレーン社はシックスシグマ・ブレイクスルー戦略を1997年に導入し、さまざまな事業部の20人の従業員を訓練した。クレーン社はこれらのブラックベルトが年間40万ドルの利益をもたらすだろうと推定しており、それによって会社全体の収益増加のみならず、ビジネス競争での立場を有利にするだろうと見ている。

ブラックベルトが会社の財務的状況にテコ入れをすると、シックスシグマのメッセージは組織内に波及することになる。そして健全な形での競争原理が確立され、誰かが成功し、報酬を得るのを目にした他のメンバーも同様に成功を得るための機会を得たいと思うようになるのである。

◉……ブラックベルト・トレーニング

ブラックベルト・トレーニングは4つの講習期間に分けられる。各期間はブレイクスルー戦略の核となる4フェーズ、M-A-I-Cのそれぞれ1フェーズで構成されている。ブラックベルト・トレーニングは合計4か月間にわたり実施され、ブレイクスルー戦略の各フェーズで最初に1週間の講習を教室で受け、残りの3週間で課題プロジェクトに応用してみる。3週間でそれを実践した後、ブラックベルト訓練生とプロジェクトが批評され、訓練生は教室に戻り、次のフェーズについて、どのようにプロジェクトに適用していくのかを学ぶ。このプロセスは、ブラックベルト訓練生がこの4フェーズを完了し、その知識を特定のプロジェクトにうまく適用できるまで続く。伝統的なことわざに「百聞は一見に如かず」というのがある。適切なトレーニングを受けた後も、ブラックベルトが本当にブレイクスルー戦略のツールに熟達し、それらのコンセプトがどのようにつながり合っているのかを理解するまでには、2つか3つのプロジェクトをこなすことになるだろう。ブレイクスルー戦略に十分熟達するには、約12か月の実践が必要である。しかし、いったんブラックベルトに認定されてしまえば、プロジェクトの選択にブレイクスルー戦略を適用し、他の者を指導することができる。

ブラックベルトの学習プログラムは、シックスシグマのPlan-Train-Apply-Review(P-T-A-R:計画―訓練―適用―見直し)モデルに従っており、コンピュータ演算回路のフィードバック・システムのような働きをする。

ブラックベルトの学習プログラムでは、シックスシグマ哲学、理論、戦術、ブレイクスルー戦略、ツールの理解に重点を置いている。その中でも特に、ブレイクスルー戦略(統計、定量化可能なベンチマーキング、プ

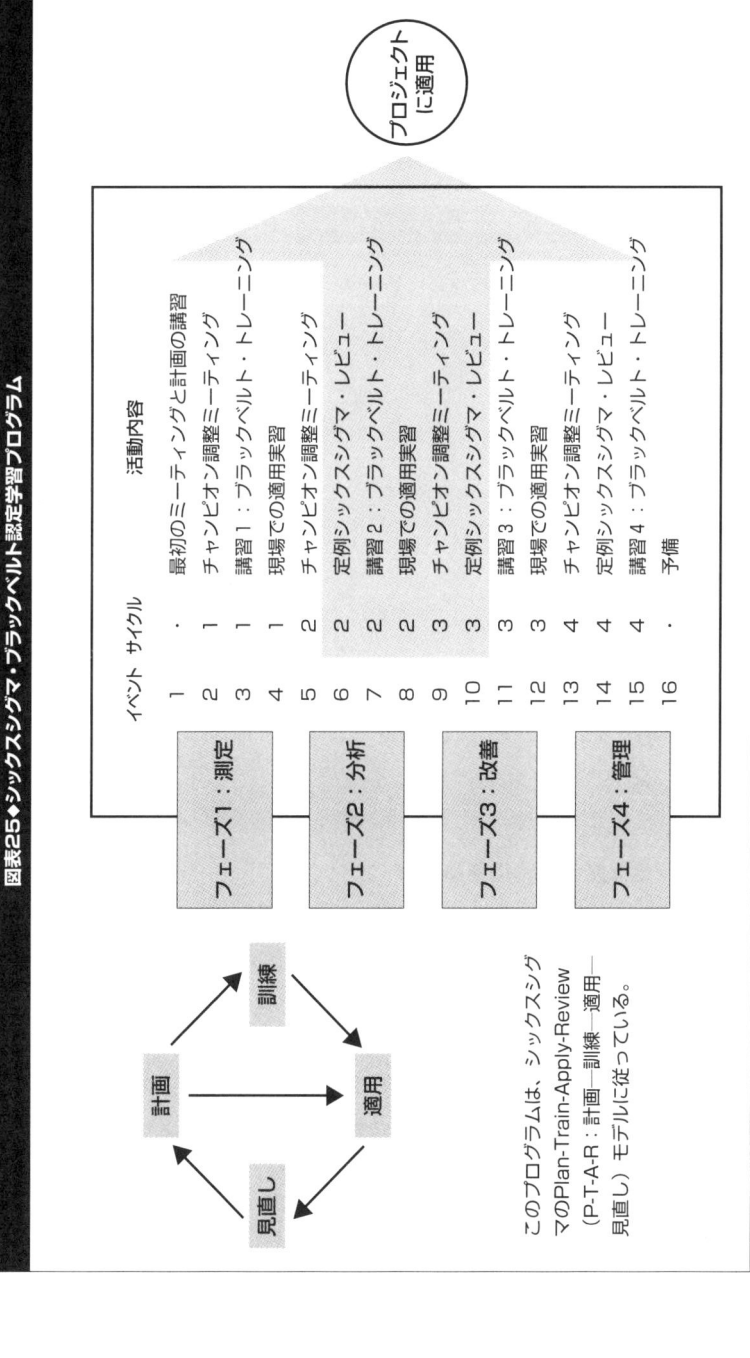

図表25 ◆ シックスシグマ・ブラックベルト認定学習プログラム

イベント	サイクル	活動内容
1	-	最初のミーティングと計画の講習
2	1	チャンピオン調整ミーティング
3	1	講習1：ブラックベルト・トレーニング
4	1	現場での適用実習
5	2	チャンピオン調整ミーティング
6	2	定例シックスシグマ・レビュー
7	2	講習2：ブラックベルト・トレーニング
8	2	現場での適用実習
9	3	チャンピオン調整ミーティング
10	3	定例シックスシグマ・レビュー
11	3	講習3：ブラックベルト・トレーニング
12	3	現場での適用実習
13	4	チャンピオン調整ミーティング
14	4	定例シックスシグマ・レビュー
15	4	講習4：ブラックベルト・トレーニング
16	-	予備

フェーズ1：測定
フェーズ2：分析
フェーズ3：改善
フェーズ4：管理

→ プロジェクトに適用

計画 → 訓練 → 適用 → 見直し → 計画

このプログラムは、シックスシグマのPlan-Train-Apply-Review（P-T-A-R：計画—訓練—適用—見直し）モデルに従っている。

ロセス管理テクニック、実験計画法)を重視している。ブラックベルトはトレーニングをこなすにつれて、いかなるビジネス上の問題をも解決するための科学的なツールをどのように融合し、どのような順番で使用すればよいかを発見していくのである。

図表26◆ブラックベルトの講習コース

M‐A‐I‐Cの12ステップ

測定（M） 欠陥の頻度を測定する	CTQ特性の選択 パフォーマンス基準の定義 測定システムの確認
分析（A） いつ、どこで、欠陥が発生するかを分析する	製品の能力の確定 パフォーマンス目的の定義 バラツキ原因の明確化
改善（I） プロセスを改善する	潜在的原因の検出 変数の関係の発見 作業公差の設定
管理（C） それを維持するためにプロセスを管理する	測定システムの確認 プロセスの能力の設定 プロセス管理の実施

◉……**安全は誰のためにあるのか**

　ブラックベルトになるためには相応の責任を負わなければならない。また、ブラックベルトにはリーダーシップも必要である。ブラックベルトにとって最大の挑戦の一つに、他の者に新しい行動を実践させることがある。成功しようとするブラックベルトにとってリーダーシップは非常に重要である。彼らの役割は伝統的な管理職*のそれとは全く異なる。

＊**伝統的な管理職**
　リーダーシップのスキルを学ぶこともブラックベルト認定プログラムの一部である。

ブラックベルトは、プロセスを分析、管理するために従業員を教育、指導することに責任を持つのである。かつて、生産を早め、急場をしのぎ、プロセスの細かいところまで管理するために費やされた時間を、今では、誰もが同じように考え、行動するために指導したり、問題解決や収益性の増加に大胆な革新を適用するための研究や学習に費やすことができるのである。ブラックベルトのリーダーシップとはブレイクスルー戦略を活用することを意味し、それを毎日周囲に教えることを意味する。言い換えれば、シックスシグマを活かすことを意味しているのである。

　このことに卓越した人物が、最も優れたブラックベルトになり、ブレイクスルー戦略という冒険の主導権を握ってパワフルに行動できる。ブラックベルトは並外れたレベルのエネルギーと集中力を維持しなければならない。そして多くの人々は、重要な思考スキルを展開するために必要なプロセスが、人生を変える経験となることに気づく。彼らはもはやトレーニング受講前に行っていた方法で状況を評価したり、潜在的な問題解決に取り組んだりしない。ブラックベルトがプロジェクトからプロジェクトへ移り、その努力の結果が互いに混じり合っていくにつれて、問題にアプローチして解決する方法論が継続的に蓄積されていくのである。

　ブラックベルトの中にはマスター・ブラックベルトになり、ついには経営幹部に出世する者も出てくる。あるいは、昇進しながらそのスキルを他の領域に応用していく者もいる。ブラックベルトは一般に２年間その任務に就く。この厳しい役割のおかげで、このアプローチがうまくいくことが証明されるのである。

◉……**ブラックベルトの選出**

　ブラックベルトを選出するという行為は、挑戦的な出来事である。多くの人々はブラックベルトの役割と厳しさに耐えきれないのである。シックスシグマの潜在能力を理解する管理職や専門性志向の人々は、過去の経営実践にフラストレーションを抱いているため、ブラックベルトの

図表27◆理想のブラックベルト像

- 上司、同僚、部下から非常に尊敬されている。
- ビジネスを広い目でとらえている。
- 結果に注目し、収益の重要性を理解している。
- 経営者の言葉（資金、時間、組織的ダイナミクス等）で話す。
- 勝つためには、何でもすると約束する。
- 副社長、取締役、あるいはビジネスユニットの管理職がスポンサーである。
- 自分の専門分野のエキスパートである。
- 書面でも口頭でも優秀なコミュニケーション・スキルを持つ。
- 他の者が何かに優れるよう鼓舞する。
- 他の者がクリエイティブであるよう鼓舞する。
- 相談、助言、指導ができる。
- 慣習的な知識に挑戦し、新しい方法論を展開・適用し、革新的な戦略を立てることで、変化へと駆り立てる。
- クリエイティブで、型にはまらない知性を持つ。
- 失敗やミスを容認する余裕がある。
- 選択の責任を負う。
- 批判とは自分が前進するために後押ししてくれるものだと考える。
- 公約、専念、チームワークを奨励する。
- チームを目的の核心へ向けて統合し、鼓舞する。
- 問題点のあらゆる側面について語ることができる。
- 多様なアイディアや視点を歓迎する。
- 共感することができる。
- win-win（両者に利益のある）解決策を促す。
- 機転をきかせて反対することができ、オーバーに反応しない。
- プレッシャーのもとでも確固として行動する。
- 問題を予測し、早めに行動して原因を修正する。
- ビジネスの視点で効果的に優先順位を設定する。
- 限定された資源を非常に効果的、効率的に使う。
- 非現実的な仕事数をチームメンバーに与えないよう注意する。
- 人間には限界があることを理解し、尊重する。
- 他者に対して偽りのない関心と思いやりを示す。
- 個人的な利益よりもビジネスの成功に関心を持つ。
- 自分の専門知識を他者に押しつけない。
- 結果は気まぐれな肩書きやシルクのパジャマ以上の価値があると認識している。

良い候補者となるかもしれない。一般的には、最高のブラックベルト候補者とは、すでに自社の製品、サービス、プロセスに対して高い意識を持つ人々であることがわかっている。適切に訓練され、専門的にサポートされれば、彼らは変革の請負人、社内コンサルタント、そして指導者を務めることが可能であり、チャンピオンを助けることができる。また、その会社での経験や知識が浅い新人というのも、逆に新鮮な見方ができ、その会社の歴史を塗り替えるために必要な原動力をもたらすものである。いつ、どのように、新旧の取り混ぜを行うかを知ることもチャンピオンの役割である。

　シックスシグマを使用して文化的な変革や大胆な改善を行うためには、ブラックベルトがそのポジションに最低でも2年、最高で3年在籍しなければならないことがわかっている。ここに優れたブラックベルトの特徴をいくつか挙げる。

　図表27に掲げた内容は、ほとんどのブラックベルトが実際には満たすことのできない一連のガイドラインである。しかしながら、このガイドラインの意図するところは、そのポジションを理想化し、チャンピオンがブラックベルトを選出する際に考慮する特徴を示すことにある。

◉……組織には、何人のブラックベルトが必要なのか？

　この問いに答える方法はいくつかある。しかし、企業ごとに異なる要因が当てはまるので、この答えにはある種の客観的な評価方法が必要である。いかなる種類の改善のためでも、よく訓練された人物を送ることを考えるときには必ずSWAT（Special Weapons and Tactics：米国特別機動隊）チーム程度の人数を考えるものである。しかし実際に判断しようとすると、兵士をさらに1個小隊分召集する必要があることに気づくものである。

　必要となるブラックベルトの数は企業の財務的ゴールに左右される。成功のための公式は存在しないが、経験により、おおざっぱに製造業ではおよそ従業員100人にブラックベルト1人、サービス業では50人にブ

ラックベルト1人が必要であることがわかっている。さらに、1ビジネスユニットにマスター・ブラックベルトが1人、あるいは従業員およそ1000人にマスター・ブラックベルト1人が必要である。マスター・ブラックベルトは年間100人のブラックベルトの訓練をすることができるが、30人以上のブラックベルトが同時期に報告してくるような状況は避けなければならない。1つの組織のブラックベルトとマスター・ブラックベルトの人数を決定するために、下記の簡単な計算式で算出する方法もある。

総収入(米ドル)÷1,000,000＝ブラックベルトの人数
ブラックベルトの人数÷10＝マスター・ブラックベルトの人数

　この計算式を使うと、年間総所得が10億ドルの企業は、専任のブラックベルトが100人、マスター・ブラックベルトが10人必要だということになる。またチャンピオンの人数は、シックスシグマを展開するためにどのような選択をするか、どのような地理的なロケーションか、どの製品ラインかによってまちまちである。
　他にも組織に何人のブラックベルトが必要なのかを計算する方法として、組織がいくらくらい節約しようと決定するかという観点がある。例えば、年間総所得が15億ドルの会社の場合、シックスシグマによって5年間で2億5000万ドルの節約をしようと決めるかもしれないし、あるいは年間5000万ドルの節約をしようと決めるかもしれない。1プロジェクト当たり17万5000ドル節約すると仮定すると、5年間に2億5000万ドル節約するためには、毎年286のブラックベルト・プロジェクトを完了させなければならない。ブラックベルト1人で年間5つのプロジェクトを完了することができるということを念頭に置くと、年間5000万ドル節約するためには57人のブラックベルトが必要となる。
　ブラックベルトの必要数を決定する要因は他にもある。例えば、ある事業が同じ地理的ロケーション内のいくつかの小工場で構成されている場合、ブラックベルトの数は少なくてすむ。反対に、いくつかの小工場

が地理的に離れた場所に分散している場合には、ブラックベルトの人数を増やす必要がある。いずれにせよ、下記に挙げる質問に答えることでさらに洞察を得ることができるだろう。

- なぜ、シックスシグマを導入するのか？
- それは欠陥を取り除くためなのか？顧客満足を改善するためなのか？
- 納期を改善するためなのか？コストを削減するためなのか？
- 会社の構造は？
- 製品ごとの編成か？地域ごとの編成か？
- 地理的ロケーションによって製品構成はどう変わるのか？
- 主要言語は英語か？

すでに訓練を受け、意志が強く、知識も豊富なブラックベルトのいる企業では、他の企業よりも早くブラックベルト・プロジェクトを実施し、さらに深く追求することができるだろう。ブラックベルトが積極的でなく、経営陣のサポートを欠くうえ、企業の政策に巻き込まれていて、専門知識に弱い場合、同じ期間に同程度の利益を上げるためにはより多くのブラックベルトが必要となる。あるいは、シックスシグマの利益を同程度得るためには、より長く待たなければならないだろう。しかし、各プロジェクトでの利益レベルは異なっても、シックスシグマを実施してから2年目の終わりには、ほとんどの企業がシックスシグマへの投資によるプラスの累積財務結果を報告することができるのである。

ブラックベルトを社内で訓練すべきか、あるいは社外から雇うべきか？

大企業だからといって、十分な人数のブラックベルトを社外から見つけてきて雇うことができるわけでもない。たとえ社外からブラックベルトを雇い、その人物がブラックベルトとして認定されても、その企業文化には合わないというリスクがともなう。というのも、組織に新しく配属され、プロジェクトを成功させなければならないというプレッシャー

のもとで、その人物はその企業の文化と歴史に慣れていかなければならないのである。

　今やシックスシグマは、多くの企業で将来の経営幹部の遺伝子コードの一部となった。場合によっては、我々が示したように、あらゆる専門的、経営的ポジションへ昇進するための避けることのできない必要条件であり、そしてストックオプションの報酬を獲得するための要件なのである。さらにこのような組織においてシックスシグマの任務を完了したマスター・ブラックベルトとブラックベルトは、最も求められている上級管理職の候補者なのだ。

●……まとめ

　結果を達成するのは、プログラムではなく、人である。だからこの方法論を実施するためには、人にブレイクスルー戦略を訓練するのである。ブラックベルトは、シックスシグマ・プロジェクトに取り組むため、自分の時間を100％費やすことを許されなければならない。だからブラックベルトが中途半端に取り組んでも、長期的に見た財務的利益は高くならないだろう。ブレイクスルー戦略に関する訓練がブラックベルトの成功には必須であるが、社内のプロセスを効果的に改善するためには、時間、人、そして財務的資源が必要なのである。訓練を受けたブラックベルトの力を自由に解放することによってのみ、企業は最大の恩恵を得ながら、すばやく前進することが期待できる。

ケース・スタディ

作業者のミスなど存在しない
――アライドシグナルの改革

　我々は、欠陥を削減するという困難だが基本的なシックスシグマ・スキルを、新製品を製造、販売し、請求書を発行して代金を回収するまでの、すべてのビジネス・プロセスに適用した。収益の最後の1ドルまで社外から得てきたと考えるように、サイクル時間削減、在庫削減、生産数増加、廃棄削減によって、社内から収入を得るという新たな方法を開始した。その結果、より価格競争力のある製品を出すことができるとともに、我々にさらに多くのビジネスを与えてくれる顧客により高い満足を与えることができた。そして何よりもキャッシュフローが改善された。

──── ローレンス・A・ボシディ
1998年アライドシグナル アニュアルレポート

アライドシグナルは、我々が今日知るブレイクスルー戦略を最初に実施した企業であった。6σを達成するために従業員に対してブレイクスルー戦略の原理を適用するための特訓を行ったのだ。

◉……アライドシグナルの品質への旅の歴史に関する概要

アライドシグナルの7万人の従業員は、収益性の高い製品を安定的に設計、製造している。その中には、化学製品、ファイバー、プラスチック、さらに航空宇宙産業向けや自動車向けの製品も含まれる。シックスシグマを実施した多くの企業のように、アライドシグナルもすでにいくつかの品質の改革を試みており、その結果はさまざまだった。品質の追求は、ローレンス・A・ボシディがGEからアライドシグナルに移り、CEOを引き受けた1991年から加速した。彼は即座にこの会社の脂肪を削り取り、従業員にモチベーションを与え、膨大な財務目標を設定した。これらの目標を達成しながら、アライドシグナルはその市場価値を1991年時点の40億ドルから、1998年の210億ドルにまで引き上げた。これまでのシックスシグマ活動の結果として、2000年までに、この数字は380億ドルを超えるだろうと見込んでいる。アライドシグナルのゴールもまた野心的である。

- 生産性プラス6%
- 納期厳守99.8%
- 在庫削減
- フル操業の利用
- 時間外労働をほとんどなくす
- 信頼性の高い製品
- 5σの製造

- 5σの設計
- 予測可能なキャッシュフロー
- 5σのサプライヤー

　1998年の終わりまでに、アライドシグナルでのシックスシグマによる総収入は累積で20億ドルにも達していた。今日では、受注処理、出荷、部品調達、製品改革を含むサービスの領域でも同様に、シックスシグマの利益を認識している。

　「革新は組織の永続を支えるものである」と、ボシディは述べている。1998年末、このCEOは2000年までに新製品で30億ドルから40億ドルを達成し、会社全体の売上げを185億ドルに押し上げるよう推し進め始めた。その結果、シックスシグマは次第にアライドシグナルの新製品開発において重要なものとなった。(1)これにより新製品開発の成功率が向上した。(2)サイクル時間を減らし、新製品を市場により早く投入することができた。(3)サイクル時間減少により間接費を削減することができ、アライドシグナルはより少ない資源でより生産性を高めることができた。全体として、シックスシグマにより15億ドルも節約することができたのだった。1998年単独での節約額は5億ドルで、1999年には6億ドルに到達すると見込まれている。

　新たなるスタンダードとしてのシックスシグマによって、アライドシグナルは効率を改善できた。1997年夏、アライドシグナルが製造したボーイング777の空調管理システムが謎の停止事故を6週間に4回も起こしてしまった。しかも、それは毎回別のラインで発生した。どの場合も、機内の空気圧確保のためパイロットは緊急降下を余儀なくされた。そこでアライドシグナルは、85人以上の職務を越えたチームを結成し、アエロスペース・エクイップメント・システムズの指導でシックスシグマ・ブレイクスルー戦略を使用し、問題を調査した後、革新的でコスト効果のあるソフトウェア・ソリューションを90日で開発した。アライドシグナルはボーイングを喜ばせただけでなく、その顧客も喜ばせたのである。ボーイングはこれにより何十万ドルもの損失の可能性を回避することが

できたのである。

> 我々は他の組織に対してどのようにシックスシグマを実施するのか述べることはできないものの、どうすればそうならないかならば述べられる。我々はその過程では過ちも起こしたが、それ以上に多くを学んだのである。

●……学習効果

レッスン1：組織の経営幹部はシックスシグマを認めなければならない

　アライドシグナルの経営幹部はシックスシグマ導入に際して、それをサポートし、ブレイクスルー戦略を従業員に訓練することで、組織が共通の目的を目指すことができると理解してはいたものの、最高経営者以外はブレイクスルー戦略がどのように機能するのかわかっていなかった。彼らは、シックスシグマをトップから押しつけられた「今月の新メニュー」のような活動と見なし、ブラックベルトを厄介な存在だと考えていた。

　アライドシグナルの拠点の多くは、1991年のTQC(全社的品質管理)に始まり、顧客満足評価といったいくつもの活動ですでに飽和状態だと不満を述べた。そこでアライドシグナルが最初に行ったことは、シックスシグマ・ブレイクスルー戦略をすでに実施した活動の基盤とし、他の"活動"をシックスシグマの能力を高めるために使用することだった。それでも最初のうちアライドシグナルでは、プロジェクト管理チームがシックスシグマの基礎のために個々の活動をどのように使用すればよいのか明確に理解していないようだった。さらにブラックベルトが、シックスシグマの専門用語で管理職に語り出したことで、チームの人間が混乱し、問題も混乱した。

　アライドシグナルは、ブレイクスルー戦略の手法を理解し、ブラックベルトの経験と訓練を効果的に活用する方法を理解できるようシックス

シグマを経営のあらゆるレベルで導入する必要があることを認識していた。管理職を同じ土俵に上げるため、数週間にわたる管理職講習を開催し、彼らもビジネスの問題点に合意することができ、シックスシグマが他の活動と一緒になることでゴール達成にどう役に立つのか判断できるようになった。

シックスシグマ・ブレイクスルー戦略を組織内で始めるためには、上級管理職による最大限のサポートが必要である。上級管理職は、ブレイクスルー戦略に関して明確な考え方を下位組織に伝えていく案内役とならなければならない。明確に定義されたビジョンや目的のもとで従業員に仕事をさせれば、力強い効果を得ることができる。シックスシグマ・アカデミーで訓練されたブラックベルトが上級管理職に最も要求したかったことは、方針、信頼、希望なのだということをアライドシグナルは理解したのだった。

しかし、中堅幹部連中に従来の問題解決手法を変えさせ、殻を破って物事を考えさせることがどれだけ難しいことかを思い知ることにもなった。従業員は表面上の徴候に着目した伝統的な質問――開発や生産計画、コスト目標や品質目標に合わせることに集中した質問――をする傾向がある。しかしシックスシグマ・ブレイクスルー戦略を習得するにつれて、コストや欠陥の要因や顧客満足に影響する根本原因の質問をするようになった。問題に感情的になって反応するのではなく、具体的な解決方法を導き出せるよう問題を明確にするデータで議論するようになった。彼らの質問は、組織を常に新しい行動へと駆り立てたのだった。

アライドシグナルのマスター・ブラックベルトは徐々に取締役、副社長へと昇進し、こうしたシックスシグマの体現者が、問題を解決するための新たな方法を採用する役に回っていくことが目立ち始めた。この「新たなる伝道師」がシックスシグマを先天的に理解し、サポートするおかげで、前進し続ける助けとなっているのである。アライドシグナルの経営幹部と管理職が、シックスシグマ・ブレイクスルー戦略に関する知識を豊富に持てば持つほど、業績への期待はそれに従って大きくなる。すると、変化を拒否してきた邪魔者も次第に取り除かれていった。

◉……人ではなく、プロセスを監視する

　アライドシグナルは、管理職と従業員が、中身のない命令によって何かが起こるのを待つよりも、行動計画が存在するときの方が問題をうまく修正できることに気づいた。単に解決策を見つけるよう命令された従業員は、会議で白熱することもなく、自身の仕事が方針に沿っていなかったのではと心配し、どのように問題を解決すべきか悩んでしまうのである。しかし、適正な質問を投げかけるためのツールを与え、正しいものを測定し、問題を解決策と相関させて行動計画を立てれば、彼らはより容易に問題の解決方法を見つけることができる。ブレイクスルー戦略は、全く異なる問題解決環境をつくり出す。ブレイクスルー戦略で提供されるツールを使用することで、恐れやフラストレーションではなく熱意を持って問題に直面することができる。なぜならば、従業員はどんな問題が発生してもそれを見事に解決してしまうツールを持つからであり、自分のスキルがもはや時代遅れとなってしまったことに気づく危惧より、新しく挑戦的な方法で仕事を行うことを学ぶスリルによってモチベーションが与えられるからである。

　シックスシグマはアライドシグナルに素晴らしい財務内容をもたらしただけでなく、この会社の文化、そして経営幹部からラインの作業者に至るまであらゆる人の行動を変えてしまった。

> 　アライドシグナルの欠点の一つは、垂直移動が多すぎたことである。管理職は同じ階段を上っていくだけで、何もないところから多くを学ぼうとしてきた。しかし、将来を見込まれた人物をブラックベルトとして訓練する企業では、組織の垂直的な昇進フローに頼らずに、組織間をまたいで異動することで主要ビジネスや主要部門をできるだけ歴任させ、さまざまな組織の万華鏡のような（変幻自在の）景色を見たり、さまざまな人々に指導されるという恩恵を得ているのである。

今日では、アライドシグナルはゴール、ビジョン、そして組織中で実行される活動の間に強いつながりができたと感じている。そして組織中のプロセスとσレベルを相関させることで、その経過を図で表している。

レッスン2：終わることなく始まる
　アライドシグナルは、すべての上級管理職にいくつかのブレイクスルー戦略の訓練が必要だと認識したので、翌年、組織内の1000人のリーダーにシックスシグマがどう機能するのかに関する講習とその潜在的財務影響力に関する講習を受けさせた。3週間と半日続いたトレーニング講習では、シックスシグマを達成するために必要な統計的プロセスよりも、ブラックベルトのきわめて重要な役割とともに、シックスシグマの影響力や改善プロセスによる収益性が強調された。まず、アライドシグナルの11のSBU（戦略的事業単位）の各経営者を皮切りに、徐々に中間管理職、ライン監督者を訓練していった。シックスシグマ・トレーニング・スタッフは、最初の年の終わりには、シックスシグマについて教育することに成功し、次のさらに大変な課題であるブラックベルトの訓練に移るために、各プロジェクトのゴールが確実に達成されるよう各ブラックベルトの適正人数を設定した。

　しかし6か月後、アライドシグナルでシックスシグマ普及の推進者たちは、ブラックベルトから「自分の管理職はサポートしてくれない」、「間違った質問をしてくる」、「財務的サポートや、チームのサポートがない」、「自分の上司はブラックベルト・プロジェクトに沿って問題を考えるのではなく、単に消火活動をしている」といったよくある不平不満の電話を受け始めた。アライドシグナルのシックスシグマ推進メンバーが調査をすると、彼らが訓練したリーダーたちはすでに以前の地位にいないということがわかった。つまり、シックスシグマ推進メンバーは、新たに新顔の人々を扱わなければならなかったのである。

　その成功によりアライドシグナルの経営幹部は他の企業から盛んに引き抜かれていた。またその昇進システムもかなりの経営陣が入れ替わってしまう結果を生み出していた。そのときアライドシグナルは、経営プ

ロセス管理の訓練が全くなされていなかったことに気づいたのだった。一人の管理職がいなくなると、輝かしく存続するブレイクスルー戦略を保つためにまた一人訓練しなければならなかった。ある期間ブラックベルトであった者が、社内の他のポジションに移ったり他の企業に転職してしまうので、ブラックベルト・トレーニングもまた未完成のプロセスとなってしまっていた。

シックスシグマ担当取締役のリチャード・A・ジョンソンは、「我々はシックスシグマをビジネス・プロセスとしては見ていない。しかし、我々のビジネス・プロセスを改善する手段として見ている。我々は多くの企業がTQM(全社的品質管理)やカイゼンをマーケティング対策として扱ってしまうために、活動自体がそれらのビジネス・プロセスとなってしまうのを目にしてきた。人々は、自らの成功を測るかのように工場内のカイゼン数、品質チーム数、あるいは品質サークル数を数え始めてしまったのである。誰もカイゼンの効果や成果には注目せず、それらをビジネス成果の測定と結びつけて考えることもしなかった。アライドシグナルは測定活動のビジネスに身を置いているのではない。測定結果のビジネスにいるのである。顧客満足、株主、従業員、そして多くの収益を稼ぎ出すプロセスに対してプラスの影響力がないのであれば、我々は全速力でそれを行う必要はない」と語っている。

レッスン3：ブラックベルトの維持

　3年前であれば、私はブラックベルトの仕事をシンフォニーの指揮者と比較しただろう。しかし、アライドシグナルはその方法論の使い方を洗練させてしまったので、今それをジャズのアンサンブルと比較しようと思う。さまざまなジャズのように、それには即興の要素があり、あるプロジェクトからより多くの利益を絞り出すためにそのツールをどう人々が使用するかという点で驚かされることが多い。私はまたブラックベルトがマッチョな男性的なタイプから、ゴールを達成するために人々を巧みに革新する大音楽家へ変わっていくのを見てきた。

　　　　──リチャード・A・ジョンソン(シックスシグマ担当取締役)

アライドシグナルはその最も優秀な従業員であるブラックベルトを訓練するために多くの投資を行い、ブラックベルト・トレーニングを通して彼らを一層優れた人材に育成した。アライドシグナルのゴールは、ブラックベルトにブレイクスルー戦略をマスターさせるために最低18〜24か月の経験をさせ、全社でシックスシグマ的行動と考え方ができるようにすることであった。

　しかし、この戦略は期待に反した結果となりだした。というのも、管理職がブラックベルトを、「統計の剣」を振り回し一夜にして生産レベルと収益性を向上させてしまう英雄と見なし始めたからだ。ブラックベルト自身が最も価値ある資源であるにもかかわらず、彼らは早々にブラックベルトの役割から外され、シックスシグマを促進する機会がほとんどないような環境に置かれてしまった。

　アライドシグナルでのブラックベルト不足には、いくつかの原因がある。ブラックベルトの40％は部長や工場長に昇進し、残りはサプライヤーにそそのかされ、より高給の仕事へと移ってしまった。場合によってはブラックベルトは１つか２つのプロジェクトを完了しただけで、ブラックベルトになる以前の仕事に戻されてしまった。その理由は中堅幹部の認識不足による。中堅幹部はプロジェクトの見直しをする時間をとらず、ブラックベルトが必要とした財務的支援の役割を果たさなかった。その結果、管理職はシックスシグマはそれほど重要ではないと信じてしまったのである。

　この時点でアライドシグナルは、相当な時間をかけなければシックスシグマの成功はおぼつかず、会社は期待どおりの財務的還元を得ることができないのだと認識した。驚くことに、ブラックベルトの50％がシックスシグマ訓練の効果が出る前に元の組織に引き戻されていることに気づいた。そこでブラックベルトはシックスシグマの方法論を広めるという新しい役割に１年半から２年間専念する必要があり、それから転任あるいは昇進すべきだという規定を会社の方針として制定した。今日では、アライドシグナルはブラックベルトに２年間の在任を強いており、その間はストックによる報酬を与え、ブラックベルトが自らの「義務の旅」

を完了し、そのプロジェクトがチャンピオンによって承認されるまで昇進は保留している。

　アライドシグナルのシックスシグマ担当取締役、リチャード・A・ジョンソンは新たに訓練されたブラックベルトのことを、まだ強い根を張っていない若木にたとえている。知識的にはシックスシグマとブレイクスルー戦略の目的を理解できるかもしれないが、一連のことを体験後、初めてその戦略を使用して問題解決方法を創造することができ、そのツールが彼らの考え方や実践の一部となるのである。今日彼は、アライドシグナルを若木とオークの木が群生している企業だと見ている。

　我々は、ブラックベルトがブレイクスルー戦略を熟知できるよう、最低18〜24か月プロジェクトに従事させる必要があると考えている。若い医者が研修医として務めるように、ブラックベルトもシックスシグマ・プロジェクトに継続的に従事することで腕を上げていくのである。アライドシグナルは、ブラックベルトに方法論が身に染み込むまで、いくつかのブレイクスルー戦略ツールの学習と適用のサイクルを経験することが必要であると考えた。時間と経験によってのみ、彼らのスキルは上達する。そして、非常にさまざまな問題に触れることができるため、それらを効率的にこなすことができるようになる。反復学習と反復経験によってブラックベルトはブレイクスルー戦略の効果に対する自信を増すことができる。さらに、彼らの成功体験は組織中に自己アピールしてくれるものとなる傾向がある。

●……アライドシグナルのチャンピオンとマスター・ブラックベルト

　当初、アライドシグナルのチャンピオンは確実にシックスシグマ活動が継続して活かされるための通訳として働いたり、ブラックベルトの集団と組織を結びつけるといった、陰の経営者としての機能を果たしていた。チャンピオンが文化を変えようとしてこの仕事に専念することで、活動がうまく軌道に乗って実行されるまでサポートする下位組織ができあがった。

アライドシグナルにおけるチャンピオンの役割は非常に重要である。アライドシグナルでは、その候補者は3日半のシックスシグマ・エグゼクティブ・オーバービューに出席し、さらに4か月間のブラックベルト・トレーニングに参加することを必要とする。

マスター・ブラックベルトは、最高のブラックベルトの中から選ばれる。各マスター・ブラックベルトは、交代で10人のブラックベルトを訓練し、指導することが要求される。これら10人のブラックベルトは、10人のグリーンベルトを訓練し、指導することが求められる。このドミノ倒し現象によって、シックスシグマを社内にすばやく導入することができた。1998年まで、グリーンベルト・トレーニングは会社としての必要事項ではなく、興味のある者ならば誰でも受講可能なオプション的なプログラムであった。しかし、ついに2000年までに全正社員が26時間の訓練を受け、グリーンベルトとして認定されることを期待するという指示が下った。

図表28◆ブレイクスルー戦略の訓練を受けたアライドシグナルの従業員数

チャンピオン	20
マスター・ブラックベルト	70
ブラックベルト	2,000+
グリーンベルト	18,000
合計人数	70,000（全世界）

レッスン4：サプライヤー能力はブレイクスルー戦略の成功に非常に重要である

他の企業と同様、アライドシグナルはその製品に使われている多くの重要な部品を徐々に個々のサプライヤーに供給させるよう移行してきた。多くの企業の製品は、さまざまな企業の製品の混合物である。しかし、その製品の品質はその部品の合計以上にはならない。アライドシグナルがサプライヤーに非常に重要な構成部品の設計や製造の責任をより多く

与えても、アライドシグナルの品質は各サプライヤーの製造プロセスのバラツキのために悪化してしまう。アライドシグナルがどれだけ自社のプロセスを改善しても、サプライヤーから供給される部品の品質が悪いため、製品の全体品質に害を及ぼしてしまうのだ。

　アライドシグナルは、そのサプライヤーの大半が、3σ能力あるいはシックスシグマ導入の利益を十分に授かるために必要とするレベル以下で業務を行っていたと気づいた。このため、シックスシグマ品質を追求するパートナーとしてサプライヤーを見ることが必要であると認識した。サプライヤーの大部分が中小企業で、シックスシグマ・トレーニングには資源が不足していたため、アライドシグナルはサプライヤーを自分たちで訓練し始めた。業務において高レベルの品質や信頼性を保証するため、他の専門的援助も提供した。

　伝統的な経営アプローチでは、コストを下げるために可能な限り多くのサプライヤーを利用する。しかし、シックスシグマを達成するために、コストを下げる唯一の方法は、より少ないサプライヤーを利用し、しかもブレイクスルー戦略方法論の訓練を受けた相手に限定することである。アライドシグナルは、サプライヤーにブレイクスルー戦略を訓練しただけでなく、特定の部品やプロセスに対して非常に重要なサプライヤーに指導したり一緒に取り組むことに自社のブラックベルトを投入して、それをフォローした。今日では、アライドシグナルがこれまで訓練してきたブラックベルトのうち、３人に１人は顧客かサプライヤーである。サプライヤーを訓練することで工場に根を張っている問題にブレイクスルー戦略を適用することができ、アライドシグナルはシックスシグマによる収益を増やしたのだった。そして、最終的に顧客の不満足を招いてしまう、サプライヤーによる問題の多くを取り除くことができたのである。

レッスン５：作業者のミスなど存在しない

　シックスシグマは、人よりもむしろプロセスが失敗を犯すのだという信念に基づいている。伝統的な品質プログラムでは、プロセスのミスよりも人的ミスを修正することを重視していた。ブレイクスルー戦略はプ

ロセスを変更するために設計されており、人を変更するためではない。ここにリチャード・A・ジョンソンがそれについて述べている。

> あなたはシックスシグマを把握し、実践したときの組織の「前」と「後」を見ることができる。問題解決の会議は違った語調で行われる。非難の言葉も、正しい解決策を模索しようとする明瞭な熱意に替わる。問題は克服できない障害物ではなく、好機となる。恐れが減少すると、人々のコミュニケーションのとり方が変わってくるようになる。問題はもはや、人が成果に失敗したことを意味するのではなく、プロセスが成果に失敗したことを意味するのである
>
> 人ではなく欠陥に着目するということは、アライドシグナルに文化を変えることを要求した。1990年代初頭のアライドシグナルの文化では、欠陥は人によって引き起こされるという考えが占めていた。それに対して我々は、作業者を叱責し、作業者にさらに訓練を受けさせ、あるいは場合によってはその作業者を交代させたりしていた。しかし、1994年に、人ではなくプロセスが責められるべきだという文化に移行し始めると、我々は人に改善のためのツールや機会を与え始めたのである。

従業員は、欠点のある人間ではなく、欠陥のあるプロセスだけが存在すると認められるようになると、情報をさらに交換できるよう、心の扉を開いた。人々は欠点や失敗を隠そうとしなくなった。もう言い訳は必要なく、原因を明確にしたり解決策を立てるためのツール同様、新たな質問をする余地があると認識すると、それまでの個人的なガードが崩れてしまうのである。「シックスシグマの全体的な哲学(X因子の測定とプロセス重視)に注目すると、経営陣はその組織の文化を変えざるをえなくなるのである」とリチャード・A・ジョンソンは述べている。「我々のゴールは、人々にシックスシグマを利用する機会を多く与えることであり、それゆえに継続的に収益性と成長を促すことである。そして、世界の競合がベンチマーキング対象と見なす品質の優良印を継続して獲得したいと思っている」。

レッスン6：収益の改善に着目する

　シックスシグマ実施の際にアライドシグナルが犯した最初の失敗は、トレーニングのせいでもなく、ブラックベルト・トレーニングの候補者の選択を誤ったせいでもない。それは組織の経営層の公約不足の結果であった。収益結果は経営幹部の関与具合に100％左右される。レッスン1では、組織の経営幹部がシックスシグマを理解することの重要性について説明した。しかし、上級管理職はまた、ブラックベルトによってもたらされた好機が利益を還元するという方法で、財務管理部門を巻き込まなければならない。組織の経営幹部が改善された内容に気づかなければ、また、ブラックベルトによってもたらされた組織のためになる好機に対して行動をとらなければ、あるいは財務管理部門を巻き込むことに失敗したとすれば、その活動は失敗に終わってしまう。だからブラックベルト・プロジェクトによる節約がどのように利用されるかにかかわらず、コスト削減が実際の収益に反映されているのかどうか、そしておそらくそれが再び引き当てられるのかどうかを確認するために、財務管理部門もかかわり合う必要がある。

　ブラックベルト、財務管理部門、そして経営幹部がシックスシグマは利益のある試みであると確信して初めて、手に手を取り合って働くことができる。ブラックベルトがコスト削減や収益性増加の機会をつくる一方で、経営幹部は、ブラックベルトが正しいプロジェクトに注目し、自らつくり出した節約の機会に対して確実に行動をとれるようにしなければならないのである。財務管理部門は、その節約が組織の収益に還元されることを保証することでその試みを終結させるのである。

　1994年、アライドシグナルはブラックベルト・トレーニングの技術的な側面を強調した。今日、彼らはその見解をさらに広くするため、ブラックベルトを訓練している。ブラックベルトの役割の大部分は改善の機会を生み出すことである。アライドシグナルはブラックベルトに財務的効果を生み出す責任があるとは思っていない。ブレイクスルー戦略は節約の機会(廃棄削減、修正作業削減、サイクル時間削減)を生み出すものの、これらのコスト節約は収益に還元されて初めて効果がある。ブラックベ

ルトは、そのプロジェクトで100万ドルの材料費節約を小人数で生み出すかもしれない。しかし、経営者がそれに従って、材料購入量を減らしたり、従業員の人数を減らすといった対策をとらなければ、そのプロジェクトの純利益額はゼロとなってしまう。繰り返すが、ブラックベルトの役割は企業に出費を節約する機会を与えることで、購買要求を変更することでもなければ、従業員を解雇することでもない。ブラックベルトによってもたらされた機会に対して行動を起こすのは、経営陣の責任なのである。

レッスン7：負荷がかかりすぎた活動

　私が抱えている問題の一つは……財務的目標ではない。
　それらはその響きのとおり単に不明瞭で空虚なものであることが多いのだ。

　　　　　　　　　　　　　　　　　　　　——ローレンス・A・ボシディ

　アライドシグナルのCEOローレンス・ボシディには、2つモットーがある。「全社的品質」と「数字に表す」である。彼は、品質改善プログラムは繁栄のためではなく生き残るための道であると述べている。ボシディの「洗練された」プログラムへの嫌悪の念は、その本質よりも形式に偏りすぎるという危惧に基づいている。ボシディは、本質的に間違っている品質プログラムに出会ったことはないが、数字に表れた最終結果を無視して顧客満足と継続的改善を重視するこれらのプログラムに耐えられなくなってしまうのである。シックスシグマは、アライドシグナルに実体のある節約をもたらした。しかし重要なことは、シックスシグマが将来のさらに大きな改善の場を提供しているということである。

　組織はシックスシグマ・ブレイクスルー戦略によって力強い結果を達成することができるが、長期的にこの結果を持続させるためには、一新するということがカギとなる。そこでアライドシグナルは、社内でシックスシグマを永続させるために非常に重要であると信じる5つの行動計画を明確にした。

- トレーニング。アライドシグナルの従業員は異動や昇進、定年退職等で基本的に9～10か月で交代してしまう。だから、新入社員にはシックスシグマの文化を維持するためにブレイクスルー戦略のトレーニングが必要である。
- 上級管理職の関与。
- 現場での管理職トレーニングを継続し、ブレイクスルー戦略の考え方とそのゴールを強化するために、部門間で連携する。
- ブラックベルトには、シックスシグマ・プロジェクトに取り組むために最低2年間これに専念することが要求される。
- シックスシグマ活動によるサプライヤーの改善。

　シックスシグマは1994年にスタートしたので、アライドシグナルにはボシディ以上に熱意を持ってシックスシグマについて説く者は誰もいなかった。アライドシグナルのCEOは、モリスタウンにある本社で行われる講習の期間、ブラックベルト候補者たちと話すために出張を延期することで知られていた。

　肉体的にも堂々として、ジャック・ウェルチを彷彿とさせるこのCEOの知性とビジネス本能を、講習中にブラックベルト候補者が共有できることとは、なんと貴重な体験だろうか？　「ブラックベルトの役割は、究極的には自動車部品、航空宇宙産業製品、化学製品の最高の製造業者というアライドシグナルの立場を維持することを助けることである」と繰り返し述べる一方で、「ブラックベルトは、会社の銀の弾丸ではない」と強調する。そして「ブラックベルトは、顧客のいうことに耳を傾けるのをやめることはできない」という彼のメッセージを記憶に残し、家に帰ることになる。「製品やプロセスを改善することはそれ自体で完了するものではない」と彼は警告する。「シックスシグマの最大の長所は、あらゆるレベルで、経営陣に重要な考え方を展開させるその能力にある」と彼は述べる。「製品やサービスは顧客の価値が増す程度にだけ改善しなければならない」。1時間続いたボシディのスピーチに含まれるメッセージは、ドラムのビートのように家に帰るまで頭に響く。

「コスト削減の結果、あるいは顧客満足の増加によって受注を増やした結果が節約となる。いずれにしてもシックスシグマは企業に利益を生み出すために設計されたプログラムである」と。

今日では、アライドシグナルの幹部たちは、その時間の多くを収益増加の新しい要因について考えることに費やしている。その中でシックスシグマは、高利益をもたらす重要な要因となった。ボシディのゴールは、彼が2000年に引退する前までにこの会社が5σレベルに到達するのを目にすることなのである。

●……まとめ

我々は、アライドシグナルのレッスンが、シックスシグマを導入しているあらゆる組織に適用できると信じている。しかし、シックスシグマ・ブレイクスルー戦略から期待される、実体ある永続的ビジネス成果の改善を妨げてしまう以下のような障害物が存在する。

- 同時に非常に多くの改善に取り組んでしまう
- その問題に責任を持てる人物がいない
- プロセスを基本とした会社ではない
- 訓練を受けた、経験豊富な人材が不足している
- 将来の役職の不安定さに危惧を持つ中間管理職
- 顧客価値を付加するプロセスを測るメトリクスの不足
- 情報の統合と財務システムの不足
- 断片的でスタッフのみに偏ったアプローチ

アライドシグナルは、シックスシグマの導入成功を遅くしたり妨げたりするこれらの潜在的な落とし穴を避け、決められたガイドラインに従うことで、シックスシグマ品質を維持し、永続させる努力をすれば、長期的収益性に目を見張る改善ができると確信した。

第12章

サービスへの適用

サプライヤーが高品質の製品を持っているにもかかわらず、サービスが貧弱なためどこか別のところと取引きしようと考えたことのある会社はどれくらいあるだろうか？　モトローラのかつてのCEO、ロバート・W・ガルビンによると、製造部門に500万ドルのコストと4年を費やして導入したときと同じ規模の投資にもかかわらず、サービス部門にシックスシグマを導入することに失敗したという。今日、GE、アライドシグナル、ソニーといった企業は、自分の会社が多くのプロセス——あるプロセスでは顧客に売る製品を製造しており、他のプロセスではサービスを提供している——を含む複雑な業務で構成されていると認識している。その結果、これらの企業はブレイクスルー戦略を自分のビジネスのサービス業的側面に適用し、その収益に莫大な改善を見ている。

◉……サービス品質の歴史の概略

　サービス業のプロセスの大部分は、商品の生産を促進するという企業のニーズから発展してきた。製造系企業は、そのサービス提供プロセスを顧客の要求、あるいは増加する従業員数に対してほとんど一時しのぎで開発してしまっている。それらは会社の裏方へと退けられ、品質プログラムのターゲットとなることはめったになかった。しかし、企業が成長するにつれ、サービス部門がより重要になり、チェック機能の追加やバランスを保つ必要が出てきた。従業員は自分の仕事がいかに重複しており、社内外の顧客にどう影響しているのか理解していなかった。そしてサービス部門とは、非効率で、労働集約的で、時間とコストがかかるところとなってしまったのである。

　その根本的な目的(効果的に社内外の顧客にサービスする)は認識されず、またそのプロセスが企業の莫大なコストのバラツキに影響されやすいという事実も全く理解されていなかった。

今日では、米国労働人口の79%がサービス業に雇用されている。そして製造業の雇用者の90%は実際、社内の財務、マーケティング、営業、配送、購買といったサービスの仕事に携わっている。しかし、これだけ多くの人々がサービスに携わっているにもかかわらず、企業によってはこれらのプロセスを改善することは生産プロセスを改善することほど重要ではない、あるいは漠然としているプロセスは管理できないと思いこんでいる。もちろん、どちらの考えも間違っている。第1に、顧客は低品質な製品よりも「低品質なサービス」のために取引先を替えてしまいがちである。第2に、GEやアライドシグナルのような企業が、社内外のサービス提供プロセスを改善することで明らかに収益や顧客満足を増すことになったことを証明している。

　サービスは、いかなる製造系企業においても、そのコストの非常に大きな部分を占めている。ブレイクスルー戦略をあらゆるプロセス（それらが設計、技術、製造あるいはサービスであっても）に適用することで、マーケットシェアを広げることができると気づく。営業、人事、市場サービス等のプロセスは、設計部門が技術や製造に着目するのと比較して、科学やテクノロジーにそれほど成果の改善を頼っていないので、これらの分野におけるブレイクスルー戦略の必要性はさらに高くなる。

　サービス産業は、目に見えない多くのプロセスで成り立っている。それはその「製品」が工場のラインからできるものと違って、有形ではないからである。例えば、代金回収処理には20以上のプロセスがある。シックスシグマの方法論では、低コストで多くの効率を得るためにサービスの業務を個々のプロセス段階に分割する。するとスムーズで効率的な処理業務によって、照会があったときも早く回答できるようになり、在庫や材料の供給が正確で速くなる。さらにミス、非効率のない誰でも扱えるサポートプロセスになるのである。

　GEのケース・スタディで説明したように、GEのキャピタル・サービス部門は、消費者ローンや、クレジットカード保険、支払保証を提供するという舞台裏のコストを削減するためにシックスシグマの方法論を適用した。GEキャピタルの社長兼COO（最高業務執行責任者）、デニス・ネ

イデンはいっている。「シックスシグマはもともと製造業用に設計されたものであるが、処理業務的サービスにも応用することができる。これを証明する例として、GEが顧客に送付する何百万枚ものクレジットカードやその他の請求書が正確になり、これによって調整作業のコストが下がったということがある。ファイナンシャル・ビジネスにおける最大のコストとは、新規顧客の獲得コストである。顧客とうまく付き合えば、必然的に彼らは我々を選び、顧客開拓コストを削減することになるのである」。

サイクル時間と顧客満足はサービス品質を決定する2大要素である。例えば、病院は患者の入院までのサイクル時間を測定することで、品質コストを決定することができる。さまざまな書類に記入する作業や、患者の診察記録の検索、事前検査、そして病室の割り当てにかかる総サイクル時間を測定することで、これらにかかるコストがわかる。こうしたことを行うことで、プロセスに関連するミスによる損失も明確になる。未記入の書類や、処理ミス、そして患者の再検査はすべて病院における品質コストの例といえる。手術センターでの外来患者の外科手術手続きの際に、成功した手術件数や問題なく行われた手術件数を参照することが必要になるかもしれない。というのも、顧客満足(患者の満足と患者の家族の満足)は、満足の程度や、患者が感じる痛みの少なさ、病院のスタッフが患者のコールボタンに対応するのにかかる時間、診断の正確さ、そして請求書のミスによって測定できるかもしれないからだ。

正しいメトリクスと能力指標を見つけ、プロセスのどの欠陥の履歴を探るのかを学ぶことは、サービス業においては「知らないことは知らない」というだけの理由で伝統的にごまかされてきた領域であった。しかしながら、シックスシグマを業務処理プロセスに適用することは、製造プロセスや、技術プロセスに適用するよりもずっと簡単なことなのである。サービス業では、その「仕事」が「ユニット」のアウトプットとして「製造」している一連の「プロセス」によって成り立っていると考えることに慣れていないため、誤解が生じることもよくある。

サービスの業務処理におけるCTQ特性には、製造された製品のCTQ

特性と共通するものが２つある──つまり、顧客は信頼性や一貫性を期待するということである。シックスシグマ・ブレイクスルー戦略は、顧客のニーズを統計的に見る方法を提供し、さらに顧客の期待にどう見合っているかを定量的に評価する方法を提供してくれる。あるホテルチェーンは、ルームサービスでコーヒーを注文するという単純なものにもサイクル時間の概念を適用できることに気づいた。どの問題に改善の余地があるのか示すためにプロセス・マッピングとパレート図を用いたことで、それまで注文を完了するのに平均12分かかっていたものを５分に短縮できたのである。これは別に驚くことではなく、サイクル時間が改善されることで、顧客と従業員の満足度も向上したのだった。サイクル時間が最適な場合は、欠陥を生み出す時間などない。だから、サイクル時間が改善されれば、品質も改善される。繰り返すが、「プロセス」に着目するということは、当然結果が改善されることなのである。そしてそれは顧客満足につながるのである。

　顧客サービスにおける欠陥の機会数を数えるにあたって、伝統的な製造概念である「部品」の代わりに「業務処理」という言葉を用いる。ホテル業界においては、ホテルの客と従業員のコンタクトはすべて業務処理として数えることができる。この業務処理には、効率的に部屋が予約されたか、客がチェックインしたときのホテルスタッフの対応はどうか、到着時点の部屋の清潔度、宿泊期間の延長に対応できるか、また、会議で利用する際には、適切な装備、スタッフの配置などのことも含まれる。

　業務処理の概念でサービスの世界を考える場合、「製品のユニット」は実質的には何でも（ソフトウェアのコードの列、顧客登録用紙、レジのレシート、さらには交通違反チケットでさえ）いいのである。例えば、交通規制中の警官が間違った免許証番号をチケットに記入し、その写しをとることを忘れた場合、結果として自治体の歳入の損失になる欠陥をつくってしまったことになる。企業は測定すべき範囲を設定し、データを収集して、基準能力を設定するために統計的ツールを用いてそのデータを分析することができる。その結果、頻繁に発生する欠陥を指摘することができるのである。このことを知っていれば、管理職は的確な判断ができ

る。ブラックベルトは、どのプロセスに欠陥があり、その問題の根本原因は何なのかを確認するために因果関係分析を行い、そして、欠陥再発防止のためのポカヨケを実施するかもしれない。以下に続くケーススタディは、ブレイクスルー戦略を業務処理上の問題にどう適用するかを説明するものである。

◉……ブレイクスルー戦略を業務処理上のプロセスに適用する

　1996年4月から1997年5月までの14か月間、プロセス自動管理会社のフォックスボロは、国内の滞納先に対して毎月700万ドルものコストがかかっていたことに気づいた。そしてそのプロセスはおよそ2σと算定された。フォックスボロは、代金の回収が遅れただけではなく、さらに顧客の反感を買うことになってしまうことの多かったトラブルを解決するために相当な労力を費やしていた。得意先の滞納の65％は、請求書が間違っているという管理上のミスのためであった。社内伝票情報が顧客の注文書情報あるいは契約情報と一致していなかったという理由で顧客は支払いを保留にしていた。というのも、175人の従業員が数か所の拠点に分散しており、それぞれの方針や手続きの仕方が一致していなかったためだ。そして人的ミスや滞納先への責任意識の欠如が毎月700万ドルもの損失として加算されていたのである。

　フォックスボロの従業員は、ブラックベルト・チームを集合させ、ブレイクスルー戦略の各フェーズを通して問題に取り組み始めた。M（測定）フェーズでは、ブラックベルト・チームは彼らの進行状況の経過を示すためにどのメトリクスを使用し、どのグラフを設計するかを明確にした。チームは30日以上滞納している得意先にかかるコストに注目することに決めた。このベースラインは毎月700万ドルである。次に着目することに決めたメトリクスは直行率で、滞納先の請求書の金額に対する得意先の月末残高を測定することで定義した。このベースラインは「欠陥率」15％で、回収直行率は85％である。

　ブラックベルト・チームは詳細プロセスマップを2つ作成した。最初

のマップは、「見積もりプロセス」と呼び、顧客が見積もりを要求した時点から価格見積もりを提出するまでに従業員がとったステップを示す。もう1つのマップは、「請求までのプロセス」と呼び、顧客からの注文書受理から倉庫、出荷部門、代金回収までの伝票の流れを示す。

　それから、チームは14か月間(1996年4月から1997年5月まで)にトラブルとなり支払いの遅れた10万ドル以上の請求書を反映するデータベースを構築した。というのも、支払いの遅れた請求書の90%は総額10万ドル以上だったからである。この件はクレジット部門と一緒に取り組み、報告と分析を合理化するために2桁のコードシステムを導入した。最初の桁はトラブルの主要原因を示し、2桁目は主要原因の中のマイナー要因を表している。

　2段階のパレート図によって、トラブルの原因となった請求書の根本原因が明確になった。第1段階のパレート図によって、プロセス遅延が全欠陥の85%にのぼることがわかり、第2段階の図ではトラブルの80%が下記の4要因の1つに当たることを示していた。

1. 顧客の注文書／契約書の数値が、伝票の数値と異なる。
2. 請求書が顧客の注文書と一致しない、あるいは契約条件と一致しない。
3. 顧客は注文書ごとに1つの請求書を必要としている。
4. 顧客は項目別に記載された請求書を必要とする。

　この時点で、ブラックベルト・チームは正しい情報を適切に測定し、A(分析)フェーズに移行する準備が整ったと考えた。さらに社内伝票に関する詳細な情報——注文された製品の種類、営業情報、その営業地域等——を入手した後、収集されたデータに対してパレート図、因果関係マトリックス、FMEA(故障モード影響分析)等のブレイクスルー戦略ツールを系統的に適用した。それらが示したことは、滞納先と特定のタイプの注文や営業、あるいは地域とを相関させることができなかったということである。

　しかしながら、この分析で支払い遅延の根本的原因がいくつか示され

た。
1. 従業員がシステムのキーとなる社内伝票情報と顧客の注文書情報を見比べて確認していなかった。
2. 社内伝票と顧客の注文書を見比べて、見直すために代金回収を保留した者がいなかった。
3. 口頭での注文や売買仮契約に対する書面での確認が後になって送られた、あるいは全く送られなかった。
4. 毎月の請求書発行のチェックが不適切であった。
5. 見積もりプロセスで支払い条件が適切に取り決められなかった。

　ブラックベルト・チームは、上記の原因が、顧客の注文書や契約書の情報と社内の伝票書式と矛盾させる結果になることを認識すると、注文時点で起こるこれらの根本原因を統計的な実験計画法によって検証した。
　I（改善）フェーズは、Aフェーズで明らかにされた根本原因に対しての対策を明確にするブレーンストーミングで始まった。得意先の代金回収に対して1か月に1％の利息ペナルティーを課すという会社の新たな方針も出された。このペナルティーは損益計算書の利息欄に計上された。
　チームはいくつか提案を出した。1つ目は、回収能力に関するもので、営業に対してそのオーダーが伝送される前に顧客の注文書を見直したかどうか示すことが要求された。2つ目は効率に関するもので、顧客の注文書を手作業で更新する必要がないように現状のコンピュータ・システムの能力を高めることが含まれている。3つ目は滞納している得意先に対して監査を行うもので、営業とその地域の財務部長が請求書の食い違いを明確にし、解決するためのフォローアップ・ツールを作成し、繰り返し滞納する得意先の履歴を追う媒体を提供した。最後に、チームは顧客の注文データ収集に対して統一したアプローチをするために考案した確認印を使用することで、その伝票の目的（新規、既存の注文の確認、注文の変更）を明確にするとともに、その日付と顧客の購入伝票を見直す責任者を示した。
　こうして滞納先を報告するプロセスは合理化され、マネジャーはその

滞納先の詳細に関するファイルを電子メールで受け取れるようになった。ブラックベルト・チームのゴールは、遅延額の減少を測定するためにグラフを使用しながら、支払い遅延額を700万ドルから245万ドルに減らすことであった。支払い遅延額を455万ドル減らすことで、σレベルは2.4から2.5に上がる。σレベルの上昇は、それほどではないように思えるが、削減金額は絶大である。パレートの法則どおり、支払い遅延460万ドルの大部分の削減は、この欠陥を取り除くことで達成された。そして、ブラックベルトとクレジット部門の部長と回収部門の部長は、節約のゴール達成までグラフを更新し続ける責任を共有した。

　ブラックベルトとその部門から集められた9人のチームメンバーでプロジェクトを実行し、この部門の収益欄に財務的な結果を還元し始めるまでには3か月かかった。そしてこのプロジェクトには数多くの部署がかかわったので、上級管理職のサポートが成功のために非常に重要であった。つまりシニア・チャンピオンの役割を果たしたこの企業のCFO（Chief Financial Officer：最高財務責任者）がこのプロジェクトを成功に導いたのだった。その結果、この会社の新たな方針が実施され、より良いコンピュータ・システムのための原資が得られた。シニア・チャンピオンのサポートがなければ、ブラックベルト・プロジェクトは（これほど短期間に）これほどまでに成功しなかっただろう。

◉……まとめ

　購買部門や財務部門のような組織内のプロセスは、目に見えないプロセスだと考えられる。なぜならば、その構成部分は製造プロセスのように物理的ではなく、有形でもないからである。しかしながら、組織のいたるところにシックスシグマの適用範囲というものは存在する。これは、実質的に社内のすべての非効率を取り除くことで、最高品質のサービスを届けることを意味する。真のシックスシグマ組織は、優秀な製品を製造するだけでなく、最高に効率的な製造とサービス提供プロセスとともに効果的に機能する管理システムを維持しているのである。

第13章 利益を生むプロジェクト

◉……全体像を明確にする

　プロジェクトの選択は、さまざまな企業のいろいろな側面で行われる。シックスシグマ・ブレイクスルー戦略の全体的なゴールは顧客満足と収益性の改善であるため、あるプロジェクトでは製造プロセスに着目し、またあるプロジェクトではサービスプロセスに着目するのである。しかし、シックスシグマ・ブレイクスルー戦略プロジェクトは、組織内の最高レベルの戦略にリンクしていなければならない。そして、ビジネスの目的のため、直接サポートされなければならない。ビジネスの生産性を改善するために選択したプロジェクトでも、ビジネス上の管理者と業務上の管理者双方の合意がなければならないのである。そして、誰かがそのプロジェクトを実行し、誰かがそのプロジェクトに責任を負わなければならない。

◉……プロジェクトを通じての戦略的提携

　ビジネスレベルのプロジェクトは、企業戦略上のゴールと目標に基づいて選択しなければならない。一方ブラックベルト・プロジェクトは、例えば、顧客満足や、コスト、能力、そして上から下までの成長等の改善を目標にしなければならない。ところでシックスシグマ・プロジェクトは、業務レベルでは、明らかに企業レベルより現場に影響があるが、工場のプロジェクトでは、全体的ゴールと目標に結びつけることで、工場の管理職を直接巻き込まなければならない。このレベルのプロジェクトでは、戦略的目的にリンクする業務上の問題、あるいは技術上の問題に注目しなければならないのである。

　ブラックベルト・プロジェクトを選択する場合に我々がよく耳にする質問は、次のようなものである。

■　シックスシグマ・プロジェクトの本質とは何か？

- シックスシグマ・プロジェクトの守備範囲はどれくらいか？
- いくつくらいのシックスシグマ・プロジェクトを選択すべきか？
- シックスシグマ・プロジェクトを選択する際、その範疇はどのようなものか？
- シックスシグマ・プロジェクトから、どのようなタイプの結果が見込めるのか？

　プロジェクトの選択は「トップダウン」あるいは「ボトムアップ」のアプローチのどちらでもよい。トップダウンのアプローチでは、企業の主な問題と目的を考慮して、広く改善目的の定義、パフォーマンス測定の設定、そして与えられた期間内に達成できる特別で、測定可能なゴールを持った戦略的改善プロジェクトの提案のため、これらのビジネス問題に最も影響されるシニア・チャンピオンを任命する。そして、これに従って、（シックスシグマ・チャンピオンに率いられた）チームは、プロセスとCTQ特性を明確にし、プロセスのベースラインを設定して、改善の機会を明確にする。これが好ましいアプローチであり、現場のビジネス・ニーズと企業のゴールを連結させる最善の方法なのである。

　一方ボトムアップのアプローチは、しばしば予算の削減、特定の品質問題の解明、あるいは業務フロー改善という制約のもと、製造部長によってプロジェクトが選択される結果となる。しかし、これらのプロジェクトは、「機会目標」だと考えられなければならず、必ずしも企業の戦略的ビジネスゴールと調和するわけではない。例えば、管理職は、浪費領域の特定、部品欠損問題、サプライヤーの品質問題、実行不可能な技術要求などを明確にするように命じられるかもしれない。そして、ブラックベルトがその特定問題を解決するために任命される。しかし、このアプローチでは、業務レベルの焦点と高レベルでの戦略的目標やビジネスの方向性との関係が、簡単に乖離してしまう。

　実施計画を立てている間、組織はこの2つのタイプのアプローチに対してどのように資源を割り当てるかを考えなければならない。トップダウンのアプローチが、構造的にも経営的にもアピールするのに対し、ボ

トムアップのアプローチは組織の低レベルで、キーとなる機会が失われることがないと保証することができる。通常、最適のアプローチとはこの2つを合理的に組み合わせたものである。

プロセスレベルでは、シックスシグマ・プロジェクトは、これらのプロセスや財務的効果と、顧客満足に最大の効力を発揮するCTQ特性に着目しなければならない。そして各プロジェクトは少なくとも組織の主要ビジネス目的の1要素を扱うものでなければならず、適切に計画されたものでなければならない。すでに述べたように、そのアプローチ方法にかかわらず、障害を取り除き、プロジェクトがうまく提携されて完了するように経営幹部のサポートを得るのはチャンピオンの責任である。シックスシグマ支持者で、ポラロイドのシックスシグマ・チームリーダー兼プログラム・マネジャーのケン・ピッカリングは経営幹部のサポートの重要性について次のように強調している。

> ポラロイドでシックスシグマを開始した当初、経営幹部のサポートがなければシックスシグマは簡単に失敗していただろう。しかし、プロジェクト選択のプロセスを進め、ブレイクスルー戦略を適用し始めると、単一のプロジェクトでもいくつかのビジネスユニットを巻き込むことになり、財務上最大のドル箱となる潜在的可能性のあるプロジェクトには、組織の境界を越える必要があると認識した。
>
> 例えば、我々の化学コーティング製造事業部門のブラックベルトは、プロジェクトごとに25万ドルから50万ドルの収益還元を期待していた。しかし、他の事業部門にコストがかかってしまった。B工場に材料を供給しているA工場では年間損失に苦しんでいるかもしれないが、B工場では、莫大な節約を生み出し、収益性を押し上げているかもしれない。ポラロイド全体としては利益の拡大となるが、単独では、その工場長は財務損失に苦しんでいるかもしれない。このような事業には、低利益で多大な経費をかけることに躊躇しないようポラロイドの経営幹部の援助が必要であった。
>
> 個々のビジネスユニットは、プロジェクトの様子が社内で常によく見

えるようにすることでこのジレンマに対処した。我々の経営幹部は、プロジェクトの総節約額を知りたがっていたが、我々はその差し引きを彼らに継続的に思い出させたのである。彼らは、他の工場で50万ドル節約するためにある工場の支出が15万ドルであるような場合、社内の損失原因を認識している必要があると理解していた。シックスシグマ・プロジェクトに取り組んでいるある工場で利益を生んでいなくても、あるいは損失を出していても、ある1つのプロジェクトに共同で取り組んでいる工場は、全体収益を相当押し上げることができるのである。シックスシグマに関しては、我々の経営幹部がこのことを理解せず、差し引きで考えてくれなければ、ポラロイドは今日のポジションにはなかっただろう。

◉……シックスシグマ・プロジェクトの範囲

　企業の管理職は、主要ビジネスの目的や各ビジネスユニットの主要業務目的を明確にし、適切なプロジェクトを選択する前にプロセスのベースラインを設定することが必要である。また、浪費と非効率の源を指摘するため、隠れた工場を明確にして、分析する必要がある。あらゆるシックスシグマ・プロジェクトは、究極的には顧客の利益になり、企業の収益性を改善するために設計されている。しかしまたプロジェクトは、ロールド・スループット・イールドや、廃棄削減、機械等の停止時間、あるいは全体的能力を改善する必要がある。製造業では数多く生産し、高収入となる生産ラインに着目しなければならないが、サービス業では顧客に直接影響を与える処理業務のプロセスを合理化しなければならない。プロジェクトが成功すると、完了した時点で、部門の収益に少なくともそれぞれ17万5000ドルを加算することになる。おそらく、この本の読者の皆さんは今日ビジネスの戦略的ゴールに結びついてしまっているあなた自身の業務や工場の中でいくつかの潜在的シックスシグマ・プロジェクトを思いつくことができるだろう。

　ブレイクスルー戦略プロジェクトは、企業に還元できる潜在的金額、必要とする経営資源の量と種類、そしてプロジェクトを完了させるまで

にかかる期間の長さをもとに選択される必要がある。企業によっては、同じだけの投資額や時間、資源を必要とする大きなプロジェクトを数件行うよりも、一連の小さいプロジェクトに時間と資金を使うことを選ぶかもしれない。

◉……シックスシグマ・プロジェクトを測定する

適切なプロジェクトを選定するポイントは、企業の財務上の成功に最も効果があること、顧客に影響を与えるパフォーマンス・メトリクスを明確にすること、そしてそれを改善することである。また、プロジェクトは下記のメトリクスで測定することができる。

- DPMO（Defects Per Million Opportunities）——ユニットごとの総欠陥数を、ユニットごとの総欠陥機会数を100万倍したもので割る。この数字がσ値に直接変換される（第1章参照）。
- 純コスト節約額——固定費あるいは変動費の削減額で証明できるもの。
- COPQ（Cost of Poor Quality）——最初の製造段階で無欠陥にならないためにかかるコスト
- 能力——ある一定時間にそのプロセスで製造できる良品数
- サイクル時間——製品やサービスを創造するためにかかる時間

これら5つのメトリクスのパフォーマンスを分析し、単一のデータベースにこのデータを保管することで、企業はその業務をよりよく理解することができる。また、(1)現状のプロセスがどう機能しているかを示す、(2)プロセスはどう機能すべきか理論的に定義する、(3)プロセスがどれだけ改善できるかを定義する、(4)プロセスがどれだけ改善すれば顧客満足に影響するかを定義する、(5)コストにどれだけの影響があるかを設定するためのベースラインを設定することもできる。

プロセスはどのように機能すべきかという理論上の見方は、「エンタイトルメント」としても知られている。ある企業では、エンタイトルメ

ントは「可能な限り最善のパフォーマンス」で、通常間欠的に非常に短期間で行われる。エンタイトルメントの背後には、うまく機能するならば、単純なプロセス改善を用いることで、それは「可能な限り最善のパフォーマンス」レベルで常に機能するはずである、という論理が存在している。しかしエンタイトルメントは、新しいテクノロジーを創造したり、現状のプロセスを著しく再設計することを含んでいないのである。

　例えば、ポラロイドはそのプロジェクト選定指標を主に3つに分けている。

①直行率が低い——企業の現状プロセスの直行率が継続的に低いのか、いつ低くなるのか予測不可能な場合。これは、期待以下の製造数、あるいはラインが計画以下の速度、あるいは計画以下の製造率であると特徴づけられる場合。
②COPQ——顧客が満足する製品やサービスを届けるために、継続的あるいは通常と異なる高レベルの検査を行わなくてはならない場合。COPQは社内の検査、廃棄や修正作業のコストや、保証、修理のコストに影響する。また、そのビジネスにシックスシグマ・プロジェクトを実施する必要があるかどうかを決定するため、COPQと総収入とを比較することもできる。
③能力——能力が不足しているということは、その企業が製品を時間どおりに製造するための設備、ツール、あるいは人材を持っていないことを意味する。ポラロイドの能力に問題はなかったが、この会社もこれがシックスシグマ・プロジェクト選択に適当な指標であると感じている。

その他、プロジェクト選定の指標に含まれるものは次のようなものである。

①顧客満足——企業は製品やサービスに対する満足レベルを決定するため、顧客調査をすることができる。シックスシグマ・プロジェクト

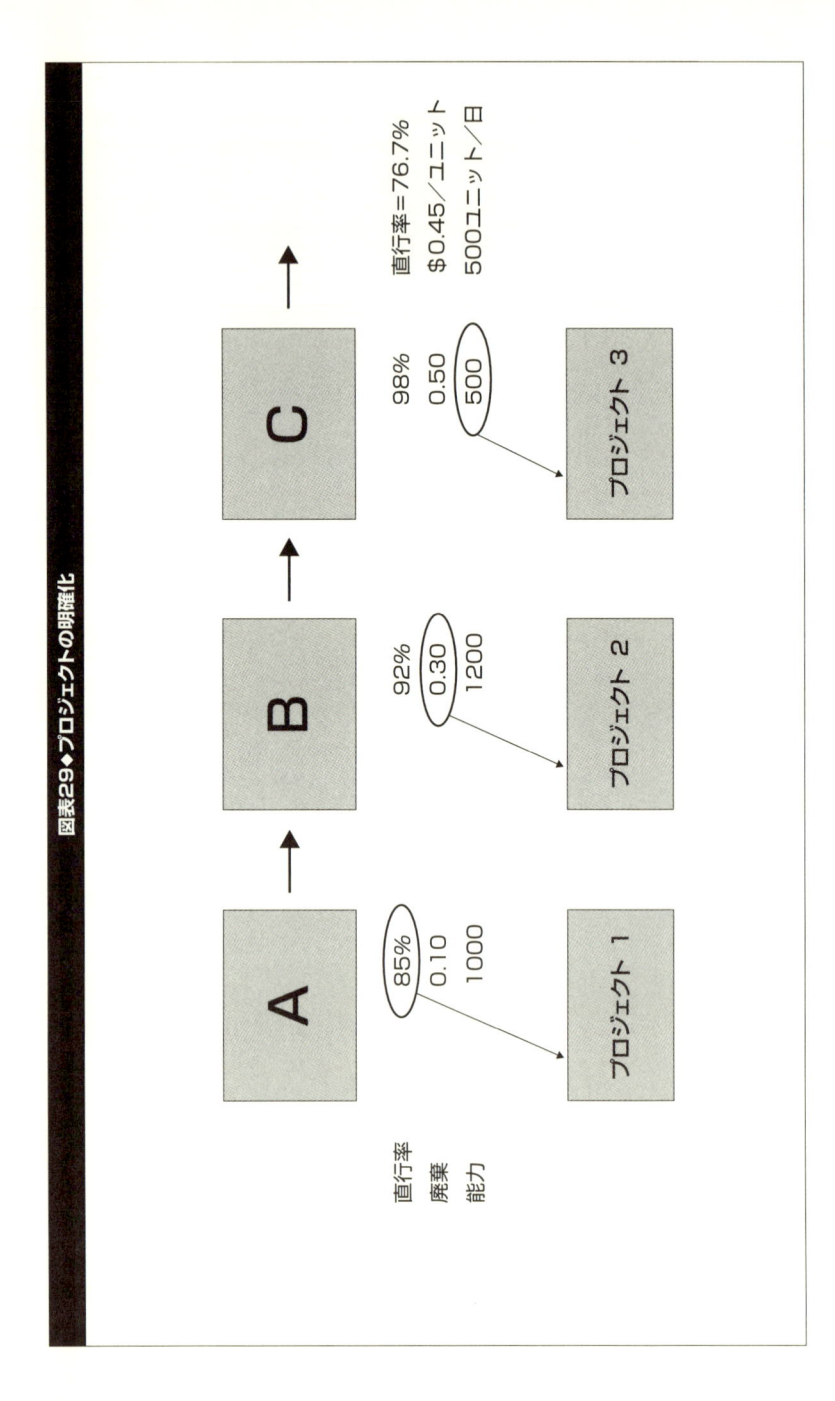

図表29◆プロジェクトの明確化

```
    A    →    B    →    C    →

   85%       92%       98%        直行率=76.7%
   0.10      0.30      0.50       $0.45/ユニット
   1000      1200      500        500ユニット/日

  ↓         ↓         ↓
プロジェクト1  プロジェクト2  プロジェクト3
```

直行率
廃棄
能力

は、顧客が超一流でない製品やサービスであると判断した結果、あるいはなぜか顧客が不満足で企業がマーケットシェアを失ってしまった場合に実施される。
②社内パフォーマンス――これには隠れた工場のプロセスによって発生した欠陥も含まれる。社内パフォーマンスを定義するために使用される測定は、ロールド・スループット・イールドである。
③DFSS――製品やプロセスの変更を通じて、シックスシグマ能力に到達するために設計されたプロジェクトを選ぶ場合。その結果、欠陥レベルは低下する。
④サプライヤー品質――購入した欠陥部品数と総購入ユニット数を比較する場合。スケジュールどおりに受け取れなかった部品もまた、シックスシグマ・プロジェクトの対象となる。

◉……シックスシグマ・プロジェクトに優先順位をつける

シックスシグマ・プロジェクトは、3つの要素に基づいていなければならない。第1の要素とは、プロジェクトがビジネスにとってどれだけの価値があるかを決定することである。ブレイクスルー戦略は、改善されることで企業の全体的業績や収益性に著しく影響を与えるプロジェクトにのみ適用されるべきである。コストを著しく削減できないようなプロセスに対しては、シックスシグマ・プロジェクトを行う価値がない。コストを避けるようなプロジェクトで、単に即座に収入を得られる「低いところになる実(Low Hanging Fruit)」が山のようにあるからという理由で、シックスシグマ活動に着手することを考えるべきではない。このことは、実際3.5〜4.5σの範囲に入る企業すべてに当てはまる。企業は今日失っている出費を取り戻すことに注目してから、翌年失うかもしれない分に注目すべきなのである。

考慮しなければならない第2の要素とは、必要になる経営資源のことである。プロセスのσレベルを上げるために使用される資源は、利益やマーケットシェアから得るものと相殺されるべきである。

第３の要素とは、売上げの損失が新製品が市場に出されるまでに時間がかかった結果なのかどうかを考えたり、製品やサービスの特別な問題のために顧客を失っているかどうか、あるいはシックスシグマ・プロジェクトが全体ビジネスのゴールとうまくかみ合っているかどうかを考えることである。

　シックスシグマ・プロジェクトのすべてが直接の影響を顧客に与える必要があるわけではない。例えば、ある企業の財務部は、シックスシグマ・プロジェクトによって生み出された節約額の経過を追い、その金額が企業の全体収益に還元されていることを確認することが自分の役割であると思っている。しかし、財務部は電子部品を製造するのではなく、書類をつくっているので自分たちは違うと思っていても、最終的には彼らの収益性もまた生産性、欠陥率、サイクル時間といった要因によって影響されることを認識するのである。シックスシグマの方法論を使用することで、この財務部は毎月帳簿を締めるために要した時間を12日から２日間に減らした。財務部単独で欠陥やサイクル時間を減らすことによってこの会社は毎年2000万ドル節約したのである。

　この会社の法務部もまた特許を申請するために要した時間にシックスシグマを適用したことで利益を得ることができた。プロセス・マッピングや、パフォーマンス測定、そしてミスの原因や不必要なバラツキを明確にすることで、この会社はプロセスを合理化し、一人の弁護士が特許申請のすべてを取り扱うのではなく、そのプロセスのある一面だけを扱うよう任じられた弁護士が順次特許申請に向けての処理を行えるようにした。それによって、弁護士をさらに追加しなくとも、短期間により多くの特許を申請できるようになったのである。

　どちらの場合も、小さな改善でも企業にとって大きな節約を生み出すことができると認識されたのである。どちらのシックスシグマ・プロジェクトも顧客の不満足のために選択されているのではないが、どちらもすべてのプロセスが効率的で収益性が高くなるように企業のゴールを設定することになった。またどちらも社内のプロセスで、どちらも結果として顧客に影響を及ぼしたのである。

ポラロイドは、特に製造部門ではブレイクスルー戦略を適用する前に製品設計がある程度進歩している必要があることを学んだ。ポラロイドは、化学コーティング製造事業でのシックスシグマ・プロジェクトを明確にした後、相当な金額とブラックベルトを注ぎ込み、より経済的で洗練された溶剤をつくり上げた。より高品質な製品をより低コストでつくることに6か月間専念した後、ブラックベルト・チームはフィルム自体を再設計してしまったが、シックスシグマ・プロジェクトで開発された溶剤は新しいフィルムに使用することができないことを学んだのである。今日ポラロイドは、プロセス内の個々の構成要素に変更があった場合に影響がないよう、最終的な製品をつくるプロセスは十分進歩している必要がある、と考えている。

　シックスシグマ・プロジェクトを選ぶときには、重要度の順に3通りのふるいにかけなければならない。最初のふるいではビジネスと顧客に対する潜在的な影響力に着目する。第2のふるいでは、プロジェクトが業務上の活動にどう合うか、それがいかに品質ゴールを高めるかに着目する。第3のふるいでは組織上、技術上の実行可能性と関係があるかどうかに着目する。組織の実行可能性には、例えば、シックスシグマ・プロジェクトに取り組む資格のある従業員数などの社内の資源が含まれる。また一方、技術的な実行可能性には、装置のアップグレードなどの大きな支出が含まれる。企業は、シックスシグマ・プロジェクトによって生み出される潜在的な利益に対して、人や物理的な資本を投資するコストを重要視する必要がある。

◉……**低いところになる実**

　低いところになる実（利益に即座に影響を与えながら簡単に修正できるプロセス）は、大部分の企業にある。ボンバルディアが発見したように、σ値の低い企業を買収する場合、シックスシグマは現金という形で即結果を生む「コストの問題」にブレイクスルー戦略を適用することで、ほとんど即座に収益性を上げる簡単な方法を提供した。修正作業、廃棄、

そして保証のコストは削減され、新たに取得した企業をすぐに3σに向上させた。しかし、ブラックベルトがブレイクスルー戦略を最大限に適用する必要があるのは、大量の実が隠されている木の一番上なのである。

アライドシグナルは、シックスシグマを適用した最初の2年間における、約80％のプロジェクトが「低いところになる実」──散布図、特性要因図（フィッシュボーン・ダイアグラム）、プロセスマップ、因果関係ダイアグラム、ヒストグラム、FMEA（故障モード影響分析）、パレート図、そして初歩的な統計等の単純なツールで簡単に改善できるプロセス──の範疇に入ることに気づいた。その結果、アライドシグナルは一連のプロジェクトに即座に移行できたが、比較的単純なプロセスが改善されると、今度は甘い実（木の一番上で見つけた実、最も手が届きにくい）と、我々が呼ぶものを収穫することに着目したプロジェクトを選択し始めた。しかしそれには実験計画法やDFSS(Design for Six Sigma：シックスシグマのための設計)のように、より洗練されたツールを必要とした。

シックスシグマとブレイクスルー戦略の導入にこの企業を導いた10年間でも、ブラックベルトの最初のシックスシグマ・プロジェクトが特に重要だったことが示されている。トレーニングのために選出したプロジェクトは、最大で潜在的に最も還元が難しいものではなく、複雑でもなく、管理可能なものであるべきである。経営陣は、長期にわたって身を潜め、見逃されてきた問題をブラックベルトが即座に解決することを期待できないのである。ブレイクスルー戦略の効果にかかわらず、スピードと巧妙さを身につけるためには訓練と実践が必要なのである。

最後に、シックスシグマとはプロジェクトを完了させるだけのものではない。企業はある程度の期間で、品質を改善するためにはどのような種類の測定やメトリクスが必要であるかを発見する。そして新たな洞察は、経営陣の知識、戦略、ゴールに統合されていく必要がある。究極的には、シックスシグマは企業にビジネスの実践方法を変えることを要求する。そして、それは結局その企業文化の本質を変換することになるのである。つまり、行き当たりばったりで漠然としたゴールではなく、特定の目標にエネルギーを集中する方法を学ぶのである。

◉……プロセスレベルのケーススタディ

　ブレイクスルー戦略に関する下記の説明は、プロセスレベルに適用し、ブレイクスルー戦略を使用して「低いところになる実」をどのように収穫するかを表している。このストーリーは、GEのプラスチック事業部門に関するものである。GEプラスチックスは、3000以上のプロジェクトにブレイクスルー戦略を適用することで、1997年には1億3700万ドルもの節約をした。これらのプロジェクトのうち1つはポリマーランド（GEプラスチックス内の部門で、サーモプラスチック樹脂を配給している）で実施された。ポリマーランドは、プラスチック製品をコンピュータ、CD-ROM、CD、DVD、そして自動車のメーカーといったさまざまな顧客に出荷している。

　ポリマーランドの従業員はすでに問題点に対応するためのブラックベルト・チームを結成していた。だから、最重要顧客が「今後、我々は他社とこの取引を行おうと思う。貴社から出荷される製品は、損傷していることがあまりにも多すぎる」と苦情を寄せてきたときには、すでに「無損傷配達プロジェクト」のD（定義）フェーズの中盤にさしかかっていた。顧客は、常に損傷のある製品を受け取り、欠陥製品交換のためにフラストレーションを抱いていた。1997年1月1日から1997年6月30日の間にポリマーランドは2億7550万1855ポンドの製品を顧客に納入した。この期間に17万6381ポンドもの製品が損傷していた。つまり、出荷の間に梱包が損傷し、それゆえ損傷した製品が顧客に届けられてしまったことを意味した。これによって、配達能力は4.72σでDPMOは640となってしまった。

　不満足な顧客が1社存在したことは、おそらく不満の声をもらさない顧客がそれ以上いることを意味することを認識して、ポリマーランドの従業員は、顧客に彼らがその問題に気づいており、解決策を見つけるためにあらゆる手を尽していると述べた。

図表30a◆ポリマーランドのD（決定）フェーズ	
	・プロセスのCTQ特性を選ぶ
	・パフォーマンス基準を定義する
	・パフォーマンス目的を定義する
	・ベンチマーキング
顧客：	最終顧客とは、ポリマーランドの製品を購入する人すべて
CTQ：	無損傷で届ける
欠陥：	顧客から報告のあった製品損傷や倉庫内で発見された損傷
ユニット：	届けられた製品ポンドごと
品質コスト：	修正作業コストと損傷のあった製品の帳簿上抹消と在庫

　M（測定）フェーズでは、ポリマーランドのブラックベルト・チームは損傷が発生している10の倉庫それぞれにさらに接近して観察することにした。その中で、モーメとピエドモントにある2つの倉庫が多くの欠陥品を出していた。一方、オンタリオ州ブランプトンにある倉庫は6σで業務を行っていた。10の倉庫で、製品ラインは50、梱包タイプは14、そして運送業者は100社あり、ブラックベルト・チームは問題の原因となるバラツキの組み合わせは約70万通りあると計算した。

図表30b◆ポリマーランドのM（測定）フェーズ
・プロセス能力の確定
・測定システムの確認
・最初のデータをとる
・CTQに影響するものは何か？
・欠陥の頻度は？
・プロセスを理解し、表す

　A（分析）フェーズでは、ブラックベルト・チームはモーメとピエドモントの倉庫に着目した。損傷を受けた箱のうち95％は箱の一側面の下部に穴があいており、製品が漏れていた。さらに、87％の損傷はフォーク

リフトから棚やトラックに積み重ねられるときに発生していることを発見した。ブラックベルト・チームはすぐに倉庫内で損傷を受けた箱の数（輸送の途中で損傷を受けたのではなく）と顧客が受け取った損傷のある製品の数との間に強い相関関係があると判断した。チームはまた製品の梱包方法と損傷タイプの関係も発見した。袋での梱包は床に滑らせると損傷を受けやすく、段ボールの箱はフォークリフトの運転者が扱っているときに損傷を受けやすかった。

彼らは考えた。なぜ箱はフォークリフトで扱っているときに損傷を受け、袋は受けないのだろうか？　その答えはかなり単純なものだった。フォークリフトのフォーク部分が箱の底より6インチから8インチはみ出しており、フォーク部が回収した箱の下に余分に押し込まれ、その箱の後ろの箱に穴をあけてしまったのであった。しかしそうであっても、なぜオンタリオ州ブランプトンの倉庫は同じフォークリフトを使用していながら6σで運営できたのだろうか？

いくつかの答えが考えられた。しかし、最も筋の通ったものは、運転者に経験があることと、フォークリフトの操作を掌握してコントロールしていることだった。箱を持ち上げたとき、重心が安定するようにフォーク部分が傾く。しかし、運転者がフォーク部の傾きを緩めないと、突き出たフォーク部が、最初の箱の下に滑り込まずに、次の箱に穴をあけてしまうのである。これはフォークリフト上からは見えないために、彼らはパレットの上にやみくもに箱を置いていってしまうのである。

図表30c◆フォークリフトの運転者の経験とスキルレベル			
経験年数平均		倉庫内の箱の損傷(DPMO)	
ブランプトン	20年	ブランプトン	0
モーメ	5.8年	モーメ	995
ピエドモント	4年	ピエドモント	4628

この時点でこの問題は徹底的に分析されたので、ブラックベルトはI

図表30d◆ポリマーランドのA（分析）フェーズ
・いつ、どこでその欠陥は発生するのか？
・実際的な問題を統計的な問題に変換する。
・品質ツールをバラツキの原因解明に使用する。
・CTQに最大の影響を与える「バイタル・フュー」要因を明確にする。
・欠陥は、テクノロジーに関連しているのか、プロセスに関連しているのか？

（改善）フェーズを開始する準備ができていた。この問題に対してはいくつか可能な解決策があった。まず、1つ目の選択肢として、かなりのコストはかかるが、より経験を積んだフォークリフト運転者を雇うということ。2つ目の選択肢として、モーメとピエドモントのフォークリフトの運転者に対して集中的なトレーニング（結果の保証はない）を行うということだった。しかしながら、最終的に、チームはフォーク部が突出しないよう短いフォークを取り付けることにした。1997年12月、ピエドモントの倉庫はフォークリフトに1台当たり350ドルのコストをかけて、42インチのフォークを36インチのフォークと交換した。そして短期間のうちにピエドモントの倉庫だけではなく、モーメの倉庫や他の倉庫も同様に42インチのフォークから36インチのフォークに交換された。

図表30e◆ポリマーランドのI（改善）フェーズ
・どうやってその問題を解決するのか？
・その問題にとっての統計的解決策を定義する。
・どの「バイタル・フュー」変数に修正が必要なのか、どのように修正するのかを決定する。

そして、ブラックベルト・チームは最後のフェーズ、C（管理）フェーズに移る準備ができた。そのステップでは、そのプロセスが確実に固定するようにする。GEでは、いかなるシックスシグマ・プロジェクトも

完了する前に、データポイントをパスしなければならないという決まりがある。データポイントは、間隔を示し、ある一定期間にどの程度の頻度でその事柄が起こるか反映することができる。データポイントとは、重さ、長さ、ある一定期間の病院での死亡者数、等であるかもしれない。ポリマーランドの場合のデータポイントは期間であり、ブラックベルトは2週間から2か月までのどこかで、その期間にプロジェクトが間違いなく、実施可能で半永久的な解決策だと示さなければならなかった。

図表30f◆ポリマーランドのC（管理）フェーズ
・その解決策は機能したか？
・将来のパフォーマンスも監視しなければならない。
・改善プロセスがどこかで問題を起こしていなかったか？

◉……**製品ではなくプロセスを検査する**

　まとめると、ブレイクスルー戦略は、プロセスを理解し、その特徴を抽出してそれらのプロセスを活用する(新しいアプローチと実践を通してそれらをより首尾一貫したものにする)手助けをする。この新しい知識は体系的に編成され、組織同士でコミュニケーションをとられなければならない。そしてM-A-I-C(測定—分析—改善—管理)のアプローチをさまざまなビジネスやプロセスに首尾一貫して適用することが、著しい財務結果を達成するための唯一の方法である。ブレイクスルー戦略の基本を形成する問題解決の、厳密で統計的かつ統制されたアプローチによって、異なるビジネスユニットがお互いに話すことのできる共通言語を得ることができ、学習したことを共有してプロセスの効果や品質レベルを異なる製品の企業と比較することができるのである。次にプロジェクト選択に用いられたプロジェクトシートのサンプルを示す。

図表31 ◆ プロジェクトシートのサンプル

項目	説明	
影響のあった製品あるいはサービス：		計画しているプロジェクト 節約額：
ブラックベルト：		電話番号：
チャンピオン：		ビジネスユニット：
開始日：		完了予定日：
1. プロセス	機会の存在する製品プロセス	プロジェクト・ゴール
2. プロジェクト説明	プロジェクトの目的や範囲を説明する	
3. 目的		エンタイトルメント　　理論上のベースライン 　　　　　　　　　　　ユニット 直行率　　　　　　　　　　　　　　　％ 廃棄　　　　　　　　　　　　　　廃棄／年 能力　　　　　　　　　　　　　ユニット／年

4. 節約額	予測される節約額は？	
5. チームメンバー	ブラックベルトとチームメンバーの名前と肩書き	
6. プロジェクト範囲	プロセスのどの部分を観察するのか？	
7. 社外の顧客への利益	最終顧客は誰で、そのCTQは何で、どのような利益が期待できるのか？	
8. スケジュール	キーとなる区切りをつける プロジェクト開始日： Mフェーズ完了日： Aフェーズ完了日： Iフェーズ完了日： Cフェーズ完了日： プロジェクト完了日：	
9. 必要なサポート	チームには特別の能力、ハードウェア、試験等が必要か？	
10. 潜在的障害		

第14章

いかにして
モチベーションを高めるか？

アライドシグナルのローレンス・ボシディは、アメリカ企業の最大の誤りは相手に彼らのことをどう思っているか語らないことだと述べている。報酬や評価は、ブラックベルトやブレイクスルー戦略を実践する人々をサポートするプロセスの非常に重要な部分である。そして、多くの場合、上級管理職の時間より何よりコストがかかるのである。従業員のモチベーションは複雑な科学である。しかしそこには、人間はその成功に対しての評価が必要であるという原則がある。特にシックスシグマを実行している人々は、現在の仕事の範囲と構造を越えた任務を行うために、決められた役割外のこともしなければならない。

　チャンピオン、マスター・ブラックベルト、あるいはブラックベルトになるという性質上、彼らはトップダウンの調整もなく重要な決断を実行する権限が与えられる。成功するシックスシグマ組織は、自主性と信頼を奨励し、あらゆるレベルで自分の仕事と組織の業績に全責任をとることを期待する。言い換えれば、彼らはシックスシグマの成功を個人的に享受するのである。しかしながら、ブラックベルトに要求される仕事の厳しさを想像するならば、活動を実行して前進させるという毎日の骨の折れる仕事にかかわっている人々も、3つの領域で評価され、報酬を得ることが必要である。言い換えれば、ブラックベルトは顧客と変わらないのである。つまり、彼らにとって意味のある報酬は何かと尋ねる必要がある。その答えの範囲は、収入、評価、昇進、企業での自主性にまで及ぶ。

◉……ブラックベルトには財務的報酬が必要である

　ブラックベルトの希望報酬リストのトップは必ずしも収入ではなく、彼らのほとんどはその仕事に対して認められ、償われることを期待している。報酬や評価は、組織が従業員に好ましい行動を奨励したり、強要

したりする場合のよりどころとなる。だから報酬のメカニズムとは、メッセージを送ることなのである。1961年に1000ドルアップという十分とはいえない標準的な昇給額を提示されたときGEを辞めようと考えたジャック・ウェルチは、報酬が行動の原動力となると信じている。ウェルチは、管理職が判断するボーナスでは、あらかじめ設定した公式よりもむしろ成果に基づいてかなりの差をつけるよう要求している。ウェルチはシックスシグマ活動の重要性を強調するために、管理職のボーナスの40％をその努力の厳しさとシックスシグマ品質の測定が可能な業務の進捗状況に委ねた。ウェルチが人物に注目した結果、GEの従業員は自分の上司こそが自分の力と潜在能力の強い支持者なのだと知ることになった。

　GEの挑戦課題の１つに、報酬と組織の成功の背後にある原動力とを結びつける方法を見つけることがあった。経営陣にはブレイクスルー戦略の重要性を強調するブラックベルトの成果に対して財務的保証を生み出す力があった。報酬と成果と行動を全体的にリンクさせなければならない。報酬と戦略をリンクさせることで、従業員は組織の戦略をより理解する。それは6σレベルの品質を達成させるためには必須である。つまり、従業員が組織の報酬戦略をよく理解した場合、組織は文化と行動をうまく変えることができるのである。

　世界的な人事コンサルティング会社のワトソン・ワイアット・ワールドワイドは、「1998年北米株式公開企業1000社の研究(Competencies and the Competitive Edge)」の中で、業績がトップクラスの企業の61％が報酬とビジネス戦略をリンクさせており、業績の低い企業は最小限しかリンクさせていないことを発表した。さらにワトソン・ワイアットは業績がトップクラスの企業の56％が従業員の成果に報酬をリンクさせていたが、業績の低い企業は38％しかこれを実施していなかったことを発表した。ワトソン・ワイアットは「業績トップ」とは、企業の業績を政府取引企業の中の財務データ中で追うことのできるような企業と定義している。

　第９章で説明したように、財務上の報酬は、ブレイクスルー戦略を実

行する組織を助け、シックスシグマ実行者を支える力強い補強ツールである。報酬は、経営陣が何を重要だと考えているか、上級管理職が自らビジョンに対する公約を従業員に示す方法なのだと語っているのである。ブレイクスルー戦略が実行されたときには、財務上の報酬によって組織のゴールや優先順位に対する公約を実行しなければならない。そして、組織をシックスシグマへと導く行動、態度、そして成果だけを評価しなければならない。こうして個人のニーズは、組織のニーズと結びつけられるのである。

●……ブラックベルトには昇進の約束が必要である

シックスシグマ・プロジェクトを推進するブラックベルトは、人々が担うことのできる最高の役割である。ブラックベルトをヒーローとして扱う企業は、これら個人が組織の仕事をどう行うべきか再定義する場所をつくる。GEでは、シックスシグマのブラックベルト活動のパイオニアは、さまざまな部門での管理職のポジションという形での報酬を受ける。これらの昇進には、部長、財務担当取締役、営業担当副社長、監査スタッフの副社長、GEメキシコ社長といったポジションも含まれる。GEでは、シックスシグマのリーダーたちは「大きな仕事」に移っていった。しかしながら、高い成果を出した者たちすべてが必ずしも経営の役職を望んでいるわけではない。ブラックベルトが昇進しても未だ個人的に貢献できる存在であるときが最高の状況なのである。経営ポスト以外に専門家ポストを用意できる企業は、ブラックベルトに選択の機会を与えられる素晴らしいポジションにある。

●……ブラックベルトには書面と口頭での評価が必要である

企業は、評価し認めることを低く評価しすぎる。評価とは、何で従業員に報奨するかではなく、どのように報奨するかである。人々はその成果を評価してもらいたいと思っている。口頭、あるいは書面での評価は、

個人的に評価しても、オープンに公の方法で評価しても費用は高くなく、単純である。ジャック・ウェルチは、GEの会議室にいる取締役に対しても、あるいは幹部、管理職、従業員であっても、成果を評価する際、決して形式的な手紙を送ることはない。よくやったと述べるときにも個人的なメモと電話が彼のお気に入りの形である。上級管理職からアルバイトまで、彼の手書きメモは絶大な影響を与える。なぜならば、それらは心からの、自然な気持ちだからである。人を奮起させ、行動を要求するときに、それは人を鼓舞し、モチベーションを与えるためにできるだけ頻繁に書かれる。

　モチベーションは、成功が認められた瞬間、最も高くなる。一方、組織への貢献が無視された場合、幻滅感は避けれらない。人は、その成果が個人的な方法で褒め称えられると活躍するものである。形式的でも、社長が仕事の価値を認めて短い電話でもかけてくれるほど意味があることはない。ときには、社内報に載せるような単純なことでもよい。人間は、自分がしていることが重要で、他者とは違うと感じることが必要であると、ワトソン・ワイアット・ワールドワイドが発表したもう1つのケースが表している。従業員の50％がその報酬プログラムに満足しているものの、会社が自分の仕事の成果をよく評価したと思っているのは34％だけであった。大統領スピーチライター、ペギー・ノーマンは、レーガン大統領から原稿が戻され、その最初のページに「非常に良い」という言葉が書かれてあったときには、その言葉の部分を切り取り彼女のブラウスにテープで貼り付けたといっている。うまく書けた感想文に対して金賞を与えられた小学生のように、彼女はその日そのブラウスを着て過ごしたのだった。

◉……人間性のモチベーションを理解する

　心理学者アブラハム・マズローは、1943年に人間のモチベーションに関する草分けとなる理論を発表した。マズローは、実現性は人間性の原動力であると信じていた。マズローの行った洞察の最大のものは、実現

図表32◆マズローの欲求5段階モデル

階層	説明
マズローの欲求5段階モデル	
自己実現欲求	行為への欲求
自尊欲求	内的要素は自己尊敬、自主性、そして達成への欲求。外的要素はステータス、認知、そして注目への欲求
社会的（連帯）欲求	愛、帰属、容認、友愛への欲求
安全欲求	安全、物理的・感情的な害からの保護への欲求
生理的（生存的）欲求	飢え、のどの渇き、住居、性への欲求

性をモチベーションの階層に表したことである。マズローは、自己実現とは基本的な欲求で、その欲求が満たされる前に他の欲求──例えば飢え、安全、所属等が満たされなければならないと信じていた。

　マズローは、その階層が流動的で、ある個人を支配している欲求はいつもシフトしていると指摘した。例えば、芸術家であっても、芸術で自己実現できないことがあるかもしれない。そういうときでも、次第に疲れてお腹がすけば、立ち止まって何かを食べて寝てしまうものである。

　さらに、ある単一の行動でもいくつかのレベルが組み合わさっているものである。晩餐は、生理的欲求も社会的欲求も満たす。この階層はそれ自体で存在しているのではなく、状況と一般的な文化に影響される。しかし、いったん満たされた欲求はモチベーションを生み出さない。例えば、お腹がすいた男は食べ物を必死に求めるだろう。しかし、おいしいものを食べてしまえば、食べ物で釣っても彼のモチベーションにはならない。ここでのポイントはつまり、ブラックベルトはマズローの表にある最初の3つの欲求を満たしてしまっており、4番目の自尊欲求のレベルに到達しているので、彼らは自分の貢献がどう評価され、自分の仕事がその生活にどのような意味をもたらすのかを知りたいと思っているはずである。マズローによると、これはモチベーションの最高レベルに達しているときの欲求である。

◉……失敗を恐れるな。目標が低いことを心配しろ

　40年以上もIBMの感性を先導してきた創設者、トム・ワトソンは、将来有望な若い経営幹部の一人にリスクをともなう冒険をさせたことで、1000万ドル損失することになり、IBMにとって財務的に大被害が及んだ。したがって、ワトソンのオフィスに呼ばれたとき、その若い青年は彼が即座に辞表を出すことを望んでいるのだと思った。しかし、この社員の予想に対してワトソンの答えは、「深刻に考える必要はない。我々は君を教育するために1000万ドル費やしたばかりだ」というものだった。失敗は、必ずしも悪いことではない。もちろんこれはブラックベルトにも

当てはまるのである。

　我々と仕事をするCEOのほとんどは、過ちをチャンピオンやブラックベルトの個人的な成長のための、そして組織全体的がシックスシグマへ前進するためのツールだと考えている。過ちを無視したり、あるいはそれを許さなかったりすると、2つの否定的な効果を生んでしまう。第1に、過ちが二度と認められないよう修正論の歴史の形式を取り入れる傾向があること。第2に、過ちがあった場合に、それが組織の中に深く浸透し、その失敗を隠すために隠れた工場がつくられてしまうことである。この現象は、怖がることから引き起こされる。そして、企業はこの恐れを撲滅させなければならなくなってしまうのである。

　ストレッチゴールを設定することは、GEのシックスシグマ文化の根底となるものである。GEにとって、「ストレッチ」はどうやってそこに達するかというアイディアが浮かぶ前に、従業員に巨大な利益を期待することを意味する。GEで働く人々はストレッチゴールに到達できることが多いが、ブラックベルトによってはそのゴールに届かない者もいる。このようにブラックベルトに対して高い期待を寄せるGEでの、これに対する答えは何だろうか？

　GEは目標を達成できないことを失敗ではなく、褒め称えるべき大手柄だと見ている。ジャック・ウェルチは次のようにいっている。

> 　失敗を罰しても、あえて誰も挑戦しなくなることを確かめることになるだけである。しかし、(GEの)経営陣チームは長期にわたって共に歩んできたので、信頼が生まれている。この信頼こそがビジネスに大きなストレッチゴールを設定させる不可欠の要素なのである。GEのビジネス・リーダーたちは、毎年肩にズシリとのしかかった重みに後悔しながら歩き回ったりすることはない。年度末には、ビジネスがストレッチターゲットに達したかどうかではなく、前年度に比較してどうだったかによって測定される。人々が、自分自身で信じられなかったことを達成してしまったと考えることで、自分に対する非常に大きな自信が育ったことが現在のストレッチ行動の副産物といえるのだ。

自分に対する自信やストレッチの考え方が、シックスシグマ開始の決断を早めた主要因である。ローレンス・ボシディがアライドシグナルにおけるブラックベルトについて語ったときに彼は、ブラックベルトに困難なストレッチゴールが命じられたとき、必ずしも100％達成できなくとも罰せられないことを強調した。また彼は特に失敗は経営陣のサポート不足によることが最も多いことも指摘した。シックスシグマ・ブレイクスルー戦略の導入に取り組んでいるチャンピオンとブラックベルトも、上級管理職の理解や公約が欠けていれば、失敗してしまうだろうし、ブラックベルトは必要な変更を行うことができなくなる。

ポラロイドの視野の中にシックスシグマが現れるずっと以前、同社の創設者エドウィン・H・ランドはいっている。「当然、あなたが最初にすべきこととは、ほとんど実行不可能であっても、一番重要なことを周囲に教えることである。このことが人々を元気づけ、創造性を引き出すのである」。

自分を証明したブラックベルトは、感謝され、自分の判断を信用してもらいたいと思っている。自分の周りの人間が彼らの功績に関与するとき、彼らはその功績とともに自分たちも認められたいと思うものである。自由は、創造性を生み出す。創造性は企業への貢献を生み出す。そして、全員が勝利を勝ち取るのである。またそれは、成功への環境をつくり上げる経営陣にかかっているのだ。

第15章

企業文化の壁を打ち破る シックスシグマ

　人は変化を嫌う。あらゆる種類の変化は、恐れや、怒り、不安、古き習慣への戦い、きわめて保守的な考え方、そして侵害された関心とともにもがき、努力する。いかなる企業もその人々の心と意思を変えるほど速く変わることはできない。そして、最も速く、うまく変える人々とはそうせざるをえない人なのである。

　　　　　　　　　　　―― ロバート・フライ（Cin-Made Corporation社長）

モトローラ創設者の息子、ロバート・W・ガルビンは、組織の知能はそのサイズに反比例すると述べたことがある。彼は、会社が大きければ大きいほど、その行動や決断は鈍く、失敗を犯す可能性は大きいと信じていた。企業内の人々は個人的には知的に行動するかもしれないが、集合すると近視眼的で的外れに行動してしまう。この傾向を避けるのは、リーダーの役割である。

古い家父長主義的態度でのやり方が、新しい現実とぶつかり合うときに、企業の内部に強いあつれきが生まれる。多くの人々は、変化がさらに良い状態に持っていくとは信じていない。彼らは、新しく異なるものは何でも、無秩序をもたらすものとして見る。企業文化を取り壊し、従業員に新しい仕事のスタイルを取り入れるよう求めるのは、困難な仕事である。何年にもわたって同じ仕事をうまくこなしてきた従業員は、過去にしがみつく権利があると思っているかもしれない。

◉……企業はなぜ自己流の方法でふるまうのか

作家リタ・マエ・ブラウンは、愚行とは同じことを何度も何度も繰り返し、そのたびに違った結果を期待することだと定義する。著者がアリゾナ州スコッツデールのモトローラ・ガバメント・エレクトロニクス・グループで働いていたとき、ハンダ付機（溶解したハンダが流れる中に基板を通すことで、プリント基板をコートするために使用される機械）が明確な理由もないまま突然ミスの数を急増させ始めた。数週間品質問題に悩んだ後、その地域担当マネジャーは技術者のグループを招集した。その会議で、ある技術者が1台の機械にサイドパネルがないことを指摘した。パネルを再度取り付けたところ、不思議にもそのマシンは問題なく動き始めた。著者は、このことをその問題の解決策とするのは不服であったため、問題の根本原因を探し出すために、その機械に対していくつかの

統計的に設計された実験を行うことを技術者に提案した。

　数週間後、著者はハンダ付機の欠陥修理の進捗状況をチェックするために戻った。そのハンダ付機に近づくと、幅の広い黄色と黒の縞模様のテープが貼り付けられ、中央に大きな文字で「いかなる状況でもパネルを外すな」と書かれてあるパネルが元の位置に取り付けられているのを目にした。3か月後、業務マニュアルは、ハンダ付機のサイドパネルがいつもその場所に確実にあるように従業員に指導するよう修正されていた。この場合、実験は決して行われなかった。技術者は彼らの直観に頼り、問題は再発した。そして、この状況について話し合うために再び会議が開かれた。このときまでには、先の「解決策」は忘れられていた。業務マニュアルによって思い出させられたものの、これは本質的な問題に思われた――技術者たちはまた別の「解決策」を探したが……。

　このような状況は組織の中で繰り返し起こっている。従業員はどうプロセスを測定、分析、改善、管理するかを教えられていないため、継続的な問題は決してなくならない。大惨事が発生すると、勝手な変更によって混乱が起こり、新しい規則が適用されるが、別の問題(そしておそらくいくつかの新しい問題)が起こる可能性をつくり出してしまう。というのも、根本原因がまだ取り除かれていないからである。あらゆる種類の企業が、その問題にとって何にもならないような解決策を喜んで取り入れてしまうのである。

◉……迷信行動

　アメリカの心理学者であるB・F・スキナーならば、先に説明したような状況を「迷信行動」と呼んだだろう。スキナーは、ハトを箱の中に入れ、ハトがどう行動しようとランダムにエサが運ばれるメカニズムでエサを与えることで、このメカニズムを論証した。面白いことに、ハトは自分の行動とエサを受け取ることを関連させ始めた。例えば、ハトがその羽を上げたらエサが出た。すると、ハトは羽を上げることとエサが与えられることを関連させようとした。また、ハトが壁をくちばしでつ

ついたり、足で掻き始めると、エサが出てきた。ハトはこの最後にエサが運ばれたときの行動を再現するために、その前の行動を修正するかもしれない。この行動は自発的条件づけと呼ばれている。つまり、ハトはエサが最後に与えられたときの行動を繰り返すことで、それが羽を上げることであろうが、くちばしでつつくことであろうが、エサが与えられると誤って信じてしまったのである――だから、「迷信行動」と表現している。

　報酬が与えられる行動というのは促進される傾向があるが、それを促進するすぐ前に起こす行動というのが、しばしばほとんど同時に起こる。例えば、野球選手がホームランを打つ前にグラウンドをバットで3回叩いた場合を考えてみよう。グラウンドを叩くことは、偶然バッターがホームランを打つのと同時に起こったことになる。しかし、その選手は相関性を感じるかもしれない。そして、彼は以後も打席に立つときはいつも3回グラウンドを叩くという関連性をつくるのである。少なくとも部分的にこの行動は促進され、グラウンドを叩く行動はおそらく続けられるだろう。

　カジノでギャンブルをすることは、このスキナーの迷信行動をさらに証明することになる。スロットマシンは、客ではなくそのオーナーが損をしないように設定されている。客は理屈ではわかっているものの、その多くは、多額のお金を注ぎ込んだばかりのスロットマシンから離れられないのである。一方勝者は、ウィニング・マシンに運を使い果たしたと信じて、今度はその成功を繰り返すことを期待して他のマシンに移るのである。

　企業では、多くの従業員が自身の最後の行動と結果を関連づけようとする。あるボタンを押すことで、求めていた結果が得られた場合、同じボタンを何度も何度も押すのである。直行率が下がったときには、そのボタンは最初に機能した状態に戻される。あまり良いとはいえない情報やメトリクスによって、ほとんどの企業はさまざまな種類の迷信行動を洗練させ、しかも永続させてしまうのである。

◉……行動は価値の一機能である

　我々の行動は我々の価値や信念の一機能である。価値は信念を反映する。そしてそれは結局我々が周囲の世界をどう見ているかを決定することになる。価値は企業文化の根本を築き成功を実現するための哲学を提供するだけでなく、共通目標の感覚や、個人の日々の行動指標を与えてくれる。価値システムは、それが了解されたうえでの選択肢や行動を生み出すので、6σ達成へ努力している企業は新しく共有された価値を学ばなければならない。これらの価値がパフォーマンス・メトリクスとゴールラインによって強調された場合、それらは企業に深く染み込む。メトリクスが報酬や評価のシステムと結びつけば、その価値は基礎となり、測定システムや報酬システムが変更された場合にのみ変わることになる。

　シックスシグマが企業価値となると、組織と顧客の間に信頼の絆が生まれる。シックスシグマの価値や哲学が、シックスシグマの導入以前に強調されていた信念、価値、そして優先順位の中でどのように変わるかを企業が理解することは重要なことである。ここで再び、企業が測定し、報奨するものによって、価値、信念、優先順位に反映されるのである。

　行動は価値の一機能であるため、企業と従業員は価値に同意し、この価値がどのような行動を促進するのか理解する必要がある。自分の会社が何を代表しており、それらの基準をどのように維持するのかを従業員が知っていれば、彼らは組織のゴールをサポートする方法で決断をしたり行動したりするようになる。シックスシグマに関する少なくとも基本的な知識と適切なメトリクスを従業員が持っている企業では、人々は自身が組織と結びついていることがより重要だと感じるようになる。彼らは、企業が評価する測定の推移に対して自分が貢献してきたことの履歴を追うことができる。こういった貢献に対して従業員が評価され、報酬を与えられると、個人のニーズは組織のニーズと結びつく。企業内での人生は従業員にとって意味深いものなので、モチベーションを得るようになるのである。そして、そこから組織的な強いリーダーシップが生ま

れるのである。

　テクノロジー、法律、容認できる社会的行動、経済、そして教育の加速における変化は、組織の内部に広い範囲で変化する価値システムをつくり出した。

　モリス・マッセイは"The People Puzzle：Understanding Yourself and Others"という本の中で次のように述べている。

> 　文字どおり、我々各人の中で操作されている直観レベル評価システムを通してあらゆることが変動する。価値とは、我々の周囲の世界に対する主観的印象である。あるアイテム（黒板、絵本、電球、定規、その他）は純粋に機能的で、合理的、客観的に見ることができるはずであるが、特に我々の感情が働く場合には、ほとんどのアイテムに主観的な印象を含んで見てしまう。直観レベル評価システムでは、周囲のほとんどのものの見方を自然にフィルターにかけるのである。あなたのフィルターは、程度や、良い・悪い、正しい・間違っている、普通・普通ではない、認可・拒否といった加減ができるようになっているのである。

結果は文化を変える：文化は結果を変えられない

　ルーマニア出身で、日本的品質アプローチの陰の立役者ともいえるジョゼフ・M・ジュランは、もし日本が第二次世界大戦に負けたときに何もかも失ったという痛みに苦しんでいなければ、これほどまでに変化を受け入れられなかっただろうと信じている。回復へ着手した努力が、品質に関して述べた西洋人（ジョゼフ・M・ジュラン）の言葉に喜んで耳を傾けさせたのである。第二次世界大戦前、「Made in Japan」は安物製品を意味していた。50年後、「Made in Japan」はワールドクラスの品質を意味している。ジュランが述べているように、（社）経済団体連合会（経団連）と日本科学技術連盟の招待で1954年に日本で講演を行ったとき、彼は日本人に何一つ隠さず話した。実際、彼の言葉やエドワード・デミング博士の言葉は、米国人の聴衆に何年間も語ってきたことと変わらない。違いは、日本人の聴衆がどのようにそれを聞き、解釈したかである。

感情面で重要な出来事には、2つの重要な要素がある。個人的な衝動と達成感である。個人的な衝動というのは、結果(プラスとマイナスの両面)を自分のものにし、それについて考えるときにだけ起こる。達成感は、自分に起こったことと、それに基づいて行った行動との関係が明らかになったときに起こる。これは、他者に直接、あるいは個人的なレベルで何かが届かなければ、他者に感動を起こさせることはできないということを意味している。例えば、プロセスの最後の時点でのみ品質を測定している場合、その品質はかなり良く見える。しかしながら、プロセスを何回か経過した時点で測定を行い、それらを集めた場合、その光景は暗いものになる。測定が良く見える場合は、改善を行うための行動がとられることはほとんどない。厳密なデータこそが、組織に価値と信念を再評価させるのである。

　感情面での価値観の変化は、従来のやり方がもはや機能せず、新しい信念と価値が明らかになったときに起こる。価値と信念は、我々が生き残るために必要だと信じているものなのである。組織上の価値によって、人々は組織内で何を行い、行わないかを決定するので、人々は自分の価値がどのような行動に駆り立て、個人の仕事、そして究極的には組織にどうインパクトを与えるのか、見つめる必要がある。ビジネスの測定は価値を決める、価値は人の働き方を決定する、そして人の働き方は収益性を決定するのである。

　シックスシグマは超一流の品質、顧客満足、そして収益性といった企業が確実に価値を見出すものを設定する。そして、これらの価値をどのように測定し、改善することができるのかを設定することができる。企業は業績や収益性を決定することに価値を見出すものである。業績と収益性は限りない成長へのカギである。一方従業員は、比較不可能な品質の商品やサービスをつくり出しているとわかっているときに活躍するものである。結局、組織のσレベルというのは、その価値がどれだけ高いかを示す指標なのである。シックスシグマは、組織に行動を促し、測定と価値を結びつける。そして結局、行動の改善を設定するのである。

　企業に共通の価値観を取り入れさせるのは単純な仕事ではない。共通

の価値観を持つことが何を意味するのかに関する企業の理解は、企業のハンドブックと壁に貼られたスローガン程度である。おそらく、全員に共通の価値を取り入れるように求めることのわかりやすい例は軍隊だろう。著者が、新任の大尉として海軍に加わったとき、兵員はさまざまな価値や、教育レベル、モチベーション、信念を持つ若い青年で構成されていた。しかし、彼らの任務を達成するために、各人は首尾一貫した隊になるようお互いに働かなければならなかった。そして、各人はさまざまな敵、恐怖、任務、場所を含む、広範囲な、可能性のある戦闘条件に対処することを学ばなければならなかった。彼ら全員が、生き残ることが共通の目的だとわかっていた。6σを達成するには、同じ品質レベルを必要とする。企業がブレイクスルー戦略の実施に成功するためには、お互いの信頼、価値の共有、社内コミュニケーション、プレッシャーのもとでの効果的な判断、すばやいグループ対応、継続的な報告、再評価、そして経営陣による感情的で財務的なバックアップが非常に重要である。そしてブレイクスルー戦略に責任を負う者の行動は、その信念や価値を行動で証明しなければならないのである。

◉……文化を改変するのは困難である

　ヨーロッパにおける電子技術の巨大複合企業、アセア・ブラウン・ボベリ(ABB)は、シックスシグマを導入する一方で、同時に一連の合併、再編成を行ってきた。この会社のバイタリティーも、従業員が繰り返し新たな激動の中に投げ出されるにつれて、粉々になりそうだった。ABB内では変化への抵抗が強かったのである。CEOであるパーシー・バーネビクは、人々の態度を変える試みについてこう語っている。

> 　我々は抵抗を打ち砕いていくという自らのサクセス・ストーリーを開拓していかなければならない。我々人間というのは、習慣、歴史、過去によって行動を変えていくものである。しかし、向かう方向を大きく変えようと思うならば、人々を揺さぶらなければならないのである。しか

も、彼らを脅すのではなく、ボーナスを提示することでもなく、何を成し遂げることができるのかということを説明することによって行わなければならない。

　従業員が変化に対し抵抗するのは理解できるし、それは理にかなったことである。彼らは究極的にはそれがどう自分にインパクトを与えるのか判断する彼らの価値システムを通して潜在的な変化をふるいにかけるのである。変化とは天秤の左に好ましい結果、右に好ましくない結果をかけてバランスを保つことを意味する。管理者の役割は、高いワイヤの上に乗った従業員を突つくことなく均衡点を移動させることにある。そしてこれは、製品ベンチマーキングや、プロセス・ベースラインを通じて成し遂げられることが多い。人は、自分がどこにいるのか、どこに行かなければならないのかを知っているものである。だからある企業が、他者の優れている点を目にすれば、その企業はそれを認識し、その打開策に到達することができるのである。

　多少の批判は、重要な変更の成り行き上避けられないものだ。しかし、従業員に自由に意見をいわせることは、旧来の型を破る気にさせ、革新的な気持ちを持たせるのである。例えば、スイスのバールにあるABBのローター工場で、問題をより速く解決するために発電事業部長は、全フロアのホワイトカラー職員を騒々しく汚い工場内に移した。最初のうちは混乱や反対もあったが、文句をいっていたスタッフも次第にその移動が彼らにとって利益のあるものであると感じるようになっていった。工具たちも、もう機械故障等の問題を報告するために工場を離れ、いちいち管理部門のある本社へ行く必要がなくなった。そして、管理部門の人々も今では工場内の静けさは、即座に対応する必要のある問題発生の合図となることを理解した。

　企業は、従業員自身が恐れていることを表に出す機会がシックスシグマの実施期間中に与えられることに気づいたのである。トレーニング中や、社内報でその恐れていることに適切に取り組むことができれば、それはつまり従業員に新たな価値観と信念に関する教育を行うドアが開い

たことになる。

　新しいアイディアが明確に定義された後でのみ、組織は変わることができると、GEのジャック・ウェルチは信じている。そのアイディアを必要十分なまで何度も何度も話し合って初めて、最終的に中心となる価値観、さらに行動を変更するのに十分な勢いを得るのである。

　従業員のモチベーションと従業員に対する意見に関して、ジャック・ウェルチはこう述べている。

> 唯一、生産性を上げるために私が必要だと思うことは、従業員を巻き込み、自分の仕事に関して気持ちを奮い立たせることである。120％力を出していない人間を工場内、あるいは事務所内を単に歩かせておく余裕などない。私は、走ったり、汗をかけといっているのではない。賢く歩いてほしいといっているのである。これは、何かをつくり、箱の中に入れるということではなく、顧客のニーズの理解に関することである。全プロセスにおける、自分の役割の重要性に関することなのである。……自分のアイディアが重要だと思うときには、自分の尊厳も上がるのである。ロボットのように感覚が麻痺するのではなく、自分が重要だと思うのである。そして実際、彼らは重要なのである。

　ほとんどの組織は、従業員に変化を強いた場合に表れる行動、あるいは裏に潜んだ感情や価値に対してどう扱ってよいのかわかっていない。働くということは、感情をともなう経験である。そして、感情面で不健康な人々は仕事が終わってドアから出て行くときに自分の感情を切り替えることはできない。しかし、シックスシグマとブレイクスルー戦略を実施することの目的とその価値を理解してしまうと、彼らの抵抗心も溶け出し、自分の仕事をよりコントロールできるという期待でエネルギーを得て、生産性を上げることで自分の組織のゴールに対して貢献するようになる。簡単にいえば、彼らは利益のある変化を実施する権利を得たと感じるのである。こうなってくると、ブレイクスルー戦略はもう手元にあるも同然である。

●……ボンバルディアは古い信仰に挑戦する

　ボンバルディアは、スノーモービルの製造会社として1942年にカナダに設立された。それ以来、娯楽製品（個人向けジェットスキーのSea-Doo等）、大量輸送システム、ビジネス用ジェット機などを扱う多角的グローバル企業となった。さらにこの会社は急速に成長する財務サービスや輸送関係の製品の整備やサポートを中心としたビジネスを行っている。そして世界11か国にある工場に４万7000人の従業員を抱えている。この会社の設立者であるJ・アルマンド・ボンバルディアが亡くなった後、ローレン・ボードアンが1966年にその一族のビジネスを受け継いだ。1999年２月に社長兼CEOになる３年前、ボードアンは1996年からの３年間でこの会社の５つのビジネス・グループにシックスシグマを導入する決断を下した。

　ボンバルディアは独創性、革新、企業家精神、経営の分散に価値を置く非常に明確な文化を持っていたが、全体としてはさまざまな事業部隊で成り立っており、それぞれが独自の歴史、見解、経営哲学を持っていた。しかしある程度までは、企業レベルの組織編成を各事業に統合することでこれを最小限にとどめ、この状況をサポートしていた。ボードアンは、自分の会社についてこう表現している。

> 　我々は、意思決定や企業家精神を妨げるくらいならば、グループ間のシナジー効果を失ってもいいと考えている。しかしながら、何かを共有する必要が大きい場合には、企業の本社部隊が間に入り、また私が個人的に関与することも多い。

　シックスシグマを始めるには、このような仲裁が必要となった。
　ボンバルディアのレーダー画面には緊急に取り組むべき問題の数が記されていた。なぜならば、すべてのビジネスにわたって改善を加速する必要があったからである。そして、他の理由、つまりボンバルディアが、

その急速に成長し分散する組織にわたって知識を共有することを加速させる必要があると確信していたこと、そして新しい世代のリーダーたちを訓練する効果的な方法の必要性があったことも同様にそれを強要していた。ボンバルディアにとって、シックスシグマとは、データと統計ツールを使用して欠陥の根本的原因を取り除き、それによって収益を改善できる実用本位な実践プロジェクトがブレンドされたものであった。そして一方でそれは将来のビジネスについての感じ方や考え方を根本的に変えてしまうのである。

　結果が即座に出て、影響力が永続するようにするために、どのように変化をもたらすか、というのはボンバルディアだけが挑戦したものではない。マッキンゼー・アンド・カンパニーの元コンサルタント、ブルース・ミヤシタはこの会社のプロセス・パフォーマンス改善を手伝い、約10年間過ごした後、ボンバルディアに入った。そこで、5つのグループにまたがってシックスシグマ活動のチャンピオンとしての職務を果たした。ミヤシタは、シックスシグマの実行に際してボンバルディアが継続して直面している挑戦に関して率直に次のように話している。

> 　私が1997年にボンバルディアに入ったのは、この会社には非常に大きな潜在的可能性があると思ったからである。そしてローレン・ボードアンがシックスシグマを導入すると公約したことがこのことを証明した。我々の挑戦とは、代表取締役副社長イワン・アレールがいう「成功は失敗を育てる」症候群に立ち向かうことだった。つまり、大部分の指標によっても物事が決してそれ以上になることのない場合でさえも変化の必要性に注目すること、そして正しいツールや、データ、ノウハウで正しい場所にある資源に着目した場合に、利用されていない機会がどれだけ存在するかということである。これは、人々が変化の必要性、そして変化の利益に注目するのを助けるための最初のハードルである。そして、これは特に100万回の機会ごとに3.4の欠陥というゴールを設定することである。まず、今行われている方法と、6σ品質を達成するためにつくられなければならないプロセス、製品、そしてサービスの設計との間に

精神的な橋を架けようとすると、このゴールは組織中にほとんど不気味な沈黙をもたらしてしまう。しかし、情報、知識、そしてツールを人々の手に渡せばプラスの効果が出始めると、私は確固として信じている。会社の企業家精神的本能が目覚め、人々は自分自身のための可能性だけでなく、組織の可能性を経験し始めるのである。

　我々は、工場で発生するトップダウンの指示のバランスをとる必要がある。しかし一方では、あまりにも強いトップダウンの指示が革新を押しつぶしてしまうかもしれない。あるいは、トップダウンの指示がないためにシックスシグマをつまずかせてしまうかもしれない。ボンバルディア内では、シックスシグマはその共通の方法論と言語で確立されなければならないと、我々は強く感じている。これが、我々が唯一知っている知識の共有を促進する方法である。例えば、誰かがある特別のツールをどのように使用したかを話すとき、あるいは誰かがプロセス能力について話すときに、言葉は広がり、誰か他の人間がすばやくそれを汲み取り、そこで学んだことを今度その人の職務、計画、あるいはビジネスにさえも採用することができるのである。さらにボンバルディアは、新たなビジネスを始めたり、それを買収する場合に、その新しいビジネスや文化を既存のビジネスや文化に統合する方法論を持っていることになるのである。各部門が新発明をするよりも、従業員に厳しいブレイクスルー戦略を学ばせ、継続的に機能する知識と専門技術のネットワークを築くことになる。というのも、そこには言語と共通の参考点が存在するのである。

　私自身の経験から、人が就きたいと思う職務、部署、ビジネスには、多くの共通性が存在すると思う。特に変化を求められた場合には、類似点よりもむしろ違いを強調するのが人間の本質のようである。もちろん、特定の産業や顧客のニュアンスを認識する必要があるが、あらゆるもののプロセスレベルは、ほとんど同じである。つまり、シックスシグマ活動を製造と技術に限定せず、組織のあらゆるものを巻き込もうと、目に見える努力を行ってきた理由はここにあるのである。私は、あまりにも多くの企業がシックスシグマのツールと概念を製造分野に限定し、この

活動が管理部門やサービスのプロセスに対しても同様に持っている計り知れない可能性を無視しているのを目にしてきた。

あなたは、学習と潜在的利益を強調するために確固とした早めの勝利を経験したいと思っているかもしれないが、特に導入初期の頃は、組織には「それに固執する」態度が必要なのである。だから、上級管理職は、継続的に増強、改善を行い、その導入を前に推し進めていく必要がある。我々は、ボンバルディアがまだその導入の初期段階にあり、シックスシグマとはさまざまな角度から見ることのできるプリズムなのだと従業員に教える必要があることを認識している。我々のCEOとグループ会社の社長が、シックスシグマ活動をサポートしてくれることで、改善を行うだけではなく、シックスシグマをおそらく未知の領域にまで推し進めることができる可能性を持っているのだと私は信じている。

第1章に登場したモトローラのアート・サンドリーは、1979年の経営者会議で立ち上がり、顧客はモトローラの品質に対し好感を持っていないと発表した当時、モトローラのビジネスの中で最も急速に成長し、最も収益性の高い部門の営業部長であった。サンドリーがより良い品質を主張したことでモトローラ内のシックスシグマへのドアが開いたのは、そのリーダーシップとタイミングに関係があると我々は確信している。つまり、その当時の社長、ボブ・ガルビンはこの会社の期待レベルが低すぎると実感しており、モトローラの経営陣には、耳を傾ける用意が整っていた。顧客がもはやモトローラの名前では買ってはいないと認識していた。彼らは、品質、特別のサービス、競争力のある価格、そして欠陥のある製品を即座に修理、あるいは交換する保証プログラムを含んだ形態のパッケージが欲しいと思っていたのである。

● ……壊れていないのに、なぜ修正するのか？

伝統的な品質プログラムでは、過去に着目するためにメトリクスを使用する。例えば、ファーストタイム・イールドあるいはファイナル・イ

ールドによってプロセスの成果がどうであるかがわかるが、ロールド・スループット・イールドを使えば無欠陥の製品を製造することができる可能性がわかる。過去に成功した方法を使用するというのは、航跡を見ながらボートを漕ぐことに似ている。企業は、先を見越して仕事をする必要がある。しかしこれらのプログラムは、誤りを修正することを認めているものの、その誤りが再発生することを防止してはくれない。バックミラーだけを見て車を前進させることを想像してほしい。すぐに溝にはまってしまうだろう。シックスシグマは企業に現状の業績と歴史を統合させる予測的な戦略なのである。シックスシグマの哲学とツールを適用することで、企業は自身を未来へと前進させることができるのである。それは「我々の明日の業績はどうなっているだろうか？」と問うことでもある。その回答が、必要とされるほど良くなければ、企業はその業績を改善するためにプロセスを測定し、修正すればよい。未来はバックミラーの中にはなく、前を見て運転することにある。

　伝統的な品質手法で成功してきた企業の多くは、「なぜ、シックスシグマを追求しなければならないのだ？」と疑問に思う。シックスシグマを導入することは、特に問題を抱える企業にとっては長期的なビジョンになるので、これは正当な質問である。しかし、物事がうまくいっているときの人々や企業にとって、変化への動機などない。切羽詰まってやっと行動を変えるのが人間の本質である。しかし、突然過去の成功が無意味で、壊れていないものを修理しろといわれたとき、企業のボートは強く揺さぶられてしまうのである。価値観が変わるほどの出来事をかつて経験したこともないような企業において、行動を変えるというのは難しい。金庫がほとんど空で、失業の危機に怯えている企業において、変化へ導くのは簡単なことである。しかし、利益がウナギ登りに上がっていながら株主は決して喜んでいない企業で、緊迫感を育てるのは別のことである。繰り返すが、このときにデータのベンチマーキングとプロセスのベースラインが役に立つ。収益性に関係なく、自らが「平均」だとしか思えない場合、それよりも良くできる（そして良くなりたい）と信じるものである。そして情報とデータは、組織を活気のないものにしている

無関心を効果的に「解凍」することができるのである。

　シックスシグマに到達するために、組織は広範な心理的変化に耐えなければならない。我々には、最も積極的な組織においてさえ、シックスシグマが浸透するまでには3年から5年かかることがわかっている。従業員には、自分の仕事の見方、達成方法を根本的に変えることが強要されるのである。シックスシグマ・ブレイクスルー戦略が、組織の変化を指揮し、促進するための効果的な方法論であることを証明しても、組織中の人々、特にトップの人間からの強い公約と関与がなければ、これを成し遂げることはできないのである。しかしながら、厳密さとそれに専念することを必要とするシックスシグマも、その会社の精神を壊さないように調整されなければならない。人々は、なぜそれを行うのか理解せずに何かを命令されると、このような精神を忘れてしまうものである。だから、適切に、思慮分別をもってブレイクスルー戦略を訓練されて初めて、シックスシグマがいかに企業だけでなく、彼ら自身にとっても利益をもたらすものかを理解するのである。

◉……ブレイクスルー戦略で成功に導く

　GEがシックスシグマで成功したのは、ジャック・ウェルチの「何かを導入するには、それを心から信じる者が必要である」という信念による。Aクラスの選手以外の人間には、余地などない。GE用語の中に「Aクラス」の選手というのは、ビジョンがあり、そのビジョンが他の者のビジョンともなるよう鮮やかに力強くそのビジョンを表現できる能力のある者とある。GEでは、社内のあらゆる幹部のポジションは、Aクラス選手以外には認められていない。

　シックスシグマに対するメディアの誇大宣伝にもかかわらず、企業を6σの品質レベルに持っていくのは魅惑的なプロセスではない。そのプロセスは興奮するものではあるものの、これはより高いレベルを望む果てしない戦いであり、新たなスキルと経験を要するものである。実際、導入当初の2年間、チャンピオンとブラックベルトの脱落率は、統計上

およそ25％であった。その主な原因は、経営陣がシックスシグマのリーダーシップの役割に最良で最も有望な人材を割り当てなかったことにある。シックスシグマのメンバーにあまり優秀でない人材を割り当てても、大した結果は得られない。こうなってしまうと、シックスシグマの「再生」を行わなければならなくなってしまう。しかしこれは、このコンセプトを一通りもう一度実行することになるため、実行はさらに困難でリスクのあるものとなってしまうのである。

　GEやアライドシグナルがこのプログラムを実施したように、組織中に同時に統一してシックスシグマ・ブレイクスルー戦略を実行すれば、結果をより早く目にすることになる。利益とマーケットシェアが危うい場合、ブレイクスルーを達成する唯一の方法は全社規模でこれを実施することである。しかしながら、その会社内の主要ビジネスをシックスシグマ実施の先頭を切るものとして選択してもよい。

　ジャック・ウェルチの一般的なリーダーシップ理論は、シックスシグマ・ブレイクスルー戦略を始めようとしている企業で必要となるものと密接に結びついている。

> 　私がしなければならないのは、たった3つだけである。正しい人を選び、正しいコストを割り当て、光の速さでアイディアをある部門から他の部門へ伝えることである。だから、私は本当に門番であり、アイディアの伝達者となるビジネスに身を置いているのである。

　行動と文化を変えようとしているリーダーは、科学と自然から知恵を得ることができる。量子物理学は、原子が、典型的な教室にあるような硬いビリヤードのボールでできているのではなく、電子、陽子、中性子、クォーク、中間子、その他の粒子でできていることを教えてくれる。しかし、我々は原子内の粒子の量や速度を知ることはできない。原子の世界の曖昧さと無作為性は、変化の激しいビジネス社会とよく似ている。カオス理論の言葉もまたビジネスに適用できる。組織の行動や思考のプロセスは反復的で不変的かもしれないが、組織はまた自然界のハリケー

ンや津波のように無秩序で予測不可能であるかもしれない。リーダーは、どちらの環境でも力が発揮できるように学ばなければならない。組織に影響を与える無秩序で不明瞭な変化をコントロールするのは少々困難だが、彼らは結合力のある企業のメッセージをはっきりと説明でき、あらゆる従業員に確かに印象づけることができる。リーダーは、ビジネスが前進し続けるように、新たな結果を生み出すように、さまざまな部品を相互に絡ませて組織という機械を再創造することができるのである。

◉……まとめ

あらゆるシックスシグマ活動が成功するためには、次の要因が大きく影響している——あなたの会社の経営者はシックスシグマを理解し、完全にシックスシグマ導入を支持しているだろうか？ 学習を渇望しているか？ 証明されたアイディアをすばやく取り入れることに躊躇するか？ この活動を実行するために資源である人材と資金の投入を喜んで約束するか？ あなたの組織と人々は、シックスシグマのビジョンを達成するため、障害がないようにこの価値を再創造する準備が整っており、それができるか？

伝統的に組織は、現在の業績と、過去の業績とを比較するものである。シックスシグマは、現状のシステムの構造を細かく分解してしまう。そして組織は、ブレイクスルー戦略によってまだ切迫していないビジネスの状況や、先例がないため試験やエラーによって学ぶ時間がない問題点のロードマップを得ることができるのである。人は現実に気づかない限り変えることはできない。データという疑いのない証拠の蓄積から、人は現実に気づくものである。新しい測定は新しいデータを生み、新しいデータは(適切に分析し、解釈すれば)新しい知識へと導く。そして、新しい知識が新しい信念を導き、新しい信念が新しい価値を導くのである。さらに新しい価値は、成功によって磨かれ、適切に補強されれば、情熱をも生み出す。そして何よりその情熱が重大な変化の根源となるものなのである。

シックスシグマ組織の価値		
項目	古典的な着眼点	シックスシグマの着眼点
分析的な観点	一点の評価	バラツキ
経営	コストと時間	品質と時間
製造性	試みとエラー	ロバスト設計
バラツキ調査	1回に1つの要因	実験計画法
プロセス調整	ひねる	統計的プロセス管理表
問題	修正	防止
問題解決	専門家が基本	システムが基本
分析	経験	データ
注目対象	製品	プロセス
行動	反応的	先見的
サプライヤー	コスト	相関能力
推論	経験が基本	統計が基本
見通し	短期	長期
決断	直観	可能性
アプローチ	徴候的	蓋然的
設計	パフォーマンス	生産性
目的	企業	顧客
組織	権威	学習
トレーニング	ぜいたく	必然
命令系統	階層的	権限を与えられたチーム
指導	勘と経験が基本	ベンチマーキングとメトリクス
ゴール設定	現実的観点	達成とストレッチ
人	コスト	評価
管理	中央集権	現場
改善	自動化	最大活用

シックスシグマ変換表

σ値	DPMO	σ値	DPMO	σ値	DPMO
0.00	933,193	2.15	257,846	4.30	2,555
0.05	926,471	2.20	241,964	4.35	2,186
0.10	919,243	2.25	226,627	4.40	1,866
0.15	911,492	2.30	211,856	4.45	1,589
0.20	903,199	2.35	197,663	4.50	1,350
0.25	894,350	2.40	184,060	4.55	1,144
0.30	884,930	2.45	171,056	4.60	968
0.35	874,928	2.50	158,655	4.65	816
0.40	864,334	2.55	146,859	4.70	687
0.45	853,141	2.60	135,666	4.75	577
0.50	841,345	2.65	125,072	4.80	483
0.55	828,944	2.70	115,070	4.85	404
0.60	815,940	2.75	105,650	4.90	337
0.65	802,338	2.80	96,800	4.95	280
0.70	788,145	2.85	88,508	5.00	233
0.75	773,373	2.90	80,757	5.05	193
0.80	758,036	2.95	73,529	5.10	159
0.85	742,154	3.00	66,807	5.15	131
0.90	274,253	3.05	60,571	5.20	108
0.95	291,160	3.10	54,799	5.25	89
1.00	308,537	3.15	49,471	5.30	72
1.05	326,355	3.20	44,565	5.35	59
1.10	344,578	3.25	40,059	5.40	48
1.15	363,169	3.30	35,930	5.45	39
1.20	382,088	3.35	32,157	5.50	32
1.25	401,294	3.40	28,717	5.55	26
1.30	420,740	3.45	25,588	5.60	21
1.35	440,382	3.50	22,750	5.65	17
1.40	460,172	3.55	20,182	5.70	13
1.45	480,061	3.60	17,865	5.75	11
1.50	500,000	3.65	15,778	5.80	9
1.55	480,061	3.70	13,904	5.85	7
1.60	460,172	3.75	12,225	5.90	5
1.65	440,382	3.80	10,724	5.95	4
1.70	420,740	3.85	9,387	6.00	3
1.75	401,294	3.90	8,198		
1.80	382,088	3.95	7,143		
1.85	363,169	4.00	6,210		
1.90	344,578	4.05	5,386		
1.95	326,355	4.10	4,661		
2.00	308,537	4.15	4,024		
2.05	291,160	4.20	3,467		
2.10	274,253	4.25	2,980		

備考：この表にはZ値が1.5σシフトしたものも含まれている。

●**用語集**……本文を解釈するうえで必要と思われる用語について簡単に述べる。

● COQ：Cost of Quality
顧客に受け入れられるレベルの品質を確保するために不可欠なコスト。例えば受入検査や出荷検査にかかる人件費。

● COPQ：Cost of Poor Quality
低品質が生み出す無駄なコストあるいは機会損失。例えば、組立図面の誤記のために発生した不良品による損失。

● CTQ：Critical to Quality
製品やサービスの品質に非常に重大な影響を与えると考えられる要因。

● CTV：Critical to Value
（企業）価値に非常に重大な影響を与えると考えられる要因。

● DFSS：Design for Six Sigma
シックスシグマを適用した設計。実験計画法や公差検証を取り入れた高度な設計手法。

● DFCI：Design for Customer Impact
顧客への影響を最大限重視した設計。設計のさまざまな段階で顧客視点の評価が織り込まれるような設計手法。

● DOE：Design of Experiment
実験計画法。統計処理を前提にした条件設定を行い、実際にデータ収集を行う。その結果から設定条件の影響度合いを定量的に判断する。

● DPM：Defect Per Million
製品1個当たりに発生した欠陥の割合を表す。

● DPMO：Defect Per Million Opportunity
製品1個をつくるために遭遇しうる欠陥の機会の割合を表す。

● SPC：Statistical Process Control
統計的プロセス管理。パレート図や管理図によって、日々変動する生産プロセスを監視し、変動を予知する仕組みのこと。

● USL：Upper Specification Limit
上方規格限界。社内や顧客が決めた製品仕様を満たすための許容できる上限値。

● LSL：Lower Specification Limit
下方規格限界。社内や顧客が決めた製品仕様を満たすための許容できる下限値。

● メトリクス
基準とすべき尺度。さらにそれを測る手段（ものさし）。

● ロバスト
変動を許容できる冗長性、いわば包容力。例えばノイズ耐性やフェールセーフという形で具現化される。

- **ベンチマーキング**
特定の方法によって同じ土俵で比較すること。

- **ベースライン**
メトリクスによって示された現在のレベル。

- **エンタイトルメント**
メトリクスによって示された到達可能なレベル。

- **ワールドクラス**
世の中に存在する最も優れたレベル。必ずしも同業者とは限らない。

- **ベスト・イン・クラス**
業界の中で最も優れたレベル。

- **ファーストタイム・イールド**
(初期)直行率。最初から最後まで無欠陥で通過する割合。

- **ファイナル・イールド**
最終直行率。工程でつくられたものが最終検査段階を1回で通過する割合。

- **ロールド・スループット・イールド**
工程(プロセス)ごとに無欠陥で通過する割合を掛け合わせて得られた直行率。

- **ノーマライズド・イールド**
(初期)直行率を、そこに含まれる細かい工程(プロセス)に割り振った場合に予想されるそれぞれの直行率。

- **ビジネスレベル**
経営者を代表として企業全体を一括りと見なした場合の単位。対外的な比較基準。

- **業務レベル**
事業部長や主力製品を代表として事業部全体を一括りと見なした場合の単位。社内の比較基準。

- **プロセスレベル**
管理職や特定プロセスを代表として個別部門を一括りと見なした場合の単位。部内の比較基準。

- **バイタル・フュー**
最も影響力のある要因。

- **トリビアル・メニー**
数多くの単独では影響力の少ない要因。

- **ベスト・プラクティス**
成功事例。自社内あるいは社外の事実に基づく成功体験を参考にすること。

監訳者 あとがき

　本書は、シックスシグマの創始者であるマイケル・ハリーがまとめあげた自叙伝的集大成である。

　今まで断片的にしか窺い知ることができなかったモトローラでのシックスシグマの生い立ちやGE、ポラロイドなどの適用企業の成功例が、ハリー自身の手によって具体的に描かれた最初の著作ではなかろうか？

　本書の目的が、シックスシグマのより一層の普及を狙ったものなのか、一つの歴史的区切りとしてまとめたものなのか、残念ながら知る由もないのだが、米国好景気の原動力の一因となったという自負を前面に押し出しているようにも見える。

　チェックリストやプロセスシートを添付するなど、入門書としての意味合いも強く、ISO9000やTQMなどの経営プログラムに一矢を報いるべく構成されている。もちろん本書のみでシックスシグマ導入を決意される向きは少ないであろうが、実際にGEやソニーに導入させたハリーのメッセージに込められた凄みは、別格であることを感じざるをえない。

　翻って、シックスシグマが日本企業復活のシナリオというよりも、グローバル・ボーダーレス時代の常識として知っておかなくてはならない経営手法の一つであることは間違いない。そこには、win-winという建前と弱肉強食という本音が交錯する「国際資本主義市場の歩き方」ともいえる本書の存在が浮き彫りになる。最近では、韓国をはじめとするアジア諸国でシックスシグマ導入が盛んだと耳にする。日本でも、三和総合研究所が米SixSigma Qualtec Inc.と提携して本格的な国内での導入支援を始めたという。

　シックスシグマを単純に受け入れるというよりも、元来日本企業が持っていたはずのしなやかさを思い出すための起爆剤にはできないだろうか？　日本的QCに帰着するシックスシグマを、あらためて私たちが学ばなければならないというのは何とも皮肉な結果としかいいようがない。

　ブラックベルトが黒帯だからといって、そこに親近感を持つのは大間

違いである。CTQにせよ、DFCIにせよ、そこにはシビアな消費者と厳しい株主に育てられた米国企業のあくなき利益追求が待ち構えているのだ。その意味で、自分たちをベンチマーキングするためにはうってつけの一冊かもしれない。

なお、翻訳を担当してくださった伊藤沢氏、ダイヤモンド社出版局第一編集部久我茂氏には格段の感謝の意を表したい。

2000年6月

ダイヤモンド・シックスシグマ研究会

著者

マイケル・ハリー（Mikel Harry）
シックスシグマ・アカデミーの創設者かつ現CEO。1980年代モトローラ在職中、シックスシグマを開発したオリジナル・メンバーの一人であった。後にアセア・ブラウン・ボベリの副社長を務めた。ボール州立大学で科学技術の修士号を、アリゾナ州立大学にて博士号を取得。アリゾナ州スコッツデール在住。

リチャード・シュローダー（Richard Schroeder）
シックスシグマ・アカデミー社長。モトローラの元副社長であったが、1996年マイケル・ハリーに合流。今日、マイケル・ハリーとともに世界中の大企業でシックスシグマ・プログラムを推進している。アリゾナ州スコッツデール在住。

監訳者

ダイヤモンド・シックスシグマ研究会
シックスシグマの研究および普及を目的とする任意グループ。編著書に『［図解］コレならわかるシックスシグマ』がある。

訳者

伊藤 沢（いとう さわ）
国内大手電機メーカーを経て、外資系ソフト販売会社に在籍。国際取引業務を得意とする。ダイヤモンド・シックスシグマ研究会の一員として、本書の翻訳を担当した。

シックスシグマ・ブレイクスルー戦略
高収益を生む経営品質をいかに築くか

2000年7月27日 初版発行

監訳者／ダイヤモンド・シックスシグマ研究会
訳者／伊藤 沢
装丁／布施育哉

印刷／ダイヤモンド・グラフィック社
製本／石毛製本所

発行所／ダイヤモンド社
〒150-8409東京都渋谷区神宮前6-12-17
http://www.diamond.co.jp/
電話／03-5778-7233（編集）0120-700-168（受注センター）

© 2000 Diamond Six Sigma Kenkyuukai
ISBN 4-478-37299-3
落丁・乱丁本はお取替えいたします。
Printed in Japan

◆ダイヤモンド社の本◆

あのGE、ソニーが全面導入した「全社的経営革新」のすべて!!

経営品質を向上させる「シックスシグマ」。そのコンセプトをGE、モトローラ、IBMなどの導入先進企業の事例とともに紹介する。

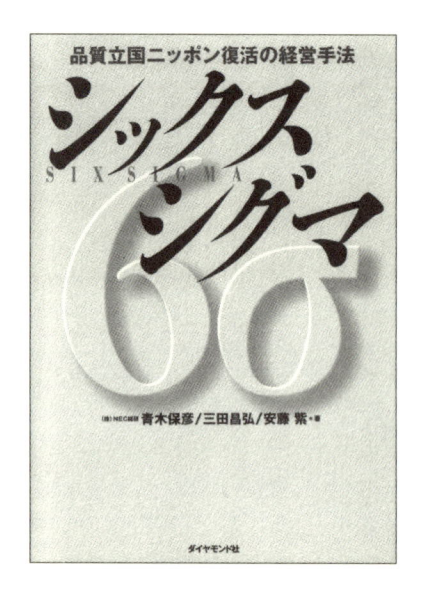

シックスシグマ
品質立国ニッポン復活の経営手法

（株）NEC総研　青木保彦／三田昌弘／安藤 紫［著］

● A5判上製 ●定価（2400円＋税）

http://www.diamond.co.jp/

◆ダイヤモンド社の本◆

トップの意思決定から自社流アレンジまで、導入成功のための処方箋

シックスシグマを成功に導くには、自社流のアレンジが絶対条件である。米国SSQ社の全面協力の下、効果的な導入戦略を提示。

シックスシグマ導入戦略
日本企業に突きつけられた挑戦課題

（株）NEC総研　青木保彦／三田昌弘／安藤 紫［著］

●A5判上製●定価（2400円＋税）

http://www.diamond.co.jp/

◆ダイヤモンド社の本◆

決して「シックスシグマ」を
難しく考える必要はありません!
―― 初心者から経営者まで必読の入門書 ――

シックスシグマのコンセプトを身近なテーマと図解でわかりやすく紹介し、ケーススタディで具体的手法の進め方を解説する。

[図解]
コレならわかるシックスシグマ
ダイヤモンド・シックスシグマ研究会[編著]

●A5判並製●定価(1500円＋税)

http://www.diamond.co.jp/